大学生村官制度和问题研究

骆江玲　著

中国社会科学出版社

图书在版编目（CIP）数据

大学生村官制度和问题研究/骆江玲著.—北京：中国社会科学
出版社，2017.10
ISBN 978-7-5203-1627-9

Ⅰ.①大…　Ⅱ.①骆…　Ⅲ.①农村—干部制度—研究—中国
Ⅳ.①F325.4

中国版本图书馆 CIP 数据核字（2017）第 299613 号

出 版 人	赵剑英	
责任编辑	张　潜	
特约编辑	范晨星	
责任校对	王　龙	
责任印制	王　超	

出　　版	中国社会科学出版社	
社　　址	北京鼓楼西大街甲 158 号	
邮　　编	100720	
网　　址	http://www.csspw.cn	
发 行 部	010-84083685	
门 市 部	010-84029450	
经　　销	新华书店及其他书店	

印　　刷	北京君升印刷有限公司	
装　　订	廊坊市广阳区广增装订厂	
版　　次	2017 年 10 月第 1 版	
印　　次	2017 年 10 月第 1 次印刷	

开　　本	710×1000　1/16	
印　　张	19.25	
字　　数	285 千字	
定　　价	79.00 元	

凡购买中国社会科学出版社图书，如有质量问题请与本社营销中心联系调换
电话：010-84083683

序

　　大学生村官制度自 2008 年在中国大陆正式实施已经历了近十年，截止到 2016 年年底，全国招聘大学生村官的数量累计已经攀升到 45 万，在岗超 10 万。在岗大学生村官中，有 5 万多人进入村"两委"班子，9000 多人进入乡镇领导班子，8000 多人选择创业，成为"农村发展第一线"的重要力量。该制度的实施在取得一些成效的同时，也为学术研究提供了一个值得探讨的样本，有一些值得深入研究的问题，如大学生村官融入村庄及发挥作用的问题，大学生村官管理模式如何形成的问题，庞大的大学生村官群体与社会稳定的问题，大学生村官自身的发展问题，等等。这些问题不仅引起学界的热议，如许多专家认为农村首要解决的是城乡二元体制等深层次问题，该制度难于改变现状，农村也难得到真正实惠，且国家多年培养的人才倒流至农村是资源浪费等。针对这些问题，骆江玲组织了大学生村官制度及问题的研究团队，开展了比较系统的研究。

　　骆江玲研究团队运用吉登斯结构化理论与方法，分析了中国农村政治经济社会等结构性问题，探讨了国家推动的大学生村官制度是如何嵌入到行动者的行为当中去的，又是如何通过行动者的行为不断地寻找出具有新元素且内质不断变化的"新大学生村官制度"的。比如探讨国家与乡村的二元结构和乡村社会结构对中央政府、地方政府、村干部、村民和大学生村官自身等不同层级制度主体的影响，从结构对不同制度主体对大学生村官制度的影响出发，同时分析不同层级制度主体的运作逻辑建构制度的过程来评价大学生村官制度的实施实效以及相应问题，深入分析了行动者的策略行为和结构力量，并聚焦于大学生村官制度对农村治理、农村发展、缓解就业、人才培养等方面的影响以及其在实施中共性和差异性问题等，丰富了大学生村官制度的研究内容。

该研究围绕大学生村官制度主题，重点从五个方面开展研究：一是大学生村官制度演进过程与路径，如政策维度比较相关制度（见习官员制度、台湾和香港社会工作者制度、科技特派员制度、驻村干部制度），分析其区别联系，总结经验教训。二是大学生村官制度运行层级的逻辑与相关问题，探讨大学生村官制度整体推进逻辑和制度运行层级逻辑，分析大学生村官制度运行层级的相关问题。三是建立了大学生村官制度的评价体系，评价制度实施以来对农村治理、农村发展、人才培养和缓解就业四个方面的实效以及在这四个方面出现的重要问题。四是从借调、女性视角、大学生村官再教育体系三个方面对大学生村官制度进行延伸讨论。五是以五省市数据为基础，分析大学生村官制度不同指标之间的相关性以及得出五省市在不同方面的一些差异，最后得出结论并提出相关建议。首先，研究成果基于深度调研。研究团队在大量阅研已有研究资料基础上，实地调研了北京、江苏、江西、福建、甘肃的5省市、6县、11个乡镇、21个村庄，运用了定性定量研究方法，对大学生村官制度如何在"结构与行动者"互动中发展变化做了相关性和交互性的分析，分析了大学生村官制度实施中的效果和问题，并提出解决对策。该成果将研究与制度改革和制度实践结合起来，较好地实现了理论研究回应实践需要，制度实践反馈理论研究的良性互动。比如研究成果厘清了大学生在乡村治理中所谓能力不足问题，作者认为是乡村场域刚性结构使然而非大学生能力问题，它需要外力介入来破除这种结构，让大学生更好地融入进去。其次，研究提出的社会结构对大学生村官制度有直接影响，认为制度设计如果符合工作实际，制度运行会更加顺畅，反之则会表现为县乡，尤其是乡镇政府直接博弈，自下而上地对制度结构产生影响，影响大学生村官制度实施效果，具有比较鲜明的特色。研究中基于行动者（即大学生村官制度的利益相关者）的实际案例描述比较鲜活，事例比较生动，比较有说服力。另外，如研究中基于女性视角提出的女大学生村官个性特征及其安全问题确实需要我们予以充分关注。

该研究具有较高的学术价值。大多数研究因循国家—社会的理论视角，探讨大学生村官制度，这种理论视角湮没了不同行动者的鲜活性（尤其是具有独特权力结构和社会结构的乡村场域），容易使"具体而微"的大学生村官制度研究浮于表面，得出结论和提出建议往往过于宏大且针对对象多为政府，无法从根上解决问题。本研究运用吉登斯的结构化理论，既重视行动者的策略行为，也重视其建构的结构力量，这就突破了国家—社会理论仅关乎宏观层面的视角，使研究的理论触角直接渗入到经验世界中，这样的研究理论容易实现从实践到理论的总结，且提出的建议自下而上，可操作性也大为增强。

该研究同时也具有较高的应用价值。该研究通过调研五个具有代表性的省份，立足实证考察，运用社会学方法，对大学生村官制度及其完善进行全面和深入的研究，特别是系统反思其制度缺陷，客观系统地评估制度的实施进展情况，更为重要的是为制度的进一步定位提供依据，推动制度完善，激发大学生村官制度作为"中国特色经验"的应有潜能和巨大优势，促进城乡和谐，以利于充分发挥大学生群体在农村发展中的作用。

总之，该研究以吉登斯结构化理论为依托，以"行动者导向"的研究方法，以问卷调查和实地访谈资料为素材，通过横向和纵向两条主线对大学生村官制度进行了重点分析，推进了大学生村官问题研究的进展，丰富了研究内容。研究提出的大学生村官制度要与国家其他农村发展政策相衔接、大学生村官选聘时就着重考虑村庄的具体需求、大学生村官借调必须限定在一定范围内、县乡政府应该有一定编制用于吸纳服务期满后有志于服务基层的大学生村官等建议对相关部门及研究者都具有一定的参考价值。我相信该书的出版将对我国大学生村官制度的完善与研究起到积极作用。

中国农业大学教授

奉公

2017 年 7 月 10 日

摘　　要

本研究①运用吉登斯结构化理论，探讨国家与乡村的二元结构和乡村社会结构对不同层级制度主体的影响，同时分析不同层级制度主体的运作逻辑建构制度的过程，以此评价大学生村官制度的实施实效以及相应问题，并有针对性地提出建议。

本研究在大量阅研已有研究资料基础上，实地调研了北京、江苏、江西、福建、甘肃的 5 省市中的 6 县、11 个乡镇、21 个村庄，重点研究五个方面：一是探讨大学生村官制度历史演进过程与路径，从政策维度比较相关制度（见习官员制度、台湾地区和香港地区社会工作者制度、科技特派员制度、驻村干部制度），分析其区别联系，总结经验教训。二是研究大学生村官制度运行层级的逻辑与相关问题，探讨大学生村官制度整体推进逻辑和制度运行层级逻辑，分析大学生村官制度运行层级的相关问题。三是建立大学生村官制度的评价体系，评价制度实施以来对农村治理、农村发展、人才培养和缓解就业四个方面的实效，以及在这四个方面出现的重要问题。四是从借调、女性视角、大学生村官再教育体系三个方面对大学生村官制度进行延伸讨论。五是以 5 省市数据为基础，分析大学生村官制度不同指标之间的相关性以及得出 5 省市在不同方面的一些差异，最后得出结论并提出相关建议。具体如下：

第一，国内外相关制度比较。（1）国内外相关政策比较：与日本

---

①　本研究为国家社会科学基金青年项目《大学生村官制度和问题研究》（基金项目号：11CSH010）最终成果。同时，本研究得到"社会发展与治理"研究中心江西省 2011 协同中心的出版资助。另外，报告中所有具体的人名和地名均采取了学术处理。

实习制度均存在国家就业压力大的背景，设计了缓解就业压力的目标。与台湾地区社会工作制度均具有注重法律法规保障、宏观调控、财政的大量投入等特点。差异表现在：台湾地区社会工作制度是一项瞄准社会工作、目的性强、目标较为单一的政策，大学生村官制度是一项涉及农村发展方方面面的综合性政策；科技特派员和驻村干部等政策主要采取行政命令执行，大学生村官政策采取"自愿有偿、国家选拔"的原则等。（2）相关政策启示：大学生村官的"进与出"主要采取市场调控方式，大学生村官的履职主要采取政府推进方式（如进村两委、定岗定责）等；大学生村官制度的目标，应综合考虑大学生村官群体的特点、特长和农村发展的实际需要进一步凝练，不要将农村方方面面的发展目标扣在大学生村官身上。

第二，研究大学生村官制度运行层级的逻辑与问题。（1）探讨大学生村官制度整体推进的逻辑和制度运行的层级逻辑，中央政府在政治力量对比与资源配置权力上处于优势地位，在制度的演进过程中起主导作用。地方政府在执行大学生村官制度时，省、市、县、乡等不同层级将根据当地的实际情况弹性实施，不同层级的诉求会按照级别层层上报，最终集中于省层面向中央提出，从而对大学生村官制度的完善和实施产生重要影响。村庄层级是相对封闭的社会结构，大学生"空降"农村难于融入，一方面村干部、村民的宗族派系或血缘亲属等村庄内生因素形成的社会结构，像"一道网"一样排斥外来的大学生村官；另一方面由村干部组成的村庄权力结构，像"一扇门"一样将大学生村官隔离在农村权利场域外或成为村权代表的村干部的附属。大学生村官有着自身利益考量，进入村庄又缺乏赋权，其逻辑主要是依附村权核心的村书记或主任，完成村庄非核心事务，多数时间重点考虑期满后的出路。（2）探讨大学生村官制度运行层级的相关问题，一是大学生村官制度的结构问题和具体问题，结构问题主要从结构与行动的二元关系、国家与社会的视角、中央与地方及乡村内外的视角分析；具体问题如大学生村官有职无权、形式上进两委、任职时间太短、缺乏就业保障、创业出路虚设、缺乏女性视角等。二是县乡层面的共性问题，如人才选拔与地方需求脱节、基层政府的管理成本增加、借调村官进基层政府工作、考核机制等。三是村庄层面的共性问题，如融入乡村难、难给村民带来实惠等。四是大学生村官自身的问题，如对农村工作认同感不强、自身能力与乡村工作脱节、缺乏人脉和外部支持、缺乏赋权和发展机会、当作跳板、无心扎根、待遇低、再就业问题、大学生村官管理等。

第三，大学生村官制度实施的实效分析与相关问题。（1）对农村治理工作的实效有限，一是在村两委工作方面，基层政府与村庄认可已经进入村两委的大学生村官，大学生村官易于将现代管理方式融入村两委的决策和执行中，但参与村庄重要事务决策还欠缺。二是在参与党建工作方面，各地基层政府与村庄均认为大学生村官的作用不显著，主要工作是政策的上传下达、档案整理等。三是在参与农民合作社工作方面，政府和村庄没有积极推进大学生村官加入其中，发挥的作用也极其有限。作用有限的问题是大学生村官能力、经验、威信、专业不对口和对农产品营销市场不熟悉。（2）对农村发展工作的实效有限，在农村经济发展方面，主要在开拓市场、引进技术、组织产品展销、加强广告宣传、建立网站网页等方面有一些辅助作用；在农村社会发展方面，对于农村社会的事务性工作基本没接触，作用总体不大。在农村文化发展方面，作用较为明显，主要体现在村民培训、举办文体娱乐、提高了村里的信息化水平等，俨然成为一支大有可为的生力军。作用有限问题是大学生村官有名无权、难于接触和胜任乡村发展的核心事务，以及自身无心于农村长期发展工作等。（3）对农村人才培养工作的实效不显著，主要问题是缺乏大学生村官再教育体系，以及基层政府内在动力和资源不足，不愿意花大力气培养3年期满后流失的大学生村官。（4）对缓解就业起到了"缓冲带"的作用，大学生村官三年期满后多数要重新加入市场就业大军，主要问题是大学生村官的五条出路难于满足大学生村官就业需求。

第四，大学生村官制度的三个延伸讨论：（1）从大学生村官借调的情况看，不同制度主体持不同意见导致大学生村官借调到基层政府的机制不顺畅，基层政府和多数大学生村官赞成，认为县、乡镇和农村是一个系统，借调便于大学生村官了解农村系统；多数村干部反对，认为大学生村官制度主要服务于农村，而不是基层政府。（2）从大学生村官制度的女性视角看，制度缺乏女性视角的设计，导致地方政府弹性对待甚至忽视性别的管理。因为，农村多地处偏远地区甚至在山区，对女性大学生村官而言存在很多工作不便和人身安全问题。从大学生村官再教育体系看，大学生村官再教育几近缺失，需要设计弥补，主要目的是在价值观和认识观上以及涉农知识缺口上帮助大学生。

第五，大学生村官制度的相关性及差异性分析。（1）相关性数据表明：大学生村官的性别与对农村治理的作用的相关性高度显著，与对农村发展贡献及融入社区的相关性很弱；大学生村官的年龄与对农村治理贡献的相关性很弱，与对农村发展贡献高度显著的负相关；与借调乡镇或县里工作、融入社区相关性高度显著；大学生村官的文化程度与对农村治理和农村发展的贡献、借调乡镇或县里工作、融入社区的相关性很弱；大学生村官的学科门类与农村治理和农村发展的贡献、融入社区的相关性很弱，与借调乡镇或县里工作相关性显著；大学生村官的家庭所在地与对农村治理和农村发展的贡献、借调乡镇或县里工作、融入社区相关性很弱，与组织村民培训、组织村里的文化体育娱乐活动相关性高度显著；大学生村官所在村的富裕水平与对农村治理和农村发展的贡献、融入社区的相关性很弱，与借调乡镇或县里工作相关性高度显著；大学生村官任职期间所住地点与农村治理、融入社区的相关性显著；与对农村发展贡献、借调乡镇或县里工作相关性很弱；大学生村官进村两委与农村治理和农村发展的贡献、融入社区的相关性高度显著，与借调乡镇或县里工作相关性很弱；大学生村官借调与对农村治理和农村发展的贡献、融入社区的相关性均很弱。（2）调研省份的差异性问题：一是招聘差异，招聘模式上如优秀大学的学生免试、组织实习后双向选择、由省级统一组织特招；招聘数量上，发达地区大学生村官可能达到两名，边远地区调研的省份很多村庄没有大学生村官；二是工资待遇相差大，尤其是发达地区（北京、江苏）和边远地区（甘肃）之间的差异；三是支持大学生村官创业支持存在差异，包括贷款支持，结对指导创业，形成了如"村官＋大户＋贫困户""村官＋专家＋基地""村官＋合作社";四是大学生选择村官目的存在差异,例如,解决户口问题在北京的现象很突出;五是解决再就业方式不同,如北京每年分配一定数额定向招录公务员,甘肃省大学生村官合同期满后全部转为事业编制。

第六,针对性地提出了七条建议。(1)与国家其他农村发展政策相衔接,系统解决大学生村官发挥作用的问题。(2)农村发展方面,弱化大学生村官与农村经济社会发展的强关联,农村文化发展方面可定位为农村文化发展的生力军。(3)大学生村官招聘应着重考虑村庄需求,可采取大学生先入村实习、双方明确意愿的方式。(4)明晰大学生村官融入村庄的路径,强化大学生村官在村庄的主体地位,可借鉴江苏地区采取"实习书记"制度。(5)明晰大学生村官服务农村和基层政府的时间比例,作为基层政府借调大学生村官应遵循的原则。(6)制度完善应将女性视角纳入,各地应根据地方特点和女性特点设计女大学生村官的管理模式,作为地方执行大学生村官制度的一项考核。(7)针对大学生村官的特点,建立长期可持续的大学生村官再教育体系。

关键词:大学生村官制度;结构化理论;行动者;农村治理;农村发展;缓解就业;人才培养

目　　录

开篇语 ……………………………………………………… （1）

第一章　导论 …………………………………………………… （2）

一　研究背景与问题 ………………………………………… （2）

二　研究目的与意义 ………………………………………… （3）

三　研究框架 ………………………………………………… （4）

四　技术路线图 ……………………………………………… （5）

五　概念界定与理论路径 …………………………………… （6）

（一）概念界定 ……………………………………………… （6）

（二）理论路径 ……………………………………………… （7）

六　研究方法 ………………………………………………… （8）

七　创新与不足 ……………………………………………… （9）

（一）研究创新 ……………………………………………… （9）

（二）研究不足 ……………………………………………… （10）

八　研究地点概况 …………………………………………… （10）

（一）北京调研地点概况 …………………………………… （11）

（二）甘肃调研地点概况 …………………………………… （13）

（三）江西调研地点概况 …………………………………… （14）

（四）江苏调研地点概况 …………………………………… （15）

（五）福建调研地点概况 …………………………………… （16）

九　调研问卷对象的基本情况 ……………………………… （17）

（一）大学生村官基本资料 ………………………………… （17）

（二）村干部的基本资料 …………………………………（21）

（三）村民的基本资料 ……………………………………（23）

第二章　文献述评 ……………………………………………（26）

一　大学生村官制度整体考虑的研究回顾 …………………（27）

（一）大学生村官制度去留争议的三种观点 ……………（27）

（二）大学生村官制度实施的四个普遍问题 ……………（28）

（三）对大学生村官制度问题提出解决思路 ……………（28）

二　大学生村官制度实施过程的研究回顾 …………………（29）

（一）大学生村官选聘的研究 ……………………………（29）

（二）大学生村官融入的研究 ……………………………（30）

（三）大学生村官赋权的研究 ……………………………（31）

（四）大学生村官培养的研究 ……………………………（33）

（五）大学生村官出路的研究 ……………………………（34）

三　大学生村官制度已有研究的评价和启示 ………………（35）

第三章　大学生村官制度的演进与相关制度分析 …………（38）

一　大学生村官制度的历史演进 ……………………………（38）

二　相关政策制度的分析与启示 ……………………………（43）

小结 ……………………………………………………………（47）

第四章　大学生村官制度运行层级的逻辑与问题 …………（50）

第一节　大学生村官制度运行层级的逻辑分析 ……………（51）

一　大学生村官制度整体推进的逻辑 ………………………（52）

（一）大学生村官制度的真实性执行 ……………………（52）

（二）大学生村官制度的失真性执行 ……………………（53）

二　大学生村官制度运行的层级逻辑 ………………………（54）

（一）中央地方的运行逻辑 ………………………………（54）

（二）村庄层级的运行逻辑 ………………………………（57）

（三）大学生村官运行逻辑 ………………………………（58）

第二节　大学生村官制度运行层级的相关问题 …………… (62)
　　一　制度存在的结构问题　……………………………… (63)
　　二　制度存在的具体问题　……………………………… (65)
　　　（一）岗位有职无权　………………………………… (65)
　　　（二）形式上进两委　………………………………… (66)
　　　（三）任职时间太短　………………………………… (66)
　　　（四）缺乏就业保障　………………………………… (66)
　　　（五）缺乏女性视角　………………………………… (67)
　　三　县乡层面的共性问题　……………………………… (68)
　　　（一）人才选拔与地方需求不一致　………………… (68)
　　　（二）增加了基层政府的管理成本　………………… (69)
　　　（三）借调大学生村官的时间过长　………………… (69)
　　　（四）大学生村官考核导向有偏差　………………… (70)
　　四　村庄层面的共性问题　……………………………… (71)
　　　（一）大学生村官融入乡村难　……………………… (71)
　　　（二）大学生村官创造实惠难　……………………… (72)
　　五　大学生村官的问题　………………………………… (72)
　　　（一）与村民沟通难　………………………………… (74)
　　　（二）无心扎根农村　………………………………… (75)
　　　（三）工资待遇较低　………………………………… (75)
　　　（四）再就业出路难　………………………………… (75)
　　　（五）管理中的问题　………………………………… (76)
　　小结　……………………………………………………… (77)

第五章　大学生村官制度实施的实效分析 ………………… (80)
第一节　大学生村官制度的整体实效 ……………………… (80)
　　一　大学生村官制度评价指标体系建立 ………………… (83)
　　二　对大学生村官制度实效的整体评价 ………………… (84)
　　　（一）改变农村干部的年龄和文化结构 ……………… (85)
　　　（二）发挥现代化知识对农村管理作用 ……………… (86)

（三）增加基层政府与农村管理的人手 …………… （86）

（四）一定程度丰富了农村的文娱生活 …………… （87）

第二节　农村治理的实效分析 …………………………… （88）

一　对农村治理的整体实效分析 ………………… （88）

（一）农村治理评价指标体系建立 ……………… （88）

（二）对农村治理实效的整体评价 ……………… （89）

二　对村两委工作的实效分析 …………………… （91）

（一）留住和用好人才的重要途径 ……………… （93）

（二）补充人才与提高信息化水平 ……………… （94）

三　对乡村党建工作的实效分析 ………………… （95）

（一）基层政府的重要助手 ……………………… （97）

（二）梳理党建工作的文案 ……………………… （98）

（三）补充村支部新鲜血液 ……………………… （99）

四　对农村合作社发展的实效分析 ……………… （99）

（一）参与创办合作社的各项活动 ……………… （100）

（二）积极宣传合作社相关的政策 ……………… （101）

第三节　农村发展的实效分析 …………………………… （103）

一　对农村发展的整体实效分析 ………………… （103）

（一）农村发展评价指标体系建立 ……………… （103）

（二）对农村发展的整体实效分析 ……………… （104）

二　对农村文化发展的实效分析 ………………… （105）

（一）村干部高度肯定 …………………………… （110）

（二）村民的高度肯定 …………………………… （111）

（三）大学生村官肯定 …………………………… （112）

三　对农村经济发展的实效分析 ………………… （114）

（一）对农村经济发展作用不明显（从基层政府
角度分析） …………………………………… （117）

（二）缺乏地方资源难于发挥作用（从村干部的
角度分析） …………………………………… （117）

（三）掌握知识难于贡献农村发展（从大学生村官
角度分析） …………………………………… （119）

四　对农村社会发展的实效分析 ……………………（120）
（一）对农村生态环境保护有贡献（从基层政府
　　　角度分析） ……………………………………（121）
（二）对农村发展的整体贡献不大（从村干部的
　　　角度分析） ……………………………………（121）
（三）缺乏处理农村事务的村资源（从大学生村官
　　　角度分析） ……………………………………（123）
（四）外地村官难处理本村的事务（从村民
　　　角度分析） ……………………………………（124）
第四节　缓解就业的实效分析 …………………………（125）
一　大学生村官制度缓解就业的情况 ………………（126）
二　对缓解就业的整体实效分析 ……………………（126）
（一）缓解就业评价指标体系建立 …………………（126）
（二）对缓解就业实效的整体评价 …………………（127）
第五节　人才培养的实效分析 …………………………（134）
一　大学生村官培养的基本情况 ……………………（134）
（一）中央层面的培养计划 …………………………（135）
（二）县乡层面的培养计划 …………………………（136）
二　对人才培养的整体实效分析 ……………………（139）
（一）人才培养评价指标体系建立 …………………（139）
（二）对人才培养实效的整体评价 …………………（140）
小结 ………………………………………………………（143）

第六章　大学生村官制度实施的问题分析 ………………（145）
第一节　农村治理方面的问题分析 ……………………（145）
一　参加村两委工作的问题分析 ……………………（146）
（一）基本情况 ………………………………………（146）
（二）重要问题 ………………………………………（149）
二　参加乡村党建工作的问题分析 …………………（150）
（一）基本情况 ………………………………………（150）
（二）重要问题 ………………………………………（151）

三　参加农村合作社工作的问题分析 …………………………（151）

（一）基本情况 …………………………………………（151）

（二）重要问题 …………………………………………（152）

第二节　农村发展方面的问题分析 ……………………………（153）

一　农村文化发展的问题分析 ………………………………（153）

（一）基本情况 …………………………………………（153）

（二）重要问题 …………………………………………（154）

二　农村经济发展的问题分析 ………………………………（154）

（一）基本情况 …………………………………………（154）

（二）重要问题 …………………………………………（155）

三　农村社会发展的问题分析 ………………………………（155）

（一）基本情况 …………………………………………（155）

（二）重要问题 …………………………………………（156）

第三节　缓解就业方面的问题分析 ……………………………（156）

一　鼓励留村任职工作存在的问题 …………………………（157）

二　招录乡镇和公务员存在的问题 …………………………（158）

三　扶持自主创业发展存在的问题 …………………………（158）

四　引导另行选择出路存在的问题 …………………………（159）

五　支持继续学习深造存在的问题 …………………………（159）

第四节　人才培养方面的问题分析 ……………………………（160）

一　基本情况 …………………………………………………（161）

（一）培训的内容 ………………………………………（161）

（二）培训的方式 ………………………………………（162）

（三）培训的周期 ………………………………………（162）

（四）培训的机构和地域 ………………………………（163）

二　重要问题 …………………………………………………（166）

小结 ……………………………………………………………（167）

第七章　大学生村官制度实施的延伸讨论 ……………………（168）

第一节　大学生村官借调情况分析 ……………………………（168）

一　村干部对借调的态度 ……………………………………（169）

（一）多数村干部反对借调 ················· （169）

（二）部分村干部赞成借调 ················· （171）

（三）借调对各项工作的影响（村干部访谈） ········· （171）

二　大学生村官对借调的态度 ················· （173）

（一）多数大学生村官赞同借调 ·············· （173）

（二）部分大学生村官反对借调 ·············· （174）

（三）借调对各项工作的影响（大学生村官访谈） ······· （175）

第二节　女性视角下的大学生村官制度分析 ············ （177）

第三节　大学生村官再教育体系分析 ··············· （182）

一　"再教育"概念解析及启示 ················ （183）

二　"再教育"针对群体及效果 ················ （184）

三　拟构建的大学生村官再教育体系的框架 ··········· （187）

（一）大学生村官再教育的三个原则 ············· （187）

（二）大学生村官再教育的主要内容 ············· （187）

（三）大学生村官再教育体系的设想 ············· （189）

第八章　大学生村官制度的相关性与差异性分析 ··········· （191）

第一节　大学生村官制度实施的相关性分析 ············ （191）

一　大学生村官性别的相关性分析 ·············· （192）

（一）大学生村官性别与农村治理的相关性分析 ······· （193）

（二）大学生村官性别与农村发展的相关性分析 ······· （193）

（三）大学生村官性别与其他参数的相关性分析 ······· （194）

二　大学生村官年龄的相关性分析 ·············· （195）

（一）大学生村官年龄与农村治理的相关性分析 ······· （195）

（二）大学生村官年龄与农村发展的相关性分析 ······· （196）

（三）大学生村官年龄与其他参数的相关性分析 ······· （197）

三　大学生村官文化程度的相关性分析 ············· （197）

（一）大学生村官文化程度与农村治理的相关性

分析 ······························· （198）

（二）大学生村官文化程度与农村发展的相关性

分析 ····························· （198）

（三）大学生村官文化程度与其他参数的相关性

分析 ……………………………………………………（199）

四 大学生村官学科门类的相关性分析 ………………………（200）

（一）大学生村官学科门类与农村治理的相关性

分析 ……………………………………………………（200）

（二）大学生村官学科门类与农村发展的相关性

分析 ……………………………………………………（201）

（三）大学生村官学科门类与其他参数的相关性

分析 ……………………………………………………（202）

五 大学生村官家庭所在地的相关性分析 ……………………（202）

（一）大学生村官家庭所在地与农村治理的相关性

分析 ……………………………………………………（203）

（二）大学生村官家庭所在地与农村发展的相关性

分析 ……………………………………………………（203）

（三）大学生村官家庭所在地与其他参数的相关性

分析 ……………………………………………………（204）

六 大学生村官所在村富裕水平相关性分析 …………………（205）

（一）大学生村官所在村的富裕水平与农村治理的相关性

分析 ……………………………………………………（205）

（二）大学生村官所在村的富裕水平与农村发展的相关性

分析 ……………………………………………………（206）

（三）大学生村官所在村的富裕水平与其他参数的相关性

分析 ……………………………………………………（207）

七 大学生村官任职期间所住地点的相关性分析 ……………（207）

（一）大学生村官任职期间所住地点与农村治理的相关性

分析 ……………………………………………………（208）

（二）大学生村官任职期间所住地点与农村发展的相关性

分析 ……………………………………………………（209）

（三）大学生村官任职期间所住地点与其他参数的相关性

分析 ……………………………………………………（210）

八 大学生村官进村两委的相关性分析 ………………………（210）

（一）大学生村官进村两委与农村治理的相关性
分析 …………………………………………（210）
（二）大学生村官进村两委与农村发展的相关性
分析 …………………………………………（211）
（三）大学生村官进村两委与其他参数的相关性
分析 …………………………………………（212）
九　大学生村官借调的相关性分析 ……………………（213）
（一）大学生村官借调与农村治理的相关性分析 ………（213）
（二）大学生村官借调与农村发展的相关性分析 ………（214）
（三）大学生村官借调与其他参数的相关性分析 ………（214）
第二节　大学生村官制度实施的差异性分析 ………………（215）
一　大学生村官招聘存在差异 …………………………（216）
（一）具体差异 …………………………………………（216）
（二）差异分析 …………………………………………（217）
二　大学生村官工资待遇存在差异 ……………………（218）
（一）具体差异 …………………………………………（218）
（二）差异分析 …………………………………………（219）
三　大学生村官创业支持存在差异 ……………………（220）
（一）具体差异 …………………………………………（220）
（二）差异分析 …………………………………………（221）
四　大学生选择当村官的目的存在差异 ………………（221）
（一）具体差异 …………………………………………（221）
（二）差异分析 …………………………………………（222）
五　大学生村官就业方式存在差异 ……………………（222）
（一）具体差异 …………………………………………（223）
（二）差异分析 …………………………………………（223）
小结 ………………………………………………………（223）

第九章　主要结论与建议 ………………………………………（225）
第一节　主要结论 ………………………………………………（225）
一　总体上促进了乡村经济社会的发展 …………………（225）

（一）对农村经济社会发展贡献不大 ⋯⋯⋯⋯⋯⋯⋯（225）

（二）对农村人才培养效果不太显著 ⋯⋯⋯⋯⋯⋯⋯（226）

（三）对农村文化发展效果较为显著 ⋯⋯⋯⋯⋯⋯⋯（226）

（四）对就业起到了缓冲带的作用⋯⋯⋯⋯⋯⋯⋯⋯⋯（227）

二 未进一步固化国家在乡村的权力 ⋯⋯⋯⋯⋯⋯⋯（227）

三 基层政府受益于大学生村官制度 ⋯⋯⋯⋯⋯⋯⋯（228）

（一）大学生村官制度弥补了基层政府人手不足 ⋯⋯（228）

（二）大学生村官制度一定程度上打破了乡镇之间和村庄

之间的隔离 ⋯⋯⋯⋯⋯⋯⋯⋯⋯⋯⋯⋯⋯⋯⋯⋯（228）

四 大学生村官难于融入乡村 ⋯⋯⋯⋯⋯⋯⋯⋯⋯⋯（229）

（一）大学生村官存在依附性 ⋯⋯⋯⋯⋯⋯⋯⋯⋯⋯（229）

（二）乡村秩序排斥大学生村官 ⋯⋯⋯⋯⋯⋯⋯⋯⋯（230）

五 大学生村官职位更多的只是职业跳板 ⋯⋯⋯⋯⋯（231）

（一）期满后的出路保障不足 ⋯⋯⋯⋯⋯⋯⋯⋯⋯⋯（231）

（二）大学生村官是职业跳板 ⋯⋯⋯⋯⋯⋯⋯⋯⋯⋯（231）

第二节 建议 ⋯⋯⋯⋯⋯⋯⋯⋯⋯⋯⋯⋯⋯⋯⋯⋯⋯（232）

一 注重与农村发展的其他制度相衔接 ⋯⋯⋯⋯⋯⋯（232）

二 为大学生村官创设条件,助推农村发展 ⋯⋯⋯⋯（232）

三 完善大学生村官制度与程序 ⋯⋯⋯⋯⋯⋯⋯⋯⋯（233）

（一）人才招聘应严格把关 ⋯⋯⋯⋯⋯⋯⋯⋯⋯⋯⋯（233）

（二）设岗定责与强化培养 ⋯⋯⋯⋯⋯⋯⋯⋯⋯⋯⋯（235）

（三）适度赋权,可采取实习村书记制度 ⋯⋯⋯⋯⋯（235）

（四）大学生村官制度的考核应进一步完善 ⋯⋯⋯⋯（236）

四 健全大学生村官制度的运行机制 ⋯⋯⋯⋯⋯⋯⋯（236）

（一）理顺借调机制 ⋯⋯⋯⋯⋯⋯⋯⋯⋯⋯⋯⋯⋯⋯（236）

（二）增加女性视角 ⋯⋯⋯⋯⋯⋯⋯⋯⋯⋯⋯⋯⋯⋯（237）

（三）建立再教育体系 ⋯⋯⋯⋯⋯⋯⋯⋯⋯⋯⋯⋯⋯（237）

结束语 ⋯⋯⋯⋯⋯⋯⋯⋯⋯⋯⋯⋯⋯⋯⋯⋯⋯⋯⋯⋯（238）

附录 ⋯⋯⋯⋯⋯⋯⋯⋯⋯⋯⋯⋯⋯⋯⋯⋯⋯⋯⋯⋯⋯（239）

附录 1　大学生村官问卷 ……………………………………（239）

附录 2　村民问卷 ……………………………………………（248）

附录 3　村干部问卷 …………………………………………（251）

附录 4　县委组织部访谈提纲 ………………………………（258）

附录 5　乡镇部门访谈提纲 …………………………………（261）

附录 6　村干部访谈提纲 ……………………………………（263）

附录 7　大学生村官访谈提纲 ………………………………（263）

附录 8　村民访谈提纲 ………………………………………（264）

参考文献 ………………………………………………………（265）

后记 ……………………………………………………………（274）

图表目录

图 1—1　技术路线图 ·················· （5）

图 4—1　大学生村官制度实施中的整体逻辑 ············· （52）

图 4—2　大学生村官制度实施中执行主体的逻辑关系 ······· （54）

图 4—3　大学生村官制度结构问题分析 ············· （63）

表 1—1　研究框架 ···················· （4）

表 1—2　调研的具体省份数据 ·············· （9）

表 1—3　调研县的具体村庄数量和大学生村官数量 ·········· （11）

表 1—4　大学生村官性别（%） ················ （18）

表 1—5　大学生村官年龄（%） ················ （18）

表 1—6　大学生村官文化程度（%） ·············· （19）

表 1—7　大学生村官的学科门类情况（%） ············ （20）

表 1—8　大学生村官家庭所在地（%） ············· （20）

表 1—9　大学生村官所在村在本市乡村的富裕水平（%） ······· （21）

表 1—10　村干部性别（%） ················ （22）

表 1—11　村干部的年龄（%） ················ （22）

表 1—12　村民的性别（%） ················ （23）

表 1—13　村民的年龄（%） ················ （23）

表 1—14　村民的文化程度（%） ··············· （24）

表 1—15　村民所从事的职业（%） ·············· （24）

表 2—1　大学生村官相关期刊和图书出版的数量 ········· （26）

表 3—1　大学生村官制度的预备阶段 ············· （39）

表3—2 大学生村官制度的颁布实施阶段 ……………………（40）

表3—3 大学生村官制度的推进和完善阶段 …………………（42）

表3—4 相关政策的梳理与比较 ………………………………（45）

表3—5 联系和区别 ……………………………………………（47）

表4—1 红梨村大学生村官的作息时间 ………………………（58）

表4—2 是否在村干部和村民家里吃过饭 ……………………（59）

表4—3 是否与村干部和村民聊过天 …………………………（59）

表4—4 大学生选做村官的首要原因 …………………………（60）

表4—5 大学生村官期满后的打算或希望 ……………………（60）

表4—6 村干部访谈问卷：您认为大学生村官工作期限多长
　　　　合适（％） ……………………………………………（66）

表4—7 您是否融入村里（％） ………………………………（71）

表4—8 大学生村官在村里工作遇到的困难情况（％）………（72）

表4—9 大学生村官在村里工作的顾虑情况（％）……………（73）

表5—1 政府部门（县组织部＋乡镇部门）针对此4项排序各占
　　　　百分比汇总（％） ……………………………………（81）

表5—2 村干部针对此4项排序各占百分比（％）……………（81）

表5—3 大学生村官针对此4项排序各占百分比（％）………（82）

表5—4 大学生村官制度评价指标体系 ………………………（84）

表5—5 村干部对大学生村官制度的评价集（％）……………（84）

表5—6 村民对大学生村官制度的评价集（％）………………（84）

表5—7 大学生村官对大学生村官制度的评价集（％）………（85）

表5—8 农村治理评价指标体系 ………………………………（89）

表5—9 村干部对农村治理的评价集（％）……………………（90）

表5—10 村民对农村治理的评价集（％）………………………（90）

表5—11 大学生村官对农村治理的评价集（％）………………（90）

表5—12 大学生村官问卷：是否了解大学生村官进入村两委的
　　　　政策（％） ……………………………………………（91）

表5—13 大学生村官问卷：所在的村庄是否开展村官进两委的
　　　　工作（％） ……………………………………………（92）

表 5—14　大学生村官问卷：是否已经进入村两委(%) ………(92)

表 5—15　村干部问卷：是否支持大学生村官竞选村
　　　　　两委(%) ……………………………………………(93)

表 5—16　村民问卷：是否赞成大学生村官进入
　　　　　村两委(%) ………………………………………(94)

表 5—17　大学生村官问卷：是否了解村庄党建政策(%) …(96)

表 5—18　大学生村官问卷：是否参与村基层
　　　　　党建事务(%) ……………………………………(96)

表 5—19　大学生村官问卷：参与基层党建的
　　　　　具体工作(%) ……………………………………(96)

表 5—20　村民问卷：您认为大学生村官对基层党建发挥的
　　　　　作用(%) …………………………………………(97)

表 5—21　村干部问卷：如何看待大学生村官参与到农村基层党建
　　　　　工作(%) …………………………………………(99)

表 5—22　村干部问卷：大学生村官是否参与农民
　　　　　合作社(%) ………………………………………(100)

表 5—23　大学生村官问卷：是否了解合作社(%) ………(101)

表 5—24　大学生村官问卷：参与农民合作社的程度(%) …(101)

表 5—25　村干部问卷：大学生村官对农民合作社发挥的
　　　　　作用(%) …………………………………………(102)

表 5—26　村干部问卷：大学生村官主要参与哪些
　　　　　工作(%) …………………………………………(102)

表 5—27　农村发展评价指标体系 ………………………(104)

表 5—28　村干部对农村发展的评价集(%) ………………(105)

表 5—29　村民对农村发展的评价集(%) …………………(105)

表 5—30　大学生村官对农村发展的评价集(%) …………(105)

表 5—31　村干部问卷：是否组织了村民培训(%) ………(108)

表 5—32　大学生村官问卷：是否组织了村民培训(%) ……(108)

表 5—33　村干部问卷：是否组织村里的文化体育娱乐
　　　　　活动(%) …………………………………………(109)

表 5—34 大学生村官问卷：是否组织村里的文化体育娱乐
活动（％） ……………………………………………（109）

表 5—35 村干部问卷：大学生村官在培训中发挥的作用
如何（％） ………………………………………………（110）

表 5—36 村干部问卷：大学生村官在体育娱乐活动中发挥的
作用如何（％） …………………………………………（111）

表 5—37 村民问卷：大学生村官在培训中发挥的作用
如何（％） ………………………………………………（111）

表 5—38 村民问卷：大学生村官在体育娱乐活动中发挥的
作用如何（％） …………………………………………（112）

表 5—39 大学生村官问卷：在培训中发挥的作用
如何（％） ………………………………………………（113）

表 5—40 大学生村官问卷：在娱乐活动中发挥的作用
如何（％） ………………………………………………（113）

表 5—41 村干部认为大学生村官是否带来以下的经济
发展（％） ………………………………………………（114）

表 5—42 大学生村官认为是否带来以下的经济发展（％） ……（115）

表 5—43 村民问卷：大学生村官对农村经济发展所起的
作用（％） ………………………………………………（115）

表 5—44 村民问卷：大学生村官在招商引资方面起了什么
作用（％） ………………………………………………（116）

表 5—45 村民问卷：大学生村官在引进技术方面起了什么
作用（％） ………………………………………………（116）

表 5—46 村民问卷：大学生村官在开拓市场方面起了什么
作用（％） ………………………………………………（116）

表 5—47 村干部问卷：大学生村官是否促进社会发展
工作（％） ………………………………………………（120）

表 5—48 村民问卷：大学生村官是否促进农村社会
发展（％） ………………………………………………（120）

表 5—49 大学生村官问卷：是否促进农村社会发展（％） ……（121）

表5—50 农村社会发展的具体内容(%) ……………………… (122)

表5—51 大学生村官在农村生态环境建设具体方面的
作用(%) ……………………………………………… (122)

表5—52 大学生村官在农村社会发展具体方面的
作用(%) ……………………………………………… (123)

表5—53 保护农村生态环境的具体内容(%) ……………… (124)

表5—54 大学生村官是否对农村社会发展起到作用(%) …… (124)

表5—55 缓解就业评价指标体系 ……………………………… (127)

表5—56 大学生村官对缓解就业的评价集(%) …………… (127)

表5—57 村干部对缓解就业的评价集(%) ………………… (128)

表5—58 村民对缓解就业的评价集(%) …………………… (128)

表5—59 村干部是如何理解大学生村官政策对就业的
帮助(%) ……………………………………………… (128)

表5—60 村民认为大学生村官政策是否可以缓解
就业(%) ……………………………………………… (129)

表5—61 5省市各县的大学生村官培养 ……………………… (137)

表5—62 人才培养评价指标体系 ……………………………… (140)

表5—63 大学生村官对人才培养的评价集(%) …………… (140)

表5—64 村干部对人才培养的评价集(%) ………………… (141)

表6—1 培训的形式(%) ……………………………………… (163)

表6—2 培训的内容(%) ……………………………………… (164)

表6—3 培训的内容中最重要的一选项(%) ………………… (164)

表6—4 下列选项是否有必要(%) …………………………… (165)

表6—5 认为哪个机构最适合担当大学生村官的专门培训
机构 …………………………………………………… (165)

表7—1 村干部是否赞同大学生村官被借调到县镇
工作(%) ……………………………………………… (169)

表7—2 村干部认为大学生村官长期借调是否对村工作产生
影响(%) ……………………………………………… (172)

表7—3 有哪些影响(%) ……………………………………… (172)

表7—4 是否赞同大学生村官被借调到县镇工作(%) ……… (173)

表7—5 借调是否会影响村工作(%) ……………………… (175)

表7—6 借调有哪些影响(%) ……………………………… (176)

表7—7 对农村经济发展的作用(%) ……………………… (178)

表7—8 是否促进农村社会发展(%) ……………………… (179)

表7—9 组织村民培训(%) ………………………………… (179)

表7—10 村民文化体育活动(%) ………………………… (180)

表7—11 再教育的定义 …………………………………… (183)

表7—12 国外再教育群体 ………………………………… (185)

表7—13 国内再教育群体 ………………………………… (186)

表8—1 Pearson 相关性内容概况 ………………………… (192)

表8—2 Pearson 相关性分析 ……………………………… (193)

表8—3 各参数间的 Pearson 相关性分析 ………………… (193)

表8—4 Pearson 相关性分析 ……………………………… (194)

表8—5 各参数间的 Pearson 相关性分析 ………………… (194)

表8—6 各参数间的 Pearson 相关性分析 ………………… (195)

表8—7 Pearson 相关性分析 ……………………………… (195)

表8—8 各参数间的 Pearson 相关性分析 ………………… (196)

表8—9 Pearson 相关性分析 ……………………………… (196)

表8—10 各参数间的 Pearson 相关性分析 ……………… (197)

表8—11 各参数间的 Pearson 相关性分析 ……………… (197)

表8—12 Pearson 相关性分析 …………………………… (198)

表8—13 各参数间的 Pearson 相关性分析 ……………… (198)

表8—14 Pearson 相关性分析 …………………………… (199)

表8—15 各参数间的 Pearson 相关性分析 ……………… (199)

表8—16 各参数间的 Pearson 相关性分析 ……………… (200)

表8—17 Pearson 相关性分析 …………………………… (200)

表8—18 各参数间的 Pearson 相关性分析 ……………… (201)

表8—19 Pearson 相关性分析 …………………………… (201)

表8—20 各参数间的 Pearson 相关性分析 ……………… (202)

表 8—21　各参数间的 Pearson 相关性分析 ……………………（202）

表 8—22　Pearson 相关性分析 ……………………………………（203）

表 8—23　各参数间的 Pearson 相关性分析 ………………………（203）

表 8—24　Pearson 相关性分析 ……………………………………（204）

表 8—25　各参数间的 Pearson 相关性分析 ………………………（204）

表 8—26　各参数间的 Pearson 相关性分析 ………………………（205）

表 8—27　Pearson 相关性分析 ……………………………………（205）

表 8—28　各参数间的 Pearson 相关性分析 ………………………（206）

表 8—29　Pearson 相关性分析 ……………………………………（206）

表 8—30　各参数间的 Pearson 相关性分析 ………………………（207）

表 8—31　各参数间的 Pearson 相关性分析 ………………………（207）

表 8—32　大学生村官任职期间所住地点（%）……………………（208）

表 8—33　Pearson 相关性分析 ……………………………………（208）

表 8—34　各参数间的 Pearson 相关性分析 ………………………（209）

表 8—35　Pearson 相关性分析 ……………………………………（209）

表 8—36　各参数间的 Pearson 相关性分析 ………………………（209）

表 8—37　各参数间的 Pearson 相关性分析 ………………………（210）

表 8—38　Pearson 相关性分析 ……………………………………（211）

表 8—39　各参数间的 Pearson 相关性分析 ………………………（211）

表 8—40　Pearson 相关性分析 ……………………………………（211）

表 8—41　各参数间的 Pearson 相关性分析 ………………………（212）

表 8—42　各参数间的 Pearson 相关性分析 ………………………（212）

表 8—43　Pearson 相关性分析 ……………………………………（213）

表 8—44　各参数间的 Pearson 相关性分析 ………………………（213）

表 8—45　Pearson 相关性分析 ……………………………………（214）

表 8—46　各参数间的 Pearson 相关性分析 ………………………（214）

表 8—47　各参数间的 Pearson 相关性分析 ………………………（215）

表 8—48　5 省市大学生村官（本科生）2013 年工资表

　　　　　（单位：元）………………………………………（218）

表 8—49　5 省市选择当大学生村官的首要目的（%）…………（222）

开篇语

下基层、接地气。心有多大，舞台就有多大。

在各级党委、政府的关怀、培养和帮助下，充满理想、充满激情、充满活力的青年学子虚心拜人民群众为师，在广阔天地摸爬滚打，不怕吃苦，不怕吃亏，不怕受累，不惧失败和挫折，积极投身社会主义新农村建设实践一线，走进田间卷起裤腿当起了地道的农民。他们立志要改变乡村面貌，在风霜雨露中奉献自己的青春激情。

这是一个可爱的群体，这也是一个充满希望的群体。

——截自大学生村官风采

第一章 导论

一 研究背景与问题

大学生村官制度自出台就引起了社会各界的热议，对制度质疑和大泼冷水的不乏其人。为什么会出现这样的现象？一是新制度出台的初期多会引发争论，如制度不完善或者出现一些问题，这些都会导致各界争论；二是很多专家认为农村发展首要解决的是城乡二元体制等战略问题，大学生村官制度不足以改变现状，且国家多年培养的大学生倒流至农村是一种资源浪费。当然，许多专家也赞同该制度实施，认为制度目标是构建一个支撑农村发展的青年人才库，是支撑国家发展农村的长远战略。

针对这些争执，我们组织了大学生村官制度的研究队伍，调研了北京、江苏、江西、福建、甘肃共5省市、6县、11个乡镇、21个村庄。发现大学生村官制度实施以来（至2013年），既存在问题同时也起到一定效果，有些方面是"有心栽花花不开"，如农村人才资源库未真正建立起来，这也是专家泼冷水的重要原因之一。有些方面是"无心插柳柳成荫"，如大学生村官在农村文化建设方面发挥了较为明显的作用，很大程度上弥补了多年以来基层政府的人手不足的缺陷等。更值得一提的是，大学生村官之间的交流联系一定程度上打破了多年以来村庄隔离的现象，如大学生组织各个村庄联合培训或村庄联谊会等。从制度建设看，大学生村官数量已经攀升到40万，并已经开始启动第二个大学生村官五年招收计划，未来这个群体的数量还会不断稳定增大。实践中，大学生村官已经成为国家与农村联系的重要节点，主要表现为大学生村官成为基层政府和农村之间的重要枢纽。

到 2013 年，大学生村官制度全面实施已经历了一个五年周期，目前正在实施第二个五年周期。基层政府和村干部最大的担心是该制度将来被取消，原因是他们认为"当前大学生村官开始干一些活，并发挥一些作用"，这是对制度是该"存在"还是"取消"的最好答案。至于该制度将来何去何从，根本取决于制度是否能达到"产出大于投入"的效果或效果有多大。

基于此，本研究试图跳出大学生村官制度是"继续"还是"取消"的争论，集中精力探讨制度实施以来发挥的作用和存在的问题，并针对性地提出一些对策。因此，从结构对中央政府、地方政府、村干部、村民和大学生村官自身等制度不同主体的影响，以及不同制度主体对大学生村官制度的影响出发，以此考量大学生村官制度的整体运行状况。另外，将总结历史上和其他国家地区人才倒流乡村制度和相关制度的经验教训，借鉴有益做法，进一步完善具有"中国经验"的大学生村官制度。

二 研究目的与意义

从理论看，大多数研究因循国家—社会的理论视角，探讨大学生村官制度，这种理论视角过于强调国家的作用，湮没了不同行动者的鲜活性（尤其是具有独特权力结构和社会结构的乡村场域），容易使"具体而微"的大学生村官制度研究浮于表面，得出结论和提出建议往往过于宏大且针对对象多为政府，无法从根上解决问题（施心耕，2008：1；李晓玉等，2007：49）。本研究运用吉登斯的结构化理论，既重视行动者的策略行为，也重视动态建构中的结构力量，这就突破了国家—社会理论仅关乎宏观层面的视角，使研究的理论触角直接渗入到经验世界中，这样容易实现从实践到理论的总结，提出的建议也可自下而上，增强操作性。

从实践看，本课题立足实证考察，通过调研 5 个省份的大学生村官制度的创新及实践，系统地对大学生村官制度实施和进展进行考量，并通过对国外见习官员制度、台湾地区和香港地区的社会工作者制度以及我国的科技特派员制度和驻村干部制度等研究，提出可操作性的建议。本课题力图实现理论升华，推动制度完善，激发大学生村官制度作为"中国特色经验"的应有潜能和优势。

三 研究框架

本研究属于公共政策研究，因此做一个政策评估研究框架，以便于更能直观地显现本研究的总体部署，具体见表1—1。

表1—1 研究框架

相关章节	具体内容
部署实施 （第三章、第四章）	1. 大学生村官制度的演进与相关制度分析 2. 大学生村官制度运行层级的逻辑分析与相关问题
实效分析 （第五章）	1. 大学生村官制度的评价指标体系建立、实效的整体评价 2. 农村治理（政治）的实效分析 3. 农村发展（经济、社会、文化）的实效分析 4. 缓解就业的实效分析 5. 人才培养的实效分析
问题及延伸讨论 （第六章、第七章）	1. 农村治理、农村发展、缓解就业、人才培养等方面的问题分析 2. 延伸讨论——借调情况分析、女性视角下的大学生村官制度分析、大学生村官再教育体系分析
大学生村官制度的相关性与差异性分析 （第八章）	1. 5省市大学生村官制度的相关性分析 2. 5省市大学生村官制度的差异性分析
结论与建议 （第九章）	结论：1. 对乡村经济社会发展的作用；2. 大学生村官制度没有进一步固化国家在乡村的权力；3. 基层政府受益于大学生村官制度；4. 大学生村官难于融入乡村；5. 大学生村官自身存在的问题 建议：1. 与其他农村发展制度相衔接；2. 对农村发展的建议；3. 对大学生村官制度完善的建议；4. 对大学生村官制度运行机制的建议

四　技术路线图

按照研究时间的先后顺序、研究内容的不同和研究视角的分类，确定了本研究的技术路线图（图1—1），内容分为纵向和横向两条思路，两条思路互为补充和支撑：

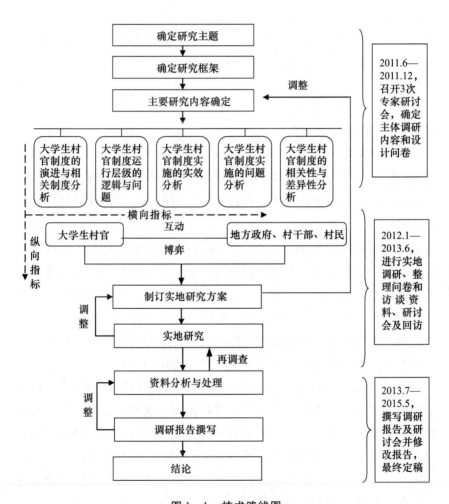

图1—1　技术路线图

从横向看，研究内容包括五部分，分别为大学生村官制度对农村治理、农村发展（经济发展、社会发展和文化发展）、缓解就业、人才培养的影响和效果以及大学生村官制度的问题研究。在整个研究中，横向内容将是每一部分的讨论中都需要全部涉及的内容。

从纵向看，着重从大学生村官和地方政府、村干部、村民之间的互动博弈角度入手，另外把中央和地方政府、村干部、大学生村官以及普通村民作为不同的行动者，行动者将是本研究中贯穿始终的分析视角，分析大学生村官作为行动者是如何与其他行动者之间互动，分析不同行动者是如何建构国家主导的大学生村官制度。

五　概念界定与理论路径

（一）概念界定

大学生村官：大学生村官实质上不是"官"而是"员"，在村庄更多是村干部助理，一般在农村主要从事辅助性和服务性的工作，合同期满三年后，如果通过乡镇考核并自愿留下，可以再通过村庄选举成为村副书记或村副主任等村干部。从广义上来讲，大学生村官是指政府通过一系列考核和考试后，选派高校的优秀毕业生到农村去工作，主要担任村党支部书记助理或者村委会主任助理等职务。从狭义上来讲，主要是指高校毕业生（包括专科生、本科生、硕士以及博士）到村里担任村支书或村主任助理。本书所指的"大学生村官"是指狭义上的村官，在动态发展的过程中，这些大学生村官与其他行动者之间互动不断创造出新的情境，构建出新的角色。

农村社区（rural community）：农村社区是指以地缘为纽带、以农业生产为基础，基本上是由同质性劳动人口组成的地域社会，其社会结构简单、人口密度较低，是相对城市社区而言的（程贵铭，2006：112）。同时，每个村庄可以看作为一个社区，它的特征是：农户全部聚集在一个比较紧凑的居住区内，是一个由各种形式的社会活动组成的群体，与其他相似的单位间隔一段距离，具有特定的名称，还是一个被大家所公认的事实上的社会单位（费孝通，2001：25）。

农村社会结构：由政治、经济、文化和社会四个方面组成的"四位一体"，每个方面都有自己相对独立的结构，共存于农村社会整体之中。在农村社会整体中，主要是由村干部、村民等（包括宗族派系以及血缘亲属等内生因素）群体关系所组成的村庄场域。

农村治理：指由政府、农村社会组织和其他利益相关者为了增进农村的利益和发展农村社会而共同参与和协调的持续互动过程（张继兰等，2009：80）。本研究将从基层党建、农民合作社、进村两委三个方面来具体分析大学生村官在农村治理方面的作用。

农村发展：主要包括经济方面、社会方面、文化方面、政治方面等多方面的发展。政府和学者一直都比较关注乡村经济、社会和文化发展的问题。大学生村官作为一个新生群体，其对农村发展的作用是制度作用评价的重要方面。

（二）理论路径

1. 结构化理论

安东尼·吉登斯提出的结构化理论，批判了结构功能主义忽视互动者的能动过程，忽略了人们反思、监督、定义和决策能力的理论缺陷，简言之，结构和行动者脱离。结构化理论承认互动者的能动过程，但也注意到互动论倾向于将个体和结构二元论的固化（乔纳森·H. 特纳，1987：566－567）。通过对结构功能主义和互动微观理论的反思，吉登斯（1987：23－25）认为，行动者（agency）有能力改变社会组织的性质，可消除任何被认为具有普遍性的法则，同时结构具有双重性（duality of structure），即互动者是在结构中运用规则和资源展开行动的过程，同时也再构出规则和资源的过程，两者相互包含。支撑理论的三个点分别为：行动者在跨越空间和时间的互动情境（context）、可利用的规则（rules）、可利用的其他资源（resources）。

2. 理论的启示

结构理论认为"行动者/结构"中的"行动者"是结构中的行动者，而"结构"则是"行动中的社会结构"。从结构理论视角出发，去理解大学生村官制度如何嵌入到行动者的行为当中去，又是如何通过行动者的行为不断建构出具有新元素且内质不变的"新大学生村官制度"。

对本研究的启示包括：一是本研究不会陷入结构与行动的对立当中，即大学生村官所面对的情境不再决定于凝固的规则和程序之中，而在有关的力量和利益持续不断的互动之中，是社会各方力量持续不断的权宜性努力的结果，这有助于理解结构中的资源和规则是如何被大学生村官使用的。二是有助于分析相关政策在农村社区实践过程中是如何经由复杂的行动者的互动被"再结构化"的（刘岳等，2006）。

本研究将运用结构化理论作为理论框架对大学生村官制度的运作逻辑及行动空间的建构过程进行阐述和分析，从村庄的权力结构和社会结构入手，结合大学生村官的名义和实际权利，探讨地方政府、村干部、村民以及大学生村官自身等不同群体对大学生村官制度的影响，以此考量大学生村官制度的整体运行状况。

六　研究方法

本研究采取人文主义方法论和实证主义方法论相结合，方法上采取文献研究、定量研究和定性研究相结合的方式。

文献研究主要通过中英文论文论著调研和实地二手资料收集整理归纳等构成。

定量研究由一系列的程序和内容构成，包括指标体系的建立、问卷的设计、问卷数量、数据收集、整理和分析以及运用 SPSS 统计分析方法。针对大学生村官问卷是通过 5 省市中 1—2 个县的大学生村官各随机发放 120 份问卷，共 600 份，回收 550 份，回收率为 92%，有效问卷 500 份，有效率达 90.9%（注：此大学生村官问卷包括合同期内以及合同期满的）；针对村民问卷是根据各省的某个县某个镇的三个村（分别是贫困村、中等村及富裕村），每个镇三个村通过系统抽样 100 位村民进行问卷访谈，保证每个村的问卷为 30—40 份，共 500 份，回收率 100%，有效率 100%；针对村干部问卷是 5 省市的某个镇的三个村发放，分别包括村主任、村书记、村会计、村妇女主任、村委员等，5 省市共发放 50 份，回收 45 份，有效率达 90%。

定性研究以"行动者为导向"（Long，1992）的研究方法。① 通过深入村庄的村干部、村民及大学生村官的日常工作和生活中去，观察他们的工作生活和体察他们的内心世界，再使用访谈、回访等方法，对村干部和村庄的大学生村官进行材料收集和事实的印证。本次调研共5个省的6个县、11个乡镇和21个村庄，其中县组织部访谈6个，乡镇大学生村官负责人访谈9个，② 主要村干部访谈30个，大学生村官访谈30个（其中包括座谈会形式4次③），完成村民小组访谈5次，具体见表1—2。

表1—2　　　　　　　　　　　调研的具体省份数据

省市	县	乡镇	村庄	县组织部访谈	乡镇机构访谈	村干部访谈/问卷	大学生村官访谈/问卷	村民小组访谈/问卷
北京	1	1	3	1	1	8/9	5/100	1/100
甘肃	2	3	5	2	3	5/9	5/100	1/100
江西	1	1	3	1	1	5/9	4/100	1/100
江苏	1	3	4	1	1	7/9	8/100	1/100
福建	1	3	6	1	3	5/9	8/100	1/100
总量（个）	6	11	21	6	9	30/45	30/500	5/500

七　创新与不足

（一）研究创新

第一，已有的研究大多是单方面考虑制度的完善，尤其是将政府、村干部和大学生村官单独解析，然后提出问题和完善建议。本研究突破这种片面的研究，将政府、村干部、村民和大学生村官等行动者构成的结构作为系统，从系统论的角度出发，研究不同行动者在整

---

① 该方法是国外发展社会学者最初用来分析外来发展干预过程的研究方法，后来逐渐应用到发展研究的多个领域。大学生村官制度正是国家对乡村发展采用发展干预的一种手段。

② 有些省份选了2—3个乡镇和4—6个村庄做深度访谈，目的是得到更多的访谈资料，只做定性分析用，不做问卷。

③ 其中江西省1次，江苏省1次，福建省2次。

个系统中的状态以及构成的系统秩序，从系统论来解析和评估大学生村官制度，由此提出完善建议。

第二，大学生村官在乡村场域表现出来的不融入，导致无法作为，因此，大学生常常被斥之为能力和适应力不足，这在舆论上犯了导向性错误。具体的乡村场域中，村庄在宗族派系和人际关系构成了刚性结构，初入村庄的大学生由于这道刚性的关系网络，基本上不能介入到村庄的发展和事务处理中，需要外力（政府、村干部、企业和媒体等）帮助才能使大学生村官更好地融入这种刚性结构中。

第三，整个舆论导向依然认为村庄的环境与大学生村官的志向旨趣存在相悖的情况，但是，实际情况是农村情况发生了很大变化，也有很多机会，一些大学生村官优惠政策固然能激励大学生选择村官职位，但是，将他们的职业生涯与大学生村官这一职务挂钩才是最为重要的。

第四，突破国家与社会的理论框架研究，即将不同群体作为行动者的大学生村官制度和问题研究。通过将课题研究与制度实践、制度改革结合起来，较好地实现理论研究回应实践需要、制度实践反馈理论研究的良性互动，突破大多既有研究面临的"实践＼理论"两张皮困境，开启大学生村官制度研究的新范式。

（二）研究不足

第一，大学生村官是一个新生群体，研究刚刚起步，国内文献不多，外文文献缺失，因此，有限的资料和权威性观点的缺乏使本研究难于找到对话，同时也很难在书山文海中得到启示。仅有的大学生村官制度研究往往流于琐碎和过度政策性，较难挖掘学术深度和建构理论。

第二，设计一套较为客观的指标体系来评估大学生村官制度有一定难度，尤其是调研过程中做到客观收集数据非常困难。

第三，实证研究的一般规律和地方性特点的成果在推广和一般化方面具有一些困难。

八　研究地点概况

本研究选择的地点包括北京、甘肃、江西、江苏、福建5个省市

（注：申报书中选择的调研地点为：北京、上海、甘肃、江西、广东，但课题组聘请的中国社会科学院和中国农业大学的专家建议北京、上海和广东同属一线发达城市，难于区分发展的层次，一是考虑到地理分布差异，比如东部、中部、西部等；二是地区贫富差异，比如经济发达地区、经济中等地区、经济欠发达地区；三是江苏是大学生村官的发源地之一和重要工作基地，因此，申报书中的调研地上海改为沿海省福建，广东改为江苏）。

所选择的县村主要是基于以下考虑：一是各省大学生村官的数量、贡献等情况；二是尊重各省市及基层政府相关大学生村官管理部门的意见，商量探讨。一般一个省选择1—2个县，一个县按照大学生数量的多少和分布选择1—3个乡镇，一个乡镇里根据当地经济条件选择贫困村、中等村和富裕村三个村庄。以下是各个县的村庄数量和大学生村官的数量，见表1—3。

表1—3　　　　调研县的具体村庄数量和大学生村官数量

省市	调研县（区）	村庄（个）	大学生村官累计数（人）	大学生村官在岗数（人）
北京	Y县	373	1647	675
甘肃	L县和W县	L县：215 W县：217	L县：88 W县：89	L县：63 W县：61
江西	X县	386	113	86
江苏	R县	230	243	218
福建	X区	282	88	66

注：数据截至2012年。

（一）北京调研地点概况

北京地区选择Y县Y镇的三个村庄作为调研地点，因为Y县是北京市首批大学生村官工作试点区县之一。Y县自2005年开始选派大学生村官到农村工作，2006年全面展开，截至2012年，已经选聘了8批大学生村官，累计选聘了1647名大学生村官（包括：2005年

63 人；2006 年 167 人；2007 年 268 人；2008 年 321 人；2009 年 153 人；2010 年 191 人；2011 年 184 人；2012 年 300 人），目前在岗人数 675 人，所学专业涉及农林、法律、经济、艺术、体育等 160 多所院校的 200 多个专业。

Y 镇位于 Y 县中心，是县委、县政府所在地，也是全县政治、经济、文化中心，是全县最大的镇。全镇辖有 45 个行政村，截至 2012 年镇域内总户数 5.5 万，总人口 12.8 万，辖区总面积 75 平方公里，交通便捷，是县域交通枢纽。自然环境优美，生态优良，镇域有大型休闲场所。2010 年全镇实现农村经济总收入 25.9 亿元，人均劳动所得 1.2 万元，招商引资累计到位资金 5 亿元。

根据当地的平均经济水平，在 Y 镇选择了三个村庄（分别是贫困村、中等村及富裕村）作为调研地点，下文分别拟称河村、唐村和庄村。

2012 年河村总户数 345 户，人口 858 人，其中劳动力 469 人、党员 36 人、村两委干部 6 人、村民代表 31 人，共有耕地 392 亩，村主要收入来源租地每年 54 万元，根据当地的经济水平属于贫困村。2012 年村里有 2 名大学生村官，其中 1 人被借调到镇里。

唐村位于 Y 县 Y 镇东北侧，110 国道以东大秦铁路以北，村域面积为 1.82 平方公里。2012 年村内共有在籍人口 179 户，344 人。村级两委成员包括村党支部书记、村主任以及党支部委员 1 名，村委会委员 2 名；全村有党员 26 名、村民代表 21 名。近年来，唐村在镇委镇政府的大力支持下，秉承粮果兼作的农业发展原则，开创了一条特色水果杂粮种植道路，形成了以枣树种植为主导的生态农业产业结构，根据当地的经济水平属于中等村。2012 年村里有 1 名大学生村官，还有 1 名被借调到镇里。

庄村位于县城西北位置，距县城中心 4 公里，2012 年全村共有 530 户 1006 人，其中农业人口 731 人，流动人口 120 人。全村面积 3450 亩，耕地面积 1600 亩，林地面积 100 亩。村级组织中，主任书记 1 名，委员支委 2 名，党员总数 45 人，村民代表 31 人（其中党员 5 人）。

2010 年庄村全村总收入 3189 万元，人均 11261.5 元，2011 年上半年总收入 1833.5 万元，人均 12275.1 元，根据当地的经济水平属于富裕村。2012 年村里有 2 名大学生村官，另外还有 1 名被借调到镇里。

（二）甘肃调研地点概况

甘肃省 2008 年才正式招聘大学生村官，截至调研时还没有达到一村一名大学生村官。为完成大学生村官问卷，在甘肃省选择了 2 个县（分别为 W 县和 L 县）作为调研地点，其中，L 县 215 个村，5 年选聘了 88 个大学生村官，这些大学生村官有的考上了公务员、选调生和研究生等，2012 年还留有 63 人。而 W 县 2012 年留有大学生村官 61 人。另外选择 W 县 H 镇的三个村庄作为调研地点。[①]

H 镇，处于祁连山余脉、黄土高原、秦岭余脉的交会处。212 国道和 316 国道在此相交，是丝绸之路的交通要道和商埠重镇。2012 年全镇人口约 4 万人，全镇共辖有 22 个村，一个居委会，208 个村民小组，有 9725 户农户，总人口 39868 人。耕地面积 81678 亩。

根据当地的平均经济水平，在 H 镇选择了三个村庄（分别是贫困村、中等村及富裕村）作为调研地点，下文分别拟称石村、坡村和关村。

石村属于高寒阴湿地区，主要种植马铃薯、大豆，一年一次，春季播，夏季收。2012 年全村共有 12 个村民小组，660 户 2792 人，耕地面积 7745 亩，人均占有耕地 2.95 亩，人均占有粮 480 公斤，人均纯收入 1543 元，村民主要以外出打工为主，主要在内蒙古、新疆、广东、江苏、北京打工，根据当地的经济水平属于贫困村。2012 年村里有 1 名大学生村官。

坡村地处 H 镇西北部，距 H 镇政府所在地 1.5 公里，2012 年全村辖 18 个村民组，758 户 2975 人，有耕地面积 3885 亩，林地、荒山荒坡 990.05 亩，人均占有土地为 1.3 亩。全村有劳动力 1950 人，常

---

① 在甘肃省还调研了 W 县的 W 镇和 L 县的 G 镇以及所在的 2 个村，目的只是做乡镇大学生村官负责人访谈、大学生村官访谈和村干部访谈，但不做问卷调研。

年外出务工人员 600 人以上，人均纯收入 2300 元以下的贫困人口 650 户 2389 人，其中无劳动能力和收入来源需民政救济的 229 户 650 人。2011 年，全村粮食总产量达 1.5 万公斤，人均纯收入 2315 元，贫困人口占全村人口的 80.4%。全村的主导产业为中药材，根据当地的经济水平属于中等村。2012 年村里有 1 名大学生村官。

关村位于国道交会处，交通便利。2012 年全村共 12 个村民小组，901 户农户 3428 人，占地面积 3065 亩，人均占有耕地 0.9 亩，人均纯收入达到 3200 元以上，人均产粮 1500 公斤以上。是全省十大交易市场之一，并吸引省内外客商 220 多家，拥有 10 家药业公司和 6 家马铃薯农业合作组织，年交易额达到 8500 万元以上，其中固定资产在 100 万元以上的中药材加工户 30 多户、贩运户 80 多户，根据当地的经济水平属于富裕村。2012 年村里有 1 名大学生村官。

（三）江西调研地点概况

江西省选择 X 县 H 镇的三个村庄作为调研地点，X 县为江西省贫困县之一，共有 90 万人，386 个村，从 2008 年开始招收大学生村官，截至 2012 年累计有大学生村官 113 名，其中 2008 年 12 人；2009 年 15 人；2010 年 16 人；2011 年 31 人；2012 年 39 人；2013 年计划招 45 人。本研究调研时还没有达到一村一名大学生村官，地方政府力争在 2015 年达到一村一名大学生村官的目标。

H 镇位于 X 县中部，有十分便捷的交通网络。全镇总面积 56 平方公里，距县城 15 公里。H 镇辖 10 个行政村，2012 年共有 128 个村民小组，4819 户，19427 人，农村劳动力总数为 8108 人，转移就业人数为 6354 人，其中主要转移至广州、浙江、福建等沿海地区。主要从事行业为："502" 胶黏剂、家俬、服装、鞋帽。其中从事 "502" 胶黏剂生产的厂家有 160 余家，分布于全国各个省份，年销售额 1000 万以上的有 26 家，亿元以上有 3 家，占全国 60% 以上。

根据当地的平均经济水平，在 H 镇选择了三个村庄（分别是贫困村、中等村及富裕村）作为调研地点，下文分别拟称中村、杭村和双村。

中村是 H 镇政府驻地，是通往湖南、湖北的交通要道，占地面积

10 平方公里，辖 7 个自然村 13 个村民小组，2012 年全村共 368 户，1517 人，根据当地的经济水平属于贫困村。2012 年村里有 1 名大学生村官。

杭村位于 X 县中部地区的 H 镇，是原 H 镇政府所在地，面积 6.5 平方公里，11 个村民小组，3 个自然村庄，仅有耕地面积 758 亩，其中水田面积 345 亩，旱地占总耕地面积 50%，林地面积 3500 亩，桑园面积 150 亩，果园面积 30 亩，水产面积 15 亩。2012 年全村共有 372 户，总人口 1568 人，全村总劳力 786 人，根据当地的经济水平属于中等村。2012 年村两委班子成员 3 人，大学生村官 1 人。

双村，是北宋大诗人黄庭坚的故里，是历史文化名茶"双井绿"的源产地。2012 年全村 11 个村民小组，373 户，1717 人。耕地面积 937 亩，茶园 1600 亩，根据当地的经济水平属于富裕村。2012 年村里村两委班子成员 4 人，大学生村官 1 人。

（四）江苏调研地点概况

江苏省选择 R 县 G 镇的三个村庄作为调研地点，① R 县有 14 个镇，1999 年最早招收大学生村官，但是只招了一年就停止了，直到 2007 年才又开始招收大学生村官。截至 2012 年年底共有大学生村官 243 名，其中在职 218 名，男女各半，其中党员 172 人，占 78.9%；团员 46 人，占 21.1%；大专学历 2 人；本科学历 215 人；研究生 1 人。

G 镇东濒黄海，南迎长江，地处长江三角洲平原，为江苏省 R 县政府所在地。总面积 261.30 平方公里，地域面积居江苏省乡镇街道之首。截至 2012 年，有街道办事处 3 个，行政村 31 个，社区居委会 17 个，村民小组 1063 个，耕地面积 16.95 万亩，总户数 7.56 万户，户籍人口 20.77 万人，其中非农业人口 7.45 万人。先后获得中国千强镇、中国乡镇投资环境 100 强、中国环境优美镇、江苏省文明乡镇等荣誉。

---

① 另外还调研了 X 镇、M 镇以及所属的 1 个村，主要是做大学生村官访谈、村干部访谈等，以收集更多的资料，但不做问卷调研。

根据当地的平均经济水平，在 G 镇选择了三个村庄（分别是贫困村、中等村及富裕村）作为调研地点，下文分别拟称盐村、古社区和港村。

盐村现有 19 个村民小组，2012 年全村总户数 908 户，总人口 2427 人，总耕地面积 3240 亩，2012 年村营收入及其他收入 21.6 万元，人均纯收入为 12080 元，根据当地的经济水平属于贫困村。2012 年有大学生村官 1 人。

古社区地处县城东南部，2001 年撤村并区，属村居合一型。总面积 2 平方公里，2012 年有居民 3080 户，人口 11200 人，其中农业居民 586 户，865 人。社区建有近 1700 平方米的社区服务中心，事业单位 12 家，定报企业 10 多家，个体工商户 350 多个，根据当地的经济水平属于中等村。2012 年有大学生村官 2 人。

港村位于 G 镇南郊，2012 年有 825 户家庭，17 个村民小组，总人口 2180 人，耕地面积 2040 亩，全村拥有固定资产 1900 多万元，可动用资金 500 多万元，村营收入近 150 万。村可支配收入、农民纯收入和增长幅度超过全市平均水平，根据当地的经济水平属于富裕村。2012 年有大学生村官 2 人。

（五）福建调研地点概况

福建省选择 X 区 X 镇的三个村庄作为调研地点，[①] X 区是全国著名革命老区（中央苏区）。X 区自 2008 年开始招收大学生村官，截至 2012 年，已经累计选聘了 88 名大学生村官，其中 2008 年 10 人；2009 年 12 人；2010 年 23 人；2011 年 15 人；2012 年 28 人，男女比例分别为 43.2% 和 56.8%。为了做满大学生村官问卷，另选择了 L 县做大学生村官问卷。

X 镇位于 X 区西部，面积 102.2 平方公里，距市区 18 公里。2012 年下辖 13 个行政村，84 个村民小组，总人口 12358 人。该镇有耕地面积 12446 亩，有林地面积 10.6 万亩，毛竹 1 万亩。X 镇交通

---

① 另外还调研了 X 区的 S 乡和 Y 乡以及所属的 3 个村，只是做乡镇大学生村官负责人访谈、大学生村官访谈和村干部访谈，但是不做问卷调研。

发达，基础设施完善，经济稳步发展。

根据当地的平均经济水平，在 X 镇选择了三个村庄（分别是贫困村、中等村及富裕村）作为调研地点，下文分别拟称璜村、南村和培村。

璜村位于 X 镇北部，距市区 20 公里，是革命基点村。村辖 7 个村民小组，2012 年有 362 户，1246 人。全村耕地 846 亩，主要种植水稻（单水稻）、生姜、莲藕、蔬菜等农作物。植被覆盖率高，山林面积 9535 亩，其中竹林 500 亩，非经济林 5599 亩，生态林 2863 亩，根据当地的经济水平属于贫困村。2012 年有大学生村官 1 人。

南村位于所在市区西部，距市区约 18 公里，地处闽赣交通要道。南村地形较为简单，主要有耕地和建设用地。2012 年全村共有 13 个村民小组，755 户，总人口 2386 人，占 X 镇总人口的五分之一，是 X 镇最大的行政村，根据当地的经济水平属于中等村。2012 年有大学生村官 1 人。

培村地处 X 区西部，距中心城市 20 公里，是革命老区基点村，是省市区新农村建设试点村之一。该村 2012 年有 195 户 725 人，耕地 860 亩，林地 1.4 万亩，茶叶种植面积 1550 亩，有各类企业 56 家，其中竹席加工厂 42 家，茶叶加工厂 10 家。该村 2012 年实现社会总产值 2.6 亿元，其中工业产值 1.6 亿元，村财政收入 46 万元，农民人均纯收入 1.38 万元，根据当地的经济水平属富裕村。2012 年有大学生村官 2 人。

九　调研问卷对象的基本情况

（一）大学生村官基本资料

1. 性别

从表 1—4 可知，在 5 省市大学生村官问卷调研中，男性占 50.4%，女性占 49.6%，其中北京大学生村官男女比例分别为 8.8% 和 11.2%；甘肃大学生村官男女比例分别为 11.8% 和 8.2%；江西大学生村官男女比例分别为 11.4% 和 8.6%；江苏大学生村官男女比例各占 10%；福建大学生村官男女比例分别为 8.4% 和 11.6%。

表1—4 　　　　　　　　　大学生村官性别（％）

调研省市	大学生村官的性别		合计
	男	女	
北京	8.8	11.2	20.0
甘肃	11.8	8.2	20.0
江西	11.4	8.6	20.0
江苏	10.0	10.0	20.0
福建	8.4	11.6	20.0
合计	50.4	49.6	100.0

从全国的数据看，截至2012年6月，30个省区市（不含西藏）在岗女大学生村官共95429人，占在岗大学生村官总数的49.49%。对比全国数据和调研数据，可以发现二者吻合，男女比例基本持平。

2. 年龄

从表1—5可知，大学生村官年龄主要分布在21—33岁，在这一年龄段当中又主要以24—26岁为主，占65.8%，超过半数，而30岁以上的比较少，只占了2.2%，说明大学生村官年龄相对来说比较年轻。

表1—5 　　　　　　　　　大学生村官年龄（％）

调研省市	大学生村官的年龄												合计
	21	22	23	24	25	26	27	28	29	30	32	33	
北京	0.2	1.6	2.2	5.4	6.4	2.6	0.8	0.6	0.0	0.2	0.0	0.0	20.0
甘肃	0.0	1.2	2.6	6.2	4.0	3.6	1.4	0.6	0.4	0.0	0.0	0.0	20.0
江西	0.4	0.0	3.0	8.2	2.6	3.8	2.0	0.0	0.0	0.0	0.0	0.0	20.0
江苏	0.0	0.0	0.6	1.0	3.4	5.2	5.2	1.6	1.2	1.0	0.4	0.4	20.0
福建	0.0	0.8	1.4	3.8	4.4	5.2	1.6	2.0	0.6	0.2	0.0	0.0	20.0
合计	0.6	3.6	9.8	24.6	20.8	20.4	11.0	4.8	2.2	1.4	0.4	0.4	100.0

3. 文化程度

从此表1—6可知，大学生村官的文化程度中本科生人数占比居于第一，占92.4%，是大学生村官的主力；大专生占5.4%，硕士占2.2%，表明大学生村官学历中还是以本科生为主，高学历相对比较少。这样的比例一方面符合优秀大学生选调村官的政策，另一方面也反映出高学历大学生的就业目光开始投向农村。

表1—6　　　　　　　　大学生村官文化程度（%）

调研省市	大学生村官的文化程度			合计
	大专	本科	硕士	
北京	4.6	14.2	1.2	20.0
甘肃	0.2	19.6	0.2	20.0
江西	0.0	19.4	0.6	20.0
江苏	0.6	19.2	0.2	20.0
福建	0.0	20.0	0.0	20.0
合计	5.4	92.4	2.2	100.0

4. 毕业院校

在5省市大学生村官问卷调研中，所做问卷的大学生村官主要来源于全国各地将近200所高校的毕业生，但大部分都是各省所属院校比较多，跨学校的相对比较少，这也说明各省的大学生村官高校毕业后愿意就近于所在省市的乡镇或者农村就业，这种本土化相对当地农村的发展也有一定的益处，比如在语言方面、风俗文化方面等都更清楚了解。

5. 学科门类

从表1—7可知，5省市大学生村官所涉学科门类较多，其中经济学和管理学相差无几，分别占16.8%和16.6%，居于第一和第二；法学所占比例为13.4%，居于第三；工学所占比例为11.0%，位列第五，除此之外，其他学科比例居于第四，占11.6%。学科比例一方面在一定程度上反映出农村发展中对管理人才的需求，另一方面，7.2%的农学人才比例表明农村发展中对农村科技的诉求并不高。

表1—7　　　　　　　　大学生村官的学科门类情况（%）

调研省市	大学生村官的学科												合计
	哲学	经济学	法学	教育学	文学	历史学	理学	工学	农学	医学	管理学	其他	
北京	0.2	3.0	3.2	1.0	1.4	0.0	0.8	2.6	1.2	0.4	3.0	3.2	20.0
甘肃	0.4	2.0	5.6	2.0	1.6	0.0	2.0	2.0	1.0	0.0	2.8	2.2	20.0
江西	0.0	3.2	1.8	1.6	1.0	0.0	0.2	2.4	0.0	0.4	5.4	4.0	20.0
江苏	0.4	3.4	1.4	1.4	1.0	0.2	0.4	3.2	2.4	0.2	3.0	1.2	20.0
福建	0.2	5.2	1.4	1.6	1.6	0.4	2.0	0.8	2.6	0.8	2.4	1.0	20.0
合计	1.2	16.8	13.4	7.6	6.6	0.6	5.6	11.0	7.2	1.8	16.6	11.6	100.0

6. 生源地

在5省市大学生村官问卷调研中，所做问卷的大学生村官主要来源于全国各地19个省，各省都趋向于来自本省的高校毕业生，表明大学生村官有一定程度的本地化趋势。

7. 家庭所在地

从表1—8可知，5省市的大学生村官来自农村的比例为49.8%，部分说明出身农村的大学生村官更能接受毕业后回到农村工作和生活的现实；完全来自城市的比例占9.6%，部分说明出身城市的大学生村官更无心于农村的发展；来自乡镇和县城的仅占总数的18.4%和22.2%。

表1—8　　　　　　　　大学生村官家庭所在地（%）

调研省市	大学生村官的家庭所在地				合计
	农村	乡镇	县城	城市	
北京	9.0	2.0	6.6	2.4	20.0
甘肃	12.4	4.2	3.2	0.2	20.0
江西	15.0	1.4	3.6	0.0	20.0
江苏	6.8	7.6	5.4	0.2	20.0
福建	6.6	3.2	3.4	6.8	20.0
合计	49.8	18.4	22.2	9.6	100.0

8. 所在村的富裕水平

从表1—9可知，5省市的大学生村官在中等村里上班比例占58.8%，超过半数。33.2%的大学生村官在贫困村里上班，8.0%的大学生村官在富裕村里上班。其中，江苏有17.4%的大学生村官在中等村上班，比例在5省市最高，其次是北京和福建。福建有3.2%的大学生村官在富裕村，居于5省市首位；甘肃省和江西省分别有13.2%和11.2%的大学生村官在贫困村上班。主要原因与地区经济差异相关，相对来说甘肃省和江西省在经济方面都属于比较落后的省份。

表1—9　　　　大学生村官所在村在本市乡村的富裕水平（%）

调研省市	大学生村官所在村在本市乡村的富裕水平			合计
	富裕	中等	贫困	
北京	1.0	14.6	4.4	20.0
甘肃	0.6	6.2	13.2	20.0
江西	2.6	6.2	11.2	20.0
江苏	0.6	17.4	2.0	20.0
福建	3.2	14.4	2.4	20.0
合计	8.0	58.8	33.2	100.0

总体来看，调研的大学生村官男女比例相当，年龄多在24—26岁之间，文化程度以本科为主，所学专业五花八门，生源地本地化，几乎半数来自农村，而大学生村官所在的村大部分都属于中等村。

（二）村干部的基本资料

1. 性别

从表1—10可知，男性占68.9%，女性占31.1%，其中北京村干部男女占总数比例分别为4.4%和15.6%；甘肃村干部男女占总数比例分别为17.8%和2.2%；江西、江苏村干部男女占总数比例都分别为13.3%和6.7%；福建村干部男女占总数比例分别为20.0%和0.0%。

表 1—10 村干部性别（%）

调研省市	村干部的性别		合计
	男	女	
北京	4.4	15.6	20.0
甘肃	17.8	2.2	20.0
江西	13.3	6.7	20.0
江苏	13.3	6.7	20.0
福建	20.0	0.0	20.0
合计	68.9	31.1	100.0

2. 年龄

从表 1—11 可知，完成问卷的村干部年龄主要分布在 41—50 岁之间，占 55.6%，其中江西省和江苏省村干部这一年龄段的比例分别为 15.6% 和 13.3%，居第一和第二位；5 省市中 20—30 岁的村干部占 2.2%，仅甘肃省有此一项。说明 5 省市村干部年龄偏大，这和各省访谈中一致认为农村干部年龄老化相吻合。

表 1—11 村干部的年龄（%）

调研省市	村干部的年龄				合计
	20—30 岁	31—40 岁	41—50 岁	51 岁以上	
北京	0.0	6.7	8.9	4.4	20.0
甘肃	2.2	0.0	8.9	8.9	20.0
江西	0.0	2.2	15.6	2.2	20.0
江苏	0.0	0.0	13.3	6.7	20.0
福建	0.0	6.7	8.9	4.4	20.0
合计	2.2	15.6	55.6	26.6	100.0

总体来看，5 省市调研中村干部基本以男性为主，年龄多在 41—50 之间。另外 5 省市村干部的政治面貌中，绝大部分都是中共党员，而在村委会担任的职务基本上都是村支部书记、村主任、村会计、村妇女主任、村委员。

（三）村民的基本资料

1. 性别

从表1—12可知，男性占53.6%，女性占46.4%，性别比例基本持平。其中北京村民男女占总数比例分别为1.8%和18.2%；甘肃村民男女占总数比例分别为14.0%和6.0%；江西村民男女占总数比例分别为12.8%和7.2%；江苏村民男女占总数比例分别为11.2%和8.8%；福建村民男女占总数比例分别为13.8%和6.2%。

表1—12　　　　　　　　村民的性别（%）

调研省市	村民的性别		合计
	男	女	
北京	1.8	18.2	20.0
甘肃	14.0	6.0	20.0
江西	12.8	7.2	20.0
江苏	11.2	8.8	20.0
福建	13.8	6.2	20.0
合计	53.6	46.4	100.0

2. 年龄

从表1—13可知，完成问卷的村民年龄主要分布在46—55岁之间，占32.0%，26—35岁的村民和25岁及以下的村民分别占15.4%和5.2%，主要原因是村中的年轻人多数已外出务工。

表1—13　　　　　　　　村民的年龄（%）

调研省市	村民的年龄					合计
	25岁及以下	26—35岁	36—45岁	46—55岁	56岁及以上	
北京	0.0	0.4	3.6	12.2	3.8	20.0
甘肃	2.0	5.0	6.0	4.8	2.2	20.0
江西	2.8	5.2	3.6	4.0	4.4	20.0
江苏	0.2	0.6	4.8	4.6	9.8	20.0
福建	0.2	4.2	6.6	6.4	2.6	20.0
合计	5.2	15.4	24.6	32.0	22.8	100.0

3. 文化程度

从表1—14可知，参与调研的村民文化程度不高，44.6%的村民是初中毕业，小学以及没有上过学的分别占23.0%和2.2%，高中以上的占30.2%，表明农民文化程度偏低的现实。

表1—14　　　　　　　　　**村民的文化程度（%）**

调研省市	村民的文化程度					合计
	没上过学	小学	初中	高中或中专	大学及以上	
北京	0.4	3.2	10.4	6.0	0.0	20.0
甘肃	1.0	5.8	8.6	3.0	1.6	20.0
江西	0.0	4.2	9.2	4.6	2.0	20.0
江苏	0.2	5.4	8.4	5.2	0.8	20.0
福建	0.6	4.4	8.0	6.2	0.8	20.0
合计	2.2	23.0	44.6	25.0	5.2	100.0

4. 从事主要职业

从表1—15可知，留守村庄的村民主要职业是务农，居于第一，占60.2%。

表1—15　　　　　　　　　**村民所从事的职业（%）**

调研省市	村民的职业						合计
	务农	做买卖	搞运输	外出打工	兼业（多种职业）	其他	
北京	12.4	0.0	0.0	0.2	0.0	7.4	20.0
甘肃	13.2	3.6	0.2	1.6	1.2	0.2	20.0
江西	8.2	3.2	0.2	4.2	0.8	3.4	20.0
江苏	12.8	1.6	0.0	0.2	3.6	1.8	20.0
福建	13.6	2.0	1.2	0.0	2.6	0.6	20.0
合计	60.2	10.4	1.6	6.2	8.2	13.4	100.0

　　总体来看，调研的村民男女比例相差不大，年龄多在 46—55 岁之间，而 36—45 岁和 56 岁以上的村民总和也占到将近一半，文化程度以初中为主，而且绝大部分村民以务农为业。

第二章　文献述评

已有研究的期刊和专著数量可部分说明研究的关注程度。以"大学生村官"为检索词，对 CNKI 数据库进行期刊检索和对国家图书馆数据库进行专著检索，发现大致以 2009 年为分界线，2009 年以前研究论文和专著数量均廖若无几，2009 年之后均有明显上升趋势且发布的期刊和出版的专著数量较为稳定（详见表 2—1）。总体来看，数据一方面反映了研究的关注程度呈上升趋势，另一方面表现为总体关注不足。

表 2—1　　　　　大学生村官相关期刊和图书出版的数量

类型	2005 年	2006 年	2007 年	2008 年	2009 年	2010 年	2011 年	2012 年	2013 年
图书	0	2	0	2	14	33	15	14	15
期刊	3	19	35	89	253	401	286	480	242

注：数据截至 2013 年。

从图书的数据看，多为大学生村官工作实务指导丛书，缺乏研究型的论著，值得一提的是 2009—2013 年连续出版的《中国大学生村官发展报告》，以江苏省为研究对象，探讨大学生村官从选聘至流动整个过程中出现的问题和特点，并有针对性地提出了政策建议。

从期刊的数据看，研究内容大致可以分为政策研究、政策运行的环境研究、大学生村官自身研究以及实施效果及评价四个方面。政策研究侧重于政策解读，政策环境研究侧重于农村环境的分析讨论，大学生村官研究侧重大学生村官的角色、成长过程、心理等方面的分析，效果及评价侧重政策运行在农村经济、社会、政治、文化等方面的效果评估。

文献综述主要基于出版的专著和期刊数据，并综合考虑农村研究领域中知名学者、高影响率的期刊和被引率高的文章等因素，从大学生村官制度的整体和实施过程中的各项环节两个方面对已有研究进行了较为全面的回顾，对研究在方法、理论、内容等方面的考量上提供了有益借鉴和启示。

一 大学生村官制度整体考虑的研究回顾

2005 年大学生村官制度正式出台以来，一直存在问题，争议不断，甚至学者围绕着制度是否应该存在展开了讨论，但是制度去留的争论更多出现在 2010 年以前的研究中，之后，更多的研究集中在大学生村官制度实施过程中的问题和建议。

（一）大学生村官制度去留争议的三种观点

一是对此制度质疑泼冷水，贺雪峰（2008）认为农村问题需要一个熟人社会的组织体系来解决问题，以发展农村的名义引进一个外来大学生村官，是错置了农村这个空间，并直接指出以个人来替代组织，是大学生村官计划错误的核心所在；党国英（2005：67）认为，大学生毕业到农村去对于大学生自身的发展是不利的，要使一个大学生顺利毕业，国家和大学生个人都付出了很大的成本，既然农村的环境不利于发挥大学生的聪明才智，那么大学生应该留在城市，这样才能为国家做出更大的贡献。张鸣（2008：72）则认为，大学生当村官这条路从现有的经验和逻辑可以看出有可能会出现拥堵甚至消化不良的状况。因为大学生就业应该是社会和学校的事情，而不是政府的事情，政府选派大学生村官，动机很好，但是插手学生就业的硬措施，也有可能引出副作用，而正面作用不佳。龚明义（2005）认为，大学生作为空降村官利少弊多，因为他们将村庄作为特殊群体解决就业难的缓冲地带，将村级组织当成了某些人的"就业旅店"。二是对大学生村官制度持支持态度，譬如胡跃高（2009：39－45）认为大学生"村官"作为推动新农村建设的骨干队伍，一定会显示出不可或缺的中坚作用地位。三是对大学生村官制度持中立态度，温铁军（2009）认为大学生村官被各地政府聘用驻村支农，既不是一个孤立的现象，也不是一般的好人好事，而是有国家战略调整和宏观制度变化为背景的。

（二）大学生村官制度实施的四个普遍问题

一是角色尴尬，有名无权导致难于作为。譬如栗振宇从社会学中的角色社会化的理论角度探讨了大学生村官的角色重构和政策支持问题，认为从大学生村官的角度看，必须充分发挥自己的优势和特长，为工作环境创造实惠；从决策者的角度看，在选拔大学生村官的时候必须充分考虑选拔对象的自身优势（专业、特长等）以及分配地点的特殊需求。二是村庄是一个相对封闭的结构整体，外来大学生难于融入其中。三是大学生村官管理普遍存在缺陷。譬如施心耕（2008：1）认为一些大学生村官虽然下去了，但是却干不了，做不好，留不下。其中一个重要的原因是目前大学生选聘是事后招募，而不是事前定向培养。四是大学生村官"无心"在农村发展。譬如李晓玉（2007：49）认为大学生村官把村官计划当成"跳板"，对农村社会的实际情况缺乏充分认识，无心长期扎根农村和服务农村。再如学者对北京市房山地区100余名的大学生村官进行调查，发现依然有过半的人将大学生村官视为跳板，原因在于在农村很难，甚至根本不可能发挥自己的作用（蔡杨，2010：149－153）。这说明制度还存在硬伤，还需要进一步地再完善克服这些问题。这些问题的症结主要有两个方面：选拔是否能够瞄准和是否能帮助入村大学生突破当地的刚性权利和社会结构。

（三）对大学生村官制度问题提出解决思路

根据上述大学生村官制度所存在的问题，如何去完善制度、如何去解决问题，共有五类建议，具体如下：

一是建议给大学生村官赋权，原因是大学生空降乡村难于融入乡村环境，不给予一定权力会导致其成为乡村发展的局外人（如李晓玉等，2007：49；史亚军，2008：14－15；吴兴刚，2008；胡建兵等，2002：28－30）。

二是针对大学生村官如何融入村庄必须放在村庄结构中去处理，解决好大学生村官、村干部和村民三者关系，王思斌（1991：46-51）、董海荣等（2004：7）和叶敬忠（2007：38-41）等学者关于如何解析村庄结构促进村庄发展有深入的研究，值得借鉴。

三是在大学生村官管理问题上要下功夫，尤其是选拔、培养、政策、出路、推行这五个环节，注重短期与长效机制相结合（如李晓玉等，2007：49；钟怡祖，2007；李包庚等，2007：34；王天敏，2007：11208-11209；宋相义，2007：210；安勇，2007：60）。

四是针对大学生村官如何能安心于村庄发展，提出了相关建议，包括户籍改革深化、政策性租赁住房、保障和提高工资待遇水平、制定合理有效的激励措施等（如张敏，2008：31-34；刘薇，2008；王雪薇，2009；胡跃高，2009：39-45；吕书良，2008：53；粟振宇，2007：50-54）。

五是针对就业难的问题，中央提出了五种出路[①]，学界也提出各种措施减少就业压力，如"六个一批"的路径、从"政策吸引"向"职业发展"转变、完善大学生村官出路管理机制和拓宽出路渠道、设立大学生村官农村科技服务专项资金、建立乡镇服务中心，将大学生村官转化为社区工作人员等（马德峰，2013：72-81；黄金辉等，2012：55-60；周西安，2012：152-153；赵慧芬，2012：3372-3375；魏翠妮，2014：81）。

二 大学生村官制度实施过程的研究回顾

（一）大学生村官选聘的研究

大学生村官选聘的研究讨论重点涉及两个问题：一是什么样的大学生符合标准；二是用什么样的方式选出符合标准的大学生。

从选聘标准看，国家关于大学生村官报考条件中已有一些规定，年龄和学历上要求不超过30岁的应届或往届全日制普通高校专科以

[①] 一是鼓励大学生村官担任村干部；二是推荐大学生村官参加公务员考试，表现优秀的可以享受公务员报考的优惠政策；三是扶持大学生村官自主创业；四是引导大学生村官另行择业；五是支持大学生村官继续学习深造。

上学历，重点是应届毕业和毕业 1—2 年的本科生、研究生，政治面貌上要求原则上为中共党员（含预备党员），非中共党员的优秀团干部、优秀学生干部也可报名应聘。对于这些资格条件的争议很大：有研究认为报名条件模糊，地方在参照时容易弹性设置，一些地方甚至出现年龄、学历文凭、身体、政治面貌、性别歧视等各种歧视（郑明怀，2013：10 - 14）。有研究认为这些资格条件要求素质很高，是高标准，实践中大学生很难做到。

从选聘方式看，多数地区采取前期宣传，后期通过笔试和面试结合的方式招录大学生村官，对于这一套常规的选聘程序，研究讨论主要集中在前期，认为宣传重在大学生村官意义的传递，应该加入大学生进入农村亲身体验和农村根据需要考察进入的大学生村官的互动环节（徐建华，2014：115 - 118）。

从已有研究看，选聘环节存在一些问题：一是大学生村官招聘计划往往以指令性为主，乡镇、村等缺乏自主性；二是涉农专业少，出现与农村专业需求脱节现象（李荣田，2011：61 - 63；韦文联等，2013：37 - 40；郑明怀，2013：10 - 14）；三是大学生对农村的经济社会发展情况缺乏了解，出现不适用的情况（韦文联等，2013：37 - 40）；四是农村条件艰苦，大学生的就业观与适应性之间产生矛盾（韦文联等，2013：37 - 40）。针对这些问题，一些专家开出药方，一是实行预选，招考前大学生村官进入农村进行实践体验，再决定是否报考（韦文联等，2013：37 - 40）；二是下放选聘权利至乡镇甚至农村社区，根据实际情况选出真正需要的大学生村官（韦文联等，2013：37 - 40）；三是放开口子，对农村特别需求的人简化程序实行特招（刘国中，2010：5 - 15；李荣田，2011：61 - 63）。

（二）大学生村官融入的研究

大学生村官制度成功与否的重要因素是大学生村官是否能够融入乡村，已有研究主要聚焦在两个问题上讨论：一是大学生村官融入乡村的阻碍因素是什么；二是通过什么方式更好地融入乡村或者说融入的途径在哪里。

从大学生村官融入乡村的阻碍因素看，大致有四种观点：（1）村干部基于村权掌握对大学生村官的排斥，重点讨论大学生村官在嵌入到村权网络中，村干部基于掌握村权的需要排斥大学生村官，但与此同时也根据需要利用大学生村官做很多打杂的事情（杜春林，2013：47-53）。（2）乡村内生逻辑对大学生村官排斥，重点从熟人社会角度讨论大学生村官难于融入乡村，包括村干部、村民等（宗族派系和血缘亲属等内生因素）关系在村庄场域形成的社会结构，像"一道网"一样排斥外来的大学生村官；地方政府等（外生因素）和村干部构成的权力结构，像"一扇门"一样将大学生村官隔离在农村场域外（骆江玲，2013：50）。（3）基层政府干预，重点讨论了县、乡镇基于本级政府工作需要，频繁借调大学生村官，导致大学生在村庄工作时间过短，一定程度上有悖于国家让他们深入农村，经历艰苦环境磨炼的初衷（徐晓鹏，2011：175-182）。（4）大学生村官融入乡村难涉及多个领域，不是单一因素使然而是多因素综合的结果，包括大学生村官自身知识素质与乡村需求不符，村干部基于掌握村权的排斥，乡村社区基于熟人社会的排斥，缺乏物质条件保障以及大学生村官自身心理问题等，这些综合因素使得大学生村官和乡村干部、村民之间不断产生隔阂，出现难于融入的局面（付建军，2010：44-47；韩新宝，2011：76-79；王勇等，2009：33-40）。

针对大学生村官融入难的问题，一些研究给出了融入的路径建议：（1）赋权，使大学生村官能够参与到乡村建设的核心事务中，从工作中自然而然地融入乡村。（2）采取大学生村官本土化模式，避免出现以陌生人的角色融入熟人社会的尴尬（付建军，2010：44-47）。（3）合理分配大学生村官在乡村和基层政府的工作时间，充分让大学生村官体验在乡村的工作和生活（付建军，2010：44-47）。（4）大学生村官的选聘要符合乡村需求，使大学生进入乡村有力可使。除此之外，一些研究还提出要建立沟通平台（付建军，2010：44-47），大学生村官要在思想、知识、态度等方面提高（于鹏飞，2012），成立创业基金支持大学生村官创业带动村民致富（张昭，2009：20）等。

（三）大学生村官赋权的研究

大学生村官在乡村应该具备什么权利才能充分发挥作用，一直存在争议。从出台的政策看整体思路是安排优秀大学生村官加入村两委，参与村庄的核心事务管理，期满之后作为知农村和懂农村的储备人才留在村庄或基层政府任职。实践中，这一政策安排涉及三个问题，一是大学生村官进入村庄后的岗位职责是什么？二是现有的权利安排是否能够满足其履职的需要？三是最终赋予大学生村官什么权利较为合适？

从大学生的岗位职责看，刚入村的大学生村官主要担任村党支部书记助理和村委会主任助理，主要工作是当好政策宣传员、基层办事员、农业技术员、民事调解员、文化宣传员、站点管理员（新华网，2013）。具体而为之，是协助做好组织实施新农村建设的有关任务和上级部署的任务，包括协助做好本村产业发展规划，领办、创办专业合作组织、经济实体和科技示范园；配合完成社会治安、计划生育、矛盾调解、社会保障、调查统计、办事代理、科技推广等工作；负责整理资料、管理档案、起草文字材料和远程教育终端接收站点的教学组织管理、设备网络维护；参与讨论村务重大事项等（中国青年网，2012）。已有的研究认为大学生村官主要职责应该集中在以下几个方面，如刘满喜（2008）认为，一是在农村经济发展方面，大学生村官应该依靠掌握的现代化知识协助村干部，引导农村经济和市场经济接轨，带领村民致富。二是在农村社会发展方面，应带领农民树立先进的观念、形成文明的风貌，形成乡风文明的社会和文化环境。三是在农村文化发展方面，认为大学生村官入村任职后，应该加强建设农村并不富有的物质文化、制度文化、精神文化的建设，提升农民文化素养、科技能力、经济意识（李凤啸等，2013：82 - 84），培养和发展"新型农民"（周成军，2009：10 - 14）。四是在生态环境保护方面，认为应理清经济发展和环境保护之间的均衡，促进农村生态环境建设（刘满喜，2008）。

从大学生村官履职的实践看，村干部、村民等视大学生村官为难以成事的"陌生秀才"，从心里对其排斥，正是由于此，大学生村官在履职时处于"名不正，言不顺"的尴尬境地，使得他们难于在农村履行职责，开展工作（刘文慧，2010：56 - 62；彭飞武，2010：277 -

279）。除此之外，大学生村官的职能定位缺乏政策依据，基层政府和村庄均根据地方情况弹性设置岗位职责（林墨，2009）。身份上既不是乡镇公务员或者事业单位编制，又不是村干部、村民身份，对村级事务的管理没有监督建议权，更加没有组织管理权（蒋曙辉，2009）。

针对大学生赋权的问题，政策路径主要是安排大学生村官进入村两委，但《村民委员会组织法》明确规定村民委员会主任、副主任和委员由村民直接选举产生。任何组织和个人不得指定、委派或者撤换村民委员会成员（《中华人民共和国村委会组织法》，1998）。部分研究认为应该特事特办，对大学生村官的身份给予法律上的认可，修改《村民委员会组织法》，拟定《全国大学生村官法》（周杰，2009）。通过修改相关政策支持大学生村官加入村两委，还有一些研究认为，大学生村官的身份不适合参加选举，依照法律条文不应该加入村两委。还有一些其他的路径，如建立"大学生村官协会"，并赋予它专门管理大学生村官事务的社会行政权力，如大学生村官的选拔录用、绩效考核、工资薪酬、社会保障（刘文慧等，2010：56-62）。

（四）大学生村官培养的研究

农村的社会发展情况复杂，大学生村官到村任职后需要适应一个新的环境、新的工作过程，另外在大学生村官的福利待遇不断提升、基层环境日益改善的情况下，为什么还会出现这些"下不去、待不住"的现象呢？一个重要的原因就是大学生村官培养体系不健全（张红兵等，2011：56-59）。整体看，中央对大学生村官培训已有整体计划，在《关于建立选聘高校毕业生到村任职工作长效机制的意见》（以下简称《长效机制意见》）中，针对"制定培训规划、突出培训重点、拓展培训渠道"三个方面提出了省区市党委组织部要把大学生村官纳入整个干部教育培训规划，依托各级党校、行政院校、高等院校、干部学院、干部培训基地、远程教育站点、团校等部门，大力加强大学生村官的系统培训，建立健全大学生村官岗位培训制度，制订年度培训计划。但大学生村官制度实施时间较短，建立一个完善的培训体系尚有难度。

针对大学生村官培训体系构建提出的一些建议。在机制方面，建议充分发挥政府、高校、村社以及社会等各方面的优势，强化校市、校县等之间的合作，确立对大学生村官队伍的引导、约束、激励和竞争机制（王毅，2012：171－173；李京肽，2013：106－111；翟纯纯，2011：171－172）。进一步优化高校人才培养模式，加大力度挖掘高校岗前培训的作用，在敬业奉献、专业技术、农村经济社会知识等方面提前普及（黄治东，2012：93－94；王宏源等，2011：56－58），有的研究还提出应从政策完善、高校跟进、社会关心、基层指导、能力提高五个方面去构建五位一体的培养体系，这样可以使得培养工作更系统、更深入、更有效（张红兵等，2011：56－59）。在制度建立方面，建议根据大学生村官发展的实际需求和客观规律，制定相应的规章制度，建立心理辅导员制度，了解大学生村官的思想动向，帮助其树立正确的价值导向；建立联系帮带制度，帮助大学生村官熟悉环境、了解情况、掌握工作方法和技巧；建立科学的教育培养机制，岗前培训注重引导，到岗后注重多途径、多方式的实践培训，加大培训力度，缩短大学生村官成长周期，使他们尽快融入农村社会（李荣田，2011：61－63）。在培养方式和内容方面，建议采取分层培养、分类培养、分段培养等差别化培养方式去拓宽大学生村官的舞台（朱国云，2012：48－49），培训内容应该侧重对大学生村官在农技知识、农村工作方法、农业政策等方面的课程培训，尤其是创新能力的开发与拓展方面（郭斌等，2012：114－117）。

（五）大学生村官出路的研究

《长效机制意见》中明确制定了大学生村官期满后的5条出路，包括留任村干部、考录公务员、自主创业、另行择业、继续学习。这5条出路的提出为各地区解决好服务期满的大学生村官出路提供了指导性意见和参考依据，但实践中不同地区存在不同的问题。在留任村干部的出路中，村干部担心大学生村官抢位置，村民因为大学生村官是陌生人存在不信任的问题等（赵慧芬，2012：3372－3375）；在考录公务员的出路中，各地编制少，竞争大，招录进入公务员的比例非常低（黄金辉等，2012：55－60；马德峰，2013：72－81）；在自主创业的出路中，地方缺乏配套政策，大学生村官存在资金和经验等不足（马德峰，2013：72－81；黄金辉等，2012：55－60；陈劲等，2005：566－571）；继续学习深造的出路相对合理，大学生村官任期有时间复习备考；另行择业并不是一条出路，而是在将大学生村官作为跳板后的无奈之举（韦文联等，2013：37－40）。

已有研究为大学生村官的出路提出了一些建议，马德峰（2013：72－81）提出"六个一批"的路径拓宽大学生村官的出路，包括尝试村级岗位留任一批、公共服务机构充实一批、机关事业单位招聘一批、创业有成转型一批、自主择业分流一批、考试不称职淘汰一批。黄金辉等（2012：60）从四个方面提出完善大学生村官出路管理机制和拓宽出路渠道，包括针对提前离岗的大学生村官发放一定的补贴，为大学生村官进入公务员队伍采取多种措施去创造条件，给予继续进入高校深造的大学生村官考试加分鼓励，大力支持大学生村官就业和创业等。周西安（2012：153）提出农业科技推广需要大批的农技推广服务员、社会体育指导员等骨干力量，可以设立大学生村官农村科技服务专项资金，以优惠政策吸引和鼓励大学生村官担任农技推广服务员（熊春林，2013：100－103；马德峰，2013：72－81）。赵慧芬（2012：3374）强调大学生村官期满后应向乡镇公务员直接流动；建立乡镇服务中心，将大学生村官转化为社区工作人员等。杨长福等（2013：85－88）从新公共管理理论出发，针对当前大学生村官职业能力的现状，提出应提高大学生村官创业意识和完善大学生村官奖惩机制等。也有研究认为大学生村官未来出路应该从"政策吸引"向"职业发展"转变、公务员选拔中增加对服务基层业绩考核的比例、为大学生村官扎根基层提供更多的优惠政策和为大学生村官创业提供更具操作性的政策支持等（魏翠妮，2014：81）。

三　大学生村官制度已有研究的评价和启示

大学生村官制度相关研究的国外文献研究目前缺失（ISI Web of Knowledge 和 Spring Linker 两个数据库搜索未果），国内大学生村官制度研究已有一定的积淀，如贺雪峰、温铁军、胡跃高、党国英、朱维宁、瞿振元、吕书良、栗振宇等国内学者的研究具有一定影响力。

已有的研究存在一些问题：一是较多的研究更加强调实践，理论方面略显不足，有少数研究还出现了理论与实践需求脱节的情况；二是中国农村的问题比较复杂，针对大学生村官制度进行的研究比较多，但将制度置身于中国特殊的农村现实的研究不多；三是大学生村官制度实施出现的问题很多，针对某一环节进行的研究较多，系统剖析制度整体的研究较少，针对某一区域的研究较多，系统比较各区域的研究较少；四是一些研究因为缺乏对该制度的系统研究和整体思考，所提的政策建议针对性较好，但实施的可行性较差；五是研究的文章数量每年维持在 200—300 篇，还是显示出关注度不足，数量不足一定程度导致了创新不足，一些研究知识仅在已有研究基础上进行了深化。

以村庄内生因素及其形成的内生逻辑为切入点对大学生村官制度研究偏少，费孝通的小城镇建设观点不仅来自对农村发展走向的思考，而且是对中国乡村文化、经济、社会结构的整体考量的结果。吴毅（2002：30）通过对四川双村的研究，探讨村治变迁中的各种权威性影响要素对原有村庄中的各种结构化关系（即秩序）的冲击和重塑，由此测度村庄自治在乡村的表征；于建嵘（2001：438－444）一方面从国家权力和乡政体制入手，另一方面从社区权威和村治结构、家庭利益和乡村秩序出发，研究国家行政权与农村社区自治权的状况。毛丹（2006：34－35）考察农村公共领域的情况并不是从文本制度出发，而是深入农村的经验世界中寻找制度的表达以及效度。从村庄内生结构和逻辑研究的大家和著作也不在少数，如徐勇和张厚安主笔的《中国农村政治稳定与发展》（1995）、王铭铭的《村落视野中的文化与权力》（1997），张静的《基层政权—乡村制度诸问题》（2000）和《现代公共规则与乡村社会》（2006），贺雪峰的《地权逻辑》（2010）等。这些成果对本研究最大的启示：从村庄场域本身研究大学生村官制度效性无法避开村庄内生因素及其独特结构。

已有成果为研究奠定了基础和给予启示。一是研究方法上，经验性的微观定性研究居多，而定量和定性相结合的跨地域的宏观研究却是极少数，研究成果无法作出比较，也就无法提出大学生村官制度的宏观建议；二是研究的理论路径上，大多使用国家—社会的框架去阐述经验世界，极易陷入国家—社会的二元对立中去，得出的结论或建议也大多针对中央政府，忽视了地方政府、村干部、村民和大学生村官本身；三是缺乏从村庄结构分析角度去探讨大学生村官如何融入村庄的研究，以至于研究的结果都是针对政府如何帮助大学生村官和大学生村官本身如何不适应两个方面。另外，大学生村官研究属于起步阶段，偏向某方面的研究居多，深入系统的研究偏少，且大多数研究侧重政策引导和媒体报道。

同时，已有的研究也带来了挑战。一是大学生村官制度的研究往往流于琐碎和过度政策性，较难挖掘学术深度和建构理论；二是设计一套较为客观的指标体系来评估大学生村官制度有一定难度，尤其是调研过程中做到客观收集数据非常困难；三是实证研究的一般规律和地方性特点的成果在推广和一般化方面具有一些困难。

第三章　大学生村官制度的演进与相关制度分析

与驻村干部制度、科技特派员制度、台湾地区和香港地区的社会工作制度以及日本职业见习制度比较，大学生村官制度与这些制度既存在共性又存在差别。基于这些制度的共性与差别，本章从目的、内容、方式等方面分析，梳理比较这些制度的各自特点，以便更好地了解各种制度之间的区别和联系，从中找到解决大学生村官制度实施中的问题和不足，为大学生村官制度的实施提供有益借鉴。

一　大学生村官制度的历史演进

对大学生村官制度的演进阶段有一些研究，比较认同的如归纳为萌芽（1995—2001 年）、发展（2002—2005 年）和普及（2006 年至今）三个阶段（吕书良，2008）。萌芽阶段最早可追溯到 1995 年江苏省丰县的"雏鹰工程"，之后，海南省、浙江省、河北省怀来县等都相继出台了呼吁高校毕业的大学生到农村工作的制度。但是这个阶段的大学生村官制度还很不完善，规模也很小，整体在社会的影响力也很小。发展阶段的运行机制相对来说较完善，各地实施规模较大，社会影响力也较大，另外，在提高农村干部整体素质、促进农村经济发展、稳定农村社会环境等方面也取得了明显的成效。普及阶段大学生村官队伍迅速壮大，截至 2013 年年底，全国累计选聘大学生村官数量突破了 40 万人，在岗 21 万人，且大学生村官制度运行机制也比较完善。

综上所述，从大学生村官制度出台的时间、内容和阶段目标综合来看，大学生村官制度的连续性很强，本研究提出了预备、制度出台和制度完善三个阶段，具体如下：

第一阶段是大学生村官制度的预备阶段。这一阶段主要是中央综合考虑：一是城乡二元结构中农村发展明显滞后于城市，国家干预成为解决农村发展的一种途径；二是大学生就业已经成为当下的老大难问题；三是缺乏人才是制约农村发展的一个重要瓶颈这样的大背景。因此，这一阶段主要表现为中央鼓励高校毕业生面向基层就业，如2006年5月29日，中组部、教育部等14部门联合下发《关于切实做好2006年普通高等学校毕业生就业工作的通知》（以下简称《通知》），强调各地区应贯彻落实引导和鼓励高校毕业生面向基层就业的各项政策措施，要求各省级政府有关部门最迟应在当年6月出台具体实施意见，其中有很多优惠政策用以鼓励和吸引各高校优秀毕业生投入到农村中去，为农村做贡献。2007年年初，中央发布的"一号文件"《中共中央、国务院关于积极发展现代农业扎实推进社会主义新农村建设的若干意见》中做了非常重要的决定：在有条件的地方，可选拔大专院校和中等职业学校毕业生到乡村任职，改善农村基层干部队伍结构（见表3—1）。

表3—1　　　　　　　　　大学生村官制度的预备阶段

时间	政策名称	涉及大学生村官制度的重要内容
2005年6月	中共中央办公厅、国务院办公厅印发《关于引导和鼓励高校毕业生面向基层就业的意见》（中办发〔2005〕18号）	1. 完善鼓励高校毕业生到西部地区和艰苦边远地区就业的优惠政策；2. 逐步实行省级以上党政机关从具有2年以上基层工作经历的高校毕业生中考录公务员的办法；3. 大力推广高校毕业生进村、进社区工作；4. 加大财政支持高校毕业生面向基层就业的力度；5. 实行面向基层就业的定向招生制度；6. 加强对高校毕业生面向基层就业工作的领导

时间	政策名称	涉及大学生村官制度的重要内容
2006 年 5 月	中组部、教育部等 14 部门联合下发《关于切实做好 2006 年普通高等学校毕业生就业工作的通知》	积极组织实施好引导高校毕业生面向基层就业的项目，探索政府开发基层公共服务岗位的新机制
2007 年 年初	《中共中央、国务院关于积极发展现代农业扎实推进社会主义新农村建设的若干意见》的"一号文件"	在有条件的地方，可选拔大专院校和中等职业学校毕业生到乡村任职

第二阶段大学生村官制度的出台，这一阶段的时间跨度大致是一年，重点是以制度的形式确立大学生村官的合法性。2008 年中组部发文《关于选聘高校毕业生到村任职工作的意见（试行）》政策为起点，自此这项工作业已正式转入国家主导的工程建设阶段；2008 年 12 月 15 日，胡锦涛同志在中央财办的有关材料上批示："确有完善大学生村官有关政策的必要"。2008 年 12 月 22 日，习近平同志出席大学生村官代表座谈会并作出重要讲话，提出要努力使大学生村官下得去、待得住、干得好、流得动。2009 年"一号文件"提出要实施一村一名大学生计划。[①] 同年，中组部再次发文对大学生村官选聘、培养、管理等制度进行细化和补充，并建立了该项工作的长效机制（见表 3—2）。

表 3—2　　　　　　大学生村官制度的颁布实施阶段

时间	政策名称	重要内容
2008 年 4 月	中组部、教育部、财政部、人保部联合发布文件《关于选聘高校毕业生到村任职工作的意见（试行）》（组通字〔2008〕18 号）	选聘数量和名额分配；选聘对象、条件和程序；选聘任职；待遇和保障政策；管理及服务；财政补贴；组织实施

[①] 《我国将稳步推进高校毕业生到村任职工作　实施一村一名大学生计划》，2009 年 2 月 2 日，中广网，http://finance.ifeng.com/roll/20090202/344358.shtml。

时间	政策名称	重要内容
2008年4月	《教育部办公厅关于做好选聘高校毕业生到村任职相关工作的通知》（教学厅〔2008〕6号）	1. 充分认识选聘高校毕业生到村任职工作的重大意义；2. 加强组织领导，切实做好教育动员和报名选聘工作；3. 全面落实教育系统的各项优惠政策，形成积极的政策导向；4. 采取综合措施，为毕业生和服务地提供持续的服务和支持；5. 开展"基层就业、激情创业"宣传活动，营造良好舆论氛围；6. 继续实施好有关基层就业项目，进一步拓宽基层就业渠道
2008年12月	习近平同志出席大学生村官代表座谈会并作出重要讲话（中组发〔2009〕4号）	大学生"村官"是加强党的基层组织建设和推进社会主义新农村建设的重要力量，也是党政机关培养和储备来自工农一线后备人才的重要来源
2009年2月	《中共中央国务院关于2009年促进农业稳定发展农民持续增收的若干意见》	要稳步推进高校毕业生到村任职工作，实施一村一名大学生计划
2009年4月	中组部（组通字〔2009〕21号）《关于建立选聘高校毕业生到村任职工作长效机制的意见》	1. 建立定期选聘制度；2. 建立岗位培训制度；3. 建立配套保障制度；4. 建立跟踪培养制度；5. 建立正常流动制度；6. 建立齐抓共管制度

第三阶段是大学生村官制度的规范和完善阶段，这一阶段的重点一是针对试行阶段出现的问题提出解决方法，如习近平同志提出的大学生村官五条出路；二是将制度细化成可操作的相关措施，如中组部和人力资源和社会保障部、国家公务员局联合发文《关于开展从大学生"村官"等服务基层项目人员中考试录用公务员工作的通知》，提出中央机关（不含省级以下直属机构）专门设置100个录用计划，用于招收大学生村官等服务基层项目人员；三是进一步规划大学生村官制度，如中组部、中央机构编制委员会办公室、教育部、财政部、人力资源和社会保障部、国家公务员局联合发文《关于进一步加强大学生村官工作的意见》，提出大学生村官管理的13个重点方面（见表3—3）。这个阶段的工作没有终点，必将深入进行。

表3—3   大学生村官制度的推进和完善阶段

时间	政策名称	重要内容
2009 年 9 月	中组部、民政部等《关于鼓励和支持大学生"村官"创业富民的通知》（组厅字〔2009〕39 号）	明确大学生村官创业扶持政策，搭建创业的实践锻炼平台，为促进大学生"村官"在农村基层更好地经受锻炼、增长才干，引导他们为繁荣农村、发展农业、致富农民做出积极贡献
2010 年 5 月	中共中央组织部办公厅《关于做好大学生"村官"有序流动工作的意见》	1. 鼓励留村任职工作；2. 择优招录乡镇和其他党政机关公务员；3. 扶持自主创业发展；4. 引导另行择业；5. 支持继续学习深造
2010 年 7 月	中央组织部、人力资源和社会保障部、国家公务员局联合印发了《关于开展从大学生"村官"等服务基层项目人员中考试录用公务员工作的通知》（人社部发〔2010〕52 号）	提出 2011 年度中央机关及其直属机构考试录用公务员工作中，中央机关（不含省级以下直属机构）专门设置 100 个录用计划，用于招收大学生村官等服务基层项目人员。大学生村官等服务基层项目人员报考公务员，既可报考定向考录的职位，也可报考其他职位，不再实行加分等优惠政策
2011 年 5 月	中组部下发《关于做好2011 年大学生村官选聘工作的通知》	要求各地"要坚持同等条件下党员和优秀学生干部优先，回原籍任职的优先""两个优先"原则。在确保"五条出路"条条走通的基础上，建立健全有序流动的工作机制，实现合理去留
2011 年 5 月	农业部办公厅《关于举办2011 年农村实用人才带头人和大学生村官示范培训班》	主要从培训内容和培训对象做了具体的规定
2012 年 7 月	中组部、中编委办公室、教育部、财政部、人保部、国家公务员局《关于进一步加强大学生村官工作的意见》（组通字〔2012〕36 号）	1. 明确目标规划；2. 规范岗位管理；3. 改进选聘工作；4. 加强教育关爱；5. 注重实际使用；6. 强化管理考核；7. 健全保障机制；8. 积极扶持创业；9. 鼓励留村任职；10. 完善招考制度；11. 加大选拔力度；12. 拓宽发展渠道；13. 加强组织领导

从这三个阶段出台的相关政策来看，每个阶段的重点不一样，且环环相扣，一方面这项制度前后已实行近 10 年，体现了中央推行大学生村官制度的决心和努力；另一方面大学生村官的数量已经攀升到20 多万，体现了制度已经发挥了作用。但是，制度设计的初衷与愿景都表现为理想的一面，实施过程并不是一帆风顺。再加上早期部分省市先行驱动起来的大学生村官行动的失败经验，如根据媒体报道的

一些案例：海南省持续七年之久的大学生"村官"计划渐趋停滞①、江苏海安县于 1999 年 7 月面向全县招聘了一批大中专毕业生村官，三年过去了，这些村官几乎全部离开了自己的岗位，致使这个规划成了半拉子工程（胡建兵等，2002：28 – 30）。以至于该项制度遭到了社会批评以及舆论带来的现实压力，甚至质疑这个计划是否能持续？这个政策是权宜之计还是长期战略？

　　这些问题放在现在甚至以后，很明显会带来新问题，随着市场力量的不断壮大，经济社会已经进入多元博弈的时代（孙立平，2006：16 – 20），在这样的背景下，大学生村官制度实施过程中，中央政府、省市县乡等地方政府、干部、村民等村庄力量以及大学生村官均围绕各自利益进行多元博弈，当然，这种多元博弈并不是市场经济下特有的产物，实际一直存在，但是在市场经济的条件下，这种博弈会不断加强，例如，研究发现不少大学生村官将该职位视为跳板，但这显然不是政府和乡村愿意看到的事情。

二　相关政策制度的分析与启示

　　大学生村官制度与驻村干部制度②、科技特派员制度③、台湾地区和香港地区的社会工作制度④以及日本职业见习制度⑤等比较，有着共性和各自的特点。共性如：驻村干部制度、科技特派员制度与大

---

　　①　《海南省大学生村官计划渐趋停滞》，《中国青年报》2006 年 3 月 1 日。
　　②　驻村干部制度：在建设新农村的背景下，采用选派机关事业单位干部驻农村形式解决农村经济发展、农村党组织的突出问题，提高村领导战斗力、党员队伍素质和推进新农村建设。
　　③　科技特派员制度：为解决三农问题，发展现代农业，建设新农村，满足三农科技需求，与农民建立风险利益共同体，提供技术咨询服务，开展科技创业，实现农民增收，推动农业新技术利用和农业经济发展的制度。
　　④　香港、台湾地区的社会工作制度：针对社会问题和需要，香港地区和台湾地区为居民提供相互联络沟通的集中点以及加强与居民的沟通。通过社工专业化来解决其职业化问题。社会工作在香港地区和台湾地区是一个健康成熟职业，已深深融入人民日常生活之中，大多数公众把社会工作作为一种实实在在的具有服务功能的专业。
　　⑤　日本的职业见习制度：是由于日本当时经济不景气，应届毕业生存在就职难问题；加上大学教育的内部改革背景而产生的。主要是增强毕业生素质和适应社会的能力，优化人才培养结构，增强毕业生的择业技能，着力提高就业指导和服务水平。

学生村官制度均是以推动农村经济发展为目的；使用专业知识带动农村发展；出台日本职业见习制度和大学生村官制度的重要缘由是就业压力大。各自的特点如：台湾地区和香港地区的社会工作制度是鼓励社工专业的大学毕业生使用专业知识解决一些存在的社会问题，大学生村官制度则是鼓励高校毕业生去农村基层锻炼。

根据这些制度的内涵，下文分别从制度出台的缘由、制度内容、采取措施以及实施效果这四方面进行梳理，并从历史背景、主办方、对象、工作地点、待遇、时间等方面进行了细致比较，具体见表3—4 和表3—5。

大学生村官制度与驻村干部制度和科技特派员制度出台政策的缘由和背景较为相似，均是为支持农村发展所指定的制度，方式都是派遣人才进驻乡村解决相应问题，主办方是中央制定政策，由地方进行相应人才的选派，效果均是在人才培养、农村发展等方面取得一定成绩。三种制度也有不同的特点，在目的方面，大学生村官制度侧重于知农村、懂农村的后备人才培养，驻村干部制度重在派出干部推进协调农村发展，科技特派员制度侧重于满足农村科技需求；在措施方面，大学生村官制度主要通过培训和跟踪方式培养人才，驻村干部制度要求派驻干部发挥个人的积极性，主动融入和了解农村情况，从而推动农村发展，科技特派员制度主要是发挥派驻人员的专业技术优势，帮助农村解决农业技术难题。在待遇方面，大学生村官主要是中央财政拨付一部分，地方配套一部分，驻村干部享受原有机构提供的待遇，科技特派员的薪酬一部分来自财政，一部分来自市场利益；在时间安排上，大学生村官任职期限一般为2—3 年，后两者一般要求至少一年。

大学生村官制度与香港地区和台湾地区的社会工作制度的出台背景均是鼓励大学毕业生利用所学的专业知识解决社会存在的一些问题，通过与相关工作区域的社会主体融合，支撑和带动社会的发展。这三项制度均是由政府主导、地方执行，薪酬待遇一般以当地公务员的工资作为参考实施，制度实施以来均取得了一定成绩并在一定程度上得到了社会认可。三项制度也有不同的特点，在目的方面，大学生村官制度侧重于带动农村的发展，香港地区、台湾地区的社会工作制度侧重于服务社区等；在措施方面，大学生村官制度主要通过培训、培养方式，鼓励大学生创业等，针对的是农村社区的发展，而香港地区、台湾地区的社会工作制度主要采取社会工作实践和专业教育模式相结合，针对的是服务社区、家庭、儿童、青少年等对象；在时间安排上，大学生村官任职期限一般为2—3年，而香港地区、台湾地区的社会工作者的时间不限。

　　大学生村官制度与日本见习制度出台的重要缘由之一是社会就业压力非常大，大学生村官和日本的见习人员在这一段时间能够积累一定的知识和经验，为下一步就业奠定基础，从这个角度说明两项制度对人才的培养有一定的贡献，如大学生村官制度加快了新农村建设，改善了农村基层干部队伍结构，培养了建设骨干力量和党政干部后备人才，为农村治理培养了高技能人才和实用人才。日本见习制度也改善了学生职业意识、就职观和在实践中运用专业知识的能力。两种制度也有不同的特点，在对象方面，大学生村官制度侧重于优秀高校毕业生，日本见习制度主要是大三的学生；在工作地点方面，大学生村官主要在农村工作，而日本职业见习生主要在高校和企业；在待遇方面，大学生村官主要是中央财政拨付一部分，地方配套一部分，日本职业见习生原则上没有报酬，但是也有付报酬的单位；在时间安排上，大学生村官任职期限一般为2—3年，而日本职业见习生一般在暑假，大概两周。

表3—4　　　　　　　　　相关政策的梳理与比较

历史政策	出台政策的缘由	政策内容	采取措施	实施效果
驻村干部	以选派机关事业单位干部驻农村形式推进新农村建设	解决农村经济发展、农村党组织问题，提高村领导战斗力、党员队伍素质	与村民、村干部融洽关系，参与解决农村矛盾，熟悉农村情况以及处理好各种农村关系等	培养锻炼了干部，机关作风得到改善，行业作风、干部队伍建设双丰收

历史政策	出台政策的缘由	政策内容	采取措施	实施效果
科技特派员	解决三农问题，发展现代农业，建设新农村，全面实现建设小康社会的奋斗目标	提供技术咨询，开展科技创业，实现农民增收，推动农业新技术利用等	促进科技知识、资本、管理等与传统农业的土地、劳动力生产要素相结合	农村党群干群关系、农村基层党组织建设、人才培养和锻炼等
日本的职业见习制度	一是日本当时经济不景气，应届毕业生就业难；二是因为大学教育的内部改革	提高就业指导和服务水平，优化人才培养结构，增强毕业生素质、适应社会能力和择业技能	实现高等教育与社会接轨，坚持推进素质教育，强化学生实践能力	改善了学生职业意识、就职观和在实践中运用专业知识的能力
香港地区社会工作制度	针对社会问题，为居民提供一个联络沟通的集中点以及加强与居民的沟通	通过社工的专业化解决其职业化问题	长者服务；家庭及社区服务；儿童及青少年服务；健康综合服务	促进公民提升责任感，增强社会凝聚力；与政府就福利规划形成有效伙伴协作；促进了社区服务资源有效配置
台湾地区社会工作制度	是台湾地区社会、经济和政治发展内在需求的反映，是不断回应社会问题发展、变化和民众需求，逐步专业化	增加财政预算、加强管理和制度建设以及激励民营机构的发展、服务领域逐渐扩展	修正法律，在实际服务中更讲求理论与实践的应用，鼓励研究和推广与本土文化及实际需要相适应的社会工作实践和专业教育模式	施行社会政策和发展现代社会福利事业的重要途径，以达到经济和社会事业协调发展、共同繁荣的目的
大学生村官政策	加大对新农村建设投入的背景下，国家于2006年正式制定了大学生村官政策	主要是人才培养、农村发展、农村治理以及缓解就业4个方面	针对岗位的特点建立健全大学生村官岗前培训和岗位培训制度；建立跟踪培养制度；鼓励和支持大学生创业	改善农村基层干部队伍结构，培养建设骨干力量和后备人才，为农村发展培养高技能和实用人才

根据文献资料整理所得（丁自立等，2008：57－60；乐燕子，2007：115－116；王红亮，2008：45－54；王玉辞，2007：75）。

表3—5 联系和区别

	驻村干部	科技特派员	日本的职业见习制度	香港地区社会工作制度	台湾地区社会工作制度	大学生村官
历史背景	三农问题 新农村建设	三农问题 新农村建设	解决就业难的问题	解决社会问题以及和居民的沟通	以救济性社会服务为基调的传统志愿服务及慈善社会工作模式	就业压力 三农问题 新农村建设
组办方	地方政府委派	地方政府选派	文部科学省 厚生劳动省 通产省	政府、非政府组织、志愿者组织、社区成员共同来完成	行政主管部门	政府
对象	县市一级的干部	专业技术人员	大学三年级的学生	社工专业毕业生	从事社会工作的人员	高校优秀毕业生
工作地点	农村	农村	高校和企业	不限	不限	农村
待遇	保持原薪资可择优提拔	与农民风险共担、利益共享	原则上没有报酬，但也有付报酬的单位	上岗后相当于地区公务员工资	上岗后相当于地区公务员工资	与地区公务员工资相当，不足由地方补
时间	至少满一年	至少满一年（可续派）	一般暑假2周左右	不限	不限	一般合同服务期限为2—3年

根据文献资料整理所得（丁自立等，2008：57 - 60；乐燕子，2007：115 - 116；王红亮，2008：45 - 54；王玉辞，2007：75）。

小　结

根据本章对文献的梳理和评价、大学生村官制度存在的问题综述，以及从国家的视角、相关政策进行比较得出以下结论：

一是大学生村官政策吸收了各类政策的教训和有益经验。

第一，各类政策具有共性。如日本职业见习制度的实施背景和中国当前的状况相似，均为解决就业难问题而推行实施的，虽短时期内难于提高就业率，但可间接缓解压力。另外日本职业见习制度实施的影响是广泛的，政府、高校、企业和学生均能受益，大学生村官政策也是如此。又如台湾地区社会工作中有专业化的选择和行之有效的社会工作管理与服务体系，虽然大学生村官政策也已建立严格的选拔制度选拔相应人才，同时也建立了一些社会工作管理和服务体系，但台湾地区社会工作制度主要瞄准社会工作专业，并融入考试科目和成绩管理中，因此，大学生村官政策应借鉴并在选拔中重视专业性。

第二，大学生村官政策吸取了各类政策的教训、经验。如从驻村干部的委派和科技特派员采取的行政命令向大学生村官的自愿原则转变，并实施了严格选拔制度，重点以高学历，年轻化的优秀高校毕业生为主。吸取了台湾地区社会工作制度实施过程中具有完备的法律法规保障、宏观调控、财政的大量投入等特点，大学生村官政策注重立法并出台多项政策进行支撑。

第三，大学生村官政策是对过去各实施政策的补充。驻村干部和科技特派员主要是为了新农村建设和三农问题，香港地区和台湾地区社会工作制度是为了解决一些社会问题。大学生村官在前面几个政策基础上进行了补充，既针对农村社会问题，也针对经济问题，还针对人才培养等，是内容极为丰富的政策。

启示：（1）应该注重制度建设，从宏观上调控，并根据实践中的变化不断调整政策；（2）大学生下乡成为一种有益的继承，既缓解了社会就业问题，又为国家建立起"青年人才蓄水池"；（3）内容极为丰富，融合了各种政策的有益之处，是新农村建设中全方位的人才政策，既针对农村经济问题，又针对农村社会问题等；（4）大学生村官政策实行相对市场化的导向，采取自愿有偿的方式，改变了过去以行政命令驱动年轻人下乡锻炼的手段。

二是大学生村官制度的演进大致可以分为三个阶段，不同阶段侧重不同。

第一阶段是大学生村官制度的预备阶段，明确价值导向鼓励高校毕业生面向基层就业；第二阶段是大学生村官制度的正式出台，以制度的形式确立大学生村官的合法性；第三阶段是大学生村官制度的规范和完善阶段，重点是对试行阶段出现的问题提出解决方法。

第四章 大学生村官制度运行层级的逻辑与问题

　　自 20 世纪 70 年代中期以来，西方尤其是美国公共政策研究领域出现了一场声势浩大的"执行研究运动"①，从公共政策研究的发展脉络看，政策执行既不是单纯的自上而下发出指令，按层级强弱依次进行，也不是自下而上方式强调的以"下"的力量影响"上"的力量执行，而是执行过程中蕴含着"上下互相影响、同级互相协调"等因素。我国学者在 20 世纪 90 年代已经注意到这一点，并根据我国国情提出了相关的理论路径。早期的政策研究为后续研究奠定基础，成为我国政策学科的雏形，如郑新立（1991）的《现代政策研究全书》、张金马（1992）的《政策科学导论》、兰秉洁（1994）的《政策学》等。

　　大学生村官制度是一项典型的农村公共政策，其在制定到实施的过程中都存在不少问题，如何从结构上和微观上找出相应的问题，找到政策完善改进的精准发力点，可从已有研究上得到一些启示，具体如下：

　　第一，我国学者关于"变通、利益博弈"等概念性框架可以运用

---

　　① 执行研究运动的三个重要发展时期：第一个时期的研究特点偏重政策执行实务的个案研究，在方法上采取的是"自上而下"的政策执行研究路径；第二个时期的研究特点偏重政策执行理论分析框架及模式的建立，在方法上是通过批判自上而下的基础上建立起来的"自下而上"的政策执行研究路径；第三个时期提出了整合的执行框架，即强调自上而下和自下而上结合的政策研究路径，这一路径的核心是政府间的网络关系（包括上下级政府和平级政府间）与政策执行力的表现（贺东航等，2011：61 – 63）。

到本研究当中，同时可以佐证这些框架甚至可以丰富完善这些框架；二是从大学生村官制度执行情况看，它是自上而下出台的国家计划，政策目标从中央到地方往往经历政策细化或再规划的过程，从政策的制定到政策面向直接对象的最终执行，其间存在着一定的层级距离，这一距离给政策目标在传递过程中出现信息扭曲和偏差提供了机会，导致政策过程在一系列的层级上容易出现差错，"上有政策和下有对策"的说法一定程度能反映出各层级执行政策的偏差，这也在一定程度上印证了国内外学者关于公共政策不同层级出现执行偏差的事实。

第二，一些公共政策的概念、影响政策的因素和实施的主要问题对于分析大学生村官制度有重要的帮助，大学生村官制度是一项由中央政府制定、地方政府实施的公共政策，目标、价值和相应的保障也较为明确，但是在实施过程中这种中央高位推进的方式出现了很多问题，如各个政府层级对政策的理解和执行的偏差，这些问题一方面来自结构，另一方面来自执行主体各自利益后的选择，需要分析和总结。

第三，一些研究提出的政策模式可以借鉴，在宏观和微观层次上找到更为实质的问题，如自上而下与自下而上相结合的模式，高位推进模式、国家与社会的框架模式等，这些模式有重点强调部分，同时也多少照顾了政策实施主体的鲜活性，对本研究均有一定的借鉴价值。

本章旨在探讨大学生村官制度运行实施的整体逻辑，以及在整体逻辑中，国家（中央政府和地方政府）、村庄（村干部和村民）、大学生村官等不同层级主体在执行大学生村官制度中的不同逻辑与相应问题，拟为制度的进一步完善提供依据。

第一节　大学生村官制度运行层级的逻辑分析

国家（中央政府和地方政府）、村庄（村干部和村民）是大学生村官制度演进和实施的主要主体，不同层级主体因为自身的利益和机构中的位置，往往在行动中表现出不同的逻辑，这些逻辑构成了大学生村官制度的实施逻辑，也是推进和完善该制度的内源动力。

一 大学生村官制度整体推进的逻辑

较之于地方公共政策，大学生村官制度出台之前，因涉及多个部门，需要协调和平衡相关部门的利益。因此，制度往往偏向于宏观性和指导性的弹性表述。大学生村官制度的执行落实的场域主要是地方，所以沿着中央、省、市、县、乡和村的执行路径不断地被再规划和细化，地方根据相应的特色和实际情况进行具体化处理和相对的自由裁量，最终形成不同地方、不同特点的大学生村官制度，这往往体现为公共政策的层级性，如调研中北京的大学生村官制度更多体现出培养人才的特点，江苏的大学生村官制度更多体现出培养大学生村官就业的一面，甘肃大学生村官制度更多体现为乡镇等缺位补位。

大学生村官制度在各层级性执行的时候容易出现与政策设计初衷之间的偏差，这主要表现为两种形态，一种是真实性执行，指围绕中央制定制度的目的，综合考虑地方具体情况，因地制宜的制度创新和相关实施谓之为真实性执行；一种是失真性执行，政策执行失真是指公共政策在执行过程中出现与政策内容不符、偏离政策目标、违背政策精神的现象。

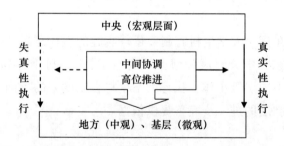

图 4—1 大学生村官制度实施中的整体逻辑

（一）大学生村官制度的真实性执行

通过对五个省市大学生村官制度的调研，有的省份想通过制度实施达到基层人才培养的目的（如北京市），有的省份希望制度实施带动乡村发展（如江苏省）。以培养人才、缓解就业、支撑农村发展等核心目的的中央大学生村官制度在不同的地方，执行风格会发生一定的变化，各地势必会综合考虑中央出台制度的目的和地方追求的目的，对该制度的多项目标进行排序，甚至有一些地方特色的目标融入其中，使得制度呈现出地方知识性特征。从基层场域看，到县、乡、村后大学生村官制度再次被规划和执行细化，县、乡频繁借调大学生村官，要求其融入县、乡政府的各项工作中，村庄会基于发展的考虑安排大学生村官在乡村的工作，因此，在基层场域也出现了大学生村官岗位工作安排的博弈状态。每个县、乡有不同的情况，每个村庄也有不同的情况，甚至村民也有不同的想法，因此，制度"一刀切"执行必然遭遇巨大阻力。基于不同层级的目的不一，大学生村官制度在乡村实施的时候通常会出现一县一制度、一乡一政策、一村一情况。

因此，实施过程中出现大学生村官制度偏离设计时要注意其目的，只要惠农就应该根据实际情况，充分尊重地方意见，同时应该肯定中观和微观层面运用地方性知识、因地制宜发展出的政策创新，这些是对政策的真实执行。

（二）大学生村官制度的失真性执行

大学生村官制度在地方落实实施的时候，会有一些因地制宜真实性的执行行为，这可以理解为围绕制度设计初衷的目标进行的制度创新，是应该肯定的行为。同时，制度实施的时候，也会出现与制度制定时的精神相违背的现象，如大学生村官被当作闲杂人等在乡村干工作，基层政府借调大学生村官的时间远远超过村庄锻炼的时间等。出现类似的现象主要有以下几个方面的原因：一是压力型政治体制下，基层政府和乡村并非消极被动的政治行为体，它有着自身相对独立的利益诉求，可以调整制度制定的方向并选择抵制。二是压力型政治体制下，基层政府和乡村必须在"完美行政"和"地方利益代表"中不断平衡和修正。因此，大学生村官制度实施中难免会出现这些失真性的表现，如替换政策、抵制政策、敷衍政策、架空政策、截留政策、损缺政策和附加政策等。

综合来看，中央高位推进，省、市、县、乡等各层级根据具体情况相应推动的层级执行，以及出现的真实性和失真性的执行构成了大学生村官制度实施的整体逻辑。

二 大学生村官制度运行的层级逻辑

中央政府作为重要利益主体下的制度的实施产生很大影响，特别是选择空间和实际行动极有可能改变制度约束的强度乃至方向，但是其行动深受环境影响，外部环境将嵌入其行动中不断地制造新环境，中央政府根据环境变化不断调适，以使制定的政策更加完善。图4—2清晰地反映了大学生村官制度实施过程中不同利益群体的各自角色以及互动机制。其一，中央政府制定政策并下拨财政到地方政府，地方政府也相应地配套一系列政策和财政辅助中央政府。然后，地方政府通过省、市政府对政策的细化以及县、乡政府的具体管理，又下到行政村具体执行。其二，这个过程不是直线进行，而是循环往复的过程，如乡村等具体执行者在实施过程中出现的问题又将通过这个路径反馈给地方政府，并层层反馈至中央政府。其三，中央政府接到相关的情况指令，将考虑如何进一步完善或补充大学生村官制度，以此，形成一个周而复始的不断改进和完善的政策制定和生产复制的过程。

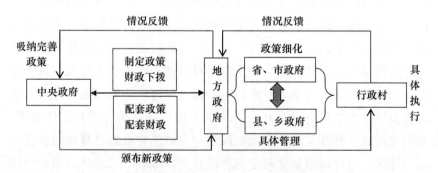

图4—2 大学生村官制度实施中执行主体的逻辑关系

（一）中央地方的运行逻辑

上述的逻辑关系只能一般性反映出中央和地方在制度实施过程中的逻辑关系，实际上，中央和地方政策逻辑关系主要有以下五种（鞠伟，1997：18－21）：一种是推出关系，指中央和地方的政策在逻辑、内容上完全一致，没有分歧；二是强化关系，指地方依照中央政策制定出体现地方的利益和特征的政策；三是似然关系，地方和中央政策结构一样，但基本利益不一致；四是非似然关系，指中央和地方政策完全不相容，但是都有存在的独立理由；五是不一致关系，指两者利益完全不一致，地方可能摒弃中央政策或迫使中央政策发生变化。如果从这五种关系来分析大学生村官制度实施过程中中央和地方实施的逻辑关系，前四种关系均有不同程度的体现，第五种关系目前看还没有具体的体现。

推出和强化关系。国家号召大学生村官去农村服务主要动机：一是推动新农村建设和农村地区城市化进程；二是改变农村产业结构、盘活农村经济总量和改善农村环境；三是建立高等教育与农村联系的桥梁；四是促进农村基层组织建设、法制建设以及和谐文化建设。这些内容中央和地方表现出高度一致，因此中央颁布大学生村官制度的相关政策后，地方也会颁布相应的政策推动大学生制度。

北京市和 Y 县在继中央推出有关大学生村官政策之后，接连出台多种相应的政策和制度加以实施。① 地方在细化中央政策时候，不仅是按照结构推出，还根据各地特征进行个性化设计，但设计不脱离中央政策的框架，起到的是推进政策实施的强化作用，这也是中央政策给予的自由裁量权。这从其他省份也可看出：陕西省考录程序中加入了组织推荐环节，即参加考试的人员必须先经过各级组织和群众推荐，强调了群众公认。如按照中央《通知》要求，"完善考录方式、

_____

① 北京市为推动大学生村官制度出台了一系列政策，具体如下：1. 2005 年 11—12 月，出台了《关于引导和鼓励高校毕业生面向基层就业的实施意见》《贯彻落实（关于引导和鼓励高校毕业生面向基层就业的实施意见）分工方案》和《关于引导和鼓励高校毕业生到农村基层就业创业实现村村有大学生目标的实施方案》。2. 2011 年 1 月—2013 年 2 月，出台了《关于选拔应届优秀高校毕业生到基层培养锻炼工作的通知》《北京市 2013 年选聘应届高校毕业生到村任职工作公告》政策。调研的 Y 县围绕中央和北京市也出台了一系列政策，具体如下：2005 年、2010 年，分别出台了《关于选派大中专毕业生到农村任职的实施意见》和《关于 Y 县招聘高校毕业生担任村支书助理、村主任助理工作领导小组更名及成员调整的通知》相关政策等。

注重考察实绩，切实把在村任职期间工作出色、表现优秀、考核称职、群众满意的优秀大学生村官选拔到公务员队伍中来"。江苏省在面试中设计了大量农村工作实际操作问题，使平时工作踏实、勤于思考的大学生村官脱颖而出。再如在完善考核方面，《通知》要求"注重在公务员招考等方面体现和运用考核结果"。由此可知，从中央到地方都非常重视大学生村官制度。

似然关系和非似然关系。中央政府在制定大学生村官制度的时候，形式上尽力做到放之四海皆准，但地方政府根据各自的情况会对放之四海皆准的中央制度进行新的创造，添入新元素，这些元素与中央政府制定的初衷并不一致。如中央制定的政策中，中组部多次强调，大学生村官在第一个聘期内必须在村里工作，乡镇机关和上级部门不能截留和借用。可是，在调研中发现，仍有县镇部门明知故犯，或把大学生村官看作乡镇党委、政府的"最佳外援"，舍不得放回村里；或是出于安全考虑，不敢把大学生村官放到村里；或是把大学生村官当"过客"，高高挂起，没有真正交任务、压担子。这些现象在调研村庄的5个省都不同程度存在。不论动机和效果如何，这些做法都违背了选聘高校毕业生到村任职的初衷。这也就是似然关系和非似然关系的结合，利益不同导致了中央和地方的考虑和做法不同，且地方均能列举出种种理由说明这种做法的合理性。

地方实施逻辑中的"关系运作"。主要表现在侵蚀政策执行制度的权威性和公信力、破坏正常的政策执行机制和加剧政策资源的分配不公等现象，如一些经济条件好的地区由于大学生村官待遇不错而异化为某些部门甚至某些人的社会资源，在招聘大学生村官的时候普遍存在通过人情关系走后门的现象，这往往对地方政府政策执行大学生村官制度会产生负面影响。在制度执行过程中要还原"关系"的本来面目，通过设置立体的政策执行监督机制，来治理"关系运作"对政策执行力的负面影响。

上述分析表明，中央政府由于在政治力量对比与资源配置权力上均处于优势地位，在大学生村官制度的演变和推进过程中起着主导作用，主要体现在：（1）中央政府根据自己的利益对可能的制度方案进行选择并自上而下地组织实施，对危及自身利益的方案予以排除；（2）中央政府对已出台的制度，根据其实际施行结果进一步进行修正和调整。地方政府在执行大学生村官制度时，省、市、县、乡等不同层级将根据当地的实际情况实施，不同层级会按照级别一层层上报，最后往往会集中到省层面向中央提出诉求，从而对大学生村官制度的变迁产生重要影响。

（二）村庄层级的运行逻辑

村庄是一个相对封闭的结构，大学生"空降"至农村很难融入其中，一方面村干部、村民的宗族派系或血缘亲属等内生因素形成的社会结构，像"一道网"一样排斥外来的大学生村官。另一方面由村干部组成的权力结构，像"一扇门"一样将大学生村官隔离在农村权利场域外或成为村权代表的村干部的附属。譬如调研过程中经常能够听到大学生村官的抱怨，"我们就是外来的，现在要作为村庄的管理者，谁愿意听你的话，不配合又怎么管理"，同时也能听到众多村民质疑的语言，"大学生对我们不了解，我们也不熟悉他们，根本不可能把握得住复杂的乡村社会关系以及处理好乡村事务"。大学生村官的抱怨和村民的质疑恰恰符合乡村的实际情况，农村作为乡土社会，其社会结构的组成是以血缘为基础并像水的涟漪一样层层向外扩展，是一个"一根根私人联系所构成的网络"（费孝通，1998：31），大学生村官通过行政媒介进驻乡村必然要受到这些社会结构的阻碍。去过农村的研究者大概都知道，村干部必须具备的因素可能是多方面的，但是一个关键的因素是其所在的姓氏、派性或宗族等必须在村庄有一定威望，村支书和村主任的选拔更是如此，显然他们治理村庄的能力多数产生于村庄本身的社会结构当中，这就决定了大学生村官即使是赋予一定的"官名"或者"官权"，实际上也很难或者根本做不到嵌入乡村当中掌握这种社会权利。

从村干部层面分析，多数村干部认为大学生村官：（1）将该职位当作是一个暂时跳板；（2）对农村社会尤其是当地的社会尚不了解；（3）能力不足，尚无能力处理村庄事务等。因此，对于村干部而言，大学生村官只是国家作为一个干预体放置在农村，但是国家并没有真正地授权给他们，而他们到了村里后又受村干部的管辖，村干部也没有放权给他们，换句话说，村干部为了某种自身的利益也不同程度地排斥大学生村官，在农村事务上对于大学生村官也是一种变相的控制，使大学生村官处于一种职位的尴尬。从上述分析看，村干部在大学生村官制度执行中，一是关系逻辑，二是权利逻辑，这两者在大学生村官制度在乡村实施中有不同程度的体现。

从村民层面分析，多数村民对该制度并不了解，认为大学生村官：（1）入村为官的目的是协助村干部，与其无关；（2）从经济利益上分析，因为村里没有钱，想做大事非常难，大学生村官自己又没有社会资源，在村里是人生地不熟，有职无权；（3）从面子关系上分析，村干部都是土生土长的本村人，在村里都有一定的宗族势力和亲情关系，做起工作来大家都会给点面子，但是大学生村官没有这种关系也就没有资格享受面子的待遇。从上述分析看，村民一是关系逻辑，二是实惠逻辑，这两者在大学生村官制度在乡村实施中也有不同程度的体现。

（三）大学生村官运行逻辑

对于大学生村官的日常行为，我们通过民族志的方式结合自己的调研地点（北京市 M 县红梨村）和调研数据（骆江玲，2010：91－92）进行深入研究，以探讨大学生村官在制度运行中采取的逻辑。表 4—1 是红梨村大学生村官作息时间。

表 4—1 　　　　　　　　　　红梨村大学生村官的作息时间

时间	内容
07：00—08：00	起床上班、打扫办公室卫生
08：00—11：30	做日常工作，如整理文件、资料、写报告、存档、开会记录、接待工作、有时出去办公事等
11：30—14：00	午饭、午休
14：00—18：00	做日常工作（但下午工作比较少）
18：00—22：30	晚餐、看新闻、看书、学习、总结一天工作经验
22：30—23：00	洗漱、睡觉

在与村干部和村民的相处情况中只有7%—8%的大学生村官在村干部和村民家中吃过饭，而90%多的大学生村官只是偶尔才去吃饭或者从来没有在村干部和村民家里吃过饭。具体数字见表4—2。

表4—2 　　　　　　是否在村干部和村民家里吃过饭

是否在村干部家里吃过饭	百分比（%）	是否在村民家里吃过饭	百分比（%）
经常	8.0	经常	7.0
偶尔	43.0	偶尔	31.0
没有	49.0	没有	62.0
合计	100.0	合计	100.0

而在是否与村干部和村民聊天中，数字显示经常和村干部以及村民聊天的比例不到一半（见表4—3）。

表4—3 　　　　　　是否与村干部和村民聊过天

是否与村干部聊天	百分比（%）	是否经常与村民聊天	百分比（%）
经常聊天	42.0	经常聊天	28.0
偶尔聊天	57.0	偶尔聊天	56.0
不聊天	1.0	不聊天	16.0
合计	100.0	合计	100.0

表4—2和表4—3数据显示，在村干部和村民家中吃饭的频数以及聊天的频数可知大学生村官并没有和村干部以及村民打成一片，并没有真正融入村庄场域中。而在谈到村民有问题和困难是否会找大学生村官这一问题时只有21%的村民会经常找大学生村官，76%的村民只是偶尔会找，而3%的村民从来没有找过大学生村官。

1. 大学生村官任职的原因与期满后打算

从以上表中我们可知，大学生村官们基本上每天的工作活动程序都类似，平时就在办公室抄抄写写，正如某村一大学生村官说："每天这样抄抄写写，倒是使我的语言文字表达能力、沟通交流能力得到了锻炼和提高。在最近两年撰写各类公文稿件1000多篇呢。"

从表4—4可以看出，大学生选择当村官的首要原因中，到农村锻炼积累经验位于首位，占了一半以上；而选择为解决三农问题和建设新农村贡献力量的却只有2%。

表4—4　　　　　大学生选做村官的首要原因

选择当大学生村官的首要原因	百分比（%）
其他工作不好找，先就业再说	11
大学生村官工资高待遇好	3
解决北京户口	20
考研加分	1
考公务员优先录取	10
学以致用	2
到基层锻炼、积累社会经验	51
为解决"三农问题"和建设新农村贡献力量	2
合计	100

从表4—5可知，大部分大学生村官期满后都打算考公务员，而想继续留任在村里工作的只有2%。

表4—5　　　　　大学生村官期满后的打算或希望

在三年大学生村官期满后有什么打算或希望	百分比（%）
目前还没有打算	4
继续留任	2.0
能到乡镇或更高一级部门工作	15.0
考公务员	70.0
考研究生	5.0
其他	4.0
合计	100.0

从上表可知，大学生村官期满之后何去何从不仅是社会关注的焦

点，同样是制度完善的关键点。被问及此问题的村官，大部分会用充满忧虑的口吻叙述自己对未来的迷茫，因为三年的农村基层锻炼并不意味在今后的就业竞争中已无后顾之忧，相反，就业竞争日益激烈、年龄逐渐增大等一些因素困扰着大学生村官对未来的思考。因此，大学生村官的再就业工程从小的方面讲，直接关系到他们是否在工作中能够安心工作；从大的方面讲，可以影响整个大学生村官制度是否能够良性运转。

出现上述问题，有以下两方面的因素。一方面是制度因素：（1）制度明确规定大学生村官的任职期只有三年，这对于复杂的农村社会可能只是融入时间，也决定了大学生村官三年任期效果只能是蜻蜓点水、浮于表面，本来就无法安心的大学生村官自然表现为心浮气躁，尤其是最后一年；（2）制度对大学生村官工作职责模糊化处理，使他们无法准确定位，换言之，岗位描述的模糊性导致大学生村官一直处于目标缺失和盲目摸索的状态，因此，三年是大学生村官任期的结束，同样也意味着无目标的摸索结束；（3）大学生村官制度中蕴含着吸引大学生村官进入村庄的种种"好处"，"好处"是政策引导的符号，同样也是大学生村官逐利的方向，一旦任期满无利可图，大学生村官自然是欣然退出。另一方面是村庄因素：（1）乡村具有特殊的权利体系和文化结构，大学生村官作为外来者这个角色很难被村民接受，要想在农村建立威信是难上加难；（2）大学生村官表露出的将农村工作经验看作"镀金"和"跳板"的想法，加上当前就业压力，让大学生选择了"村官"这条路，但这种心态，与国家号召大学生"在农村留下来扎根"的政策目的形成了悖论。

2. 跳板的逻辑

在调查中笔者了解到，大学生"村官"是采用政府雇员制进入基层，没有行政编制，在管理过程中没有决策权。大学生村官本身就是作为村书记和村主任助理的身份进村的，他们没有一定的"官衔"。是县市发工资，和村里不搭架。现在村官的工作有基层党建联络员、村级就业协管员、食品安全信息员、知识宣传员等。如表现好一点的就调到镇里，如计生办、记者站、农业服务中心等。很多人当村官的目的：村官作为一个新生事物，抱着试试看的态度，或想解决北京户口，但是真正任职后很多村官们都很无奈，每天就是给支书、主任倒开水、打扫卫生，没有重要事情可做。另外大学生村官们认为农村是个熟人社会，如果不融入村里就算当个村主任也不一定干得下去，因为大学生村官进村以后，打破了村里原来的社会结构，村民认为大学生村官是"间谍"，不相信他们，用怀疑的眼光看待他们，使他们很难开展自己的工作。在谈话中大学生村官们表示最大的作用是为自己，丰富了自己的经验和阅历。在目前这个氛围的社会结构里，毕业不久的大学生村官们是不可能真正做实事的，而且很多大学生村官都是夹在村干部和村民之间办事，使得他们感到很尴尬，他们告诉笔者，他们不愿为了群众伤干部，也不愿为了干部伤群众。

国家认为大学生村官进入村庄能够促进村庄的发展，而村庄复杂的社会结构却决定了大学生村官被排斥的结果，村庄的宗族派系势力实际是传统血缘关系的体现，每一个人以自我为中心都可以得到一个类似于费孝通先生所描述的具有亲疏远近关系的差序格局，与中心位置的人存在血缘关系都能在其中找到自己的位置。大学生村官作为一个与村庄没有任何血缘联系的外来者突然空降于乡村场域只能受到排斥，因为大学生村官在村庄的差序格局中无法为自己定位，而乡村秩序的运转很大程度上依赖于这张血缘网络。大学生村官在进入村庄后受到村干部和村民的排斥，而国家又没有真正赋权，处于国家—村庄结构张力下的大学生村官就会造成与国家和村庄"两不靠"的现象（骆江玲等，2013：50）。因此，从这个层面来讲大学生村官只能是代表自己，不能代表国家和村庄。

第二节　大学生村官制度运行层级的相关问题

不同层级的行动者，会依照自身的利益，形成不同的运行逻辑。这些逻辑一些会有利于制度的运行，一些会阻碍制度的运行。下文从制度本身、县乡层面、村庄层面、大学生村官等的共性问题进行剖析。

一　制度存在的结构问题

吉登斯的社会结构论本质上是二元的结构，但是他笔下的二元结构突破了对立性，即社会结构不仅对人的行动具有制约作用，而且也是行动得以进行的前提和中介，它使行动成为可能；行动者的行动既维持着结构，又改变着结构，并对行动者的行动产生新的影响；换言之，结构和行动因为二元互相影响和改变不断地重新构建。吉登斯的结构二重性使掩藏在结构下的行动者变得鲜活起来，这也是本研究借鉴该理论的重要因素或者说是开展本研究的理论基础。

从大学生村官制度实践的角度看，二元结构不断地重构会导致两个方面的变化：一是制度基于行动者的不同利益诉求不断地完善，逐步朝设计的方向前进；二是行动者的利己行为不断扭曲制度设计的初衷，导致制度不断偏离。这一节的研究更偏向于后者，希望通过结构分析寻找问题。以吉登斯的理论为基础，结合考虑大学生村官制度的实施情况，大致可剖析为三个层面（见图4—3）：第一层是结构与行动的关系，即在一定规则和资源条件下，不同行动者的出发点和利己行为之间博弈所产生的问题；第二层是国家与社会的关系，即以大学

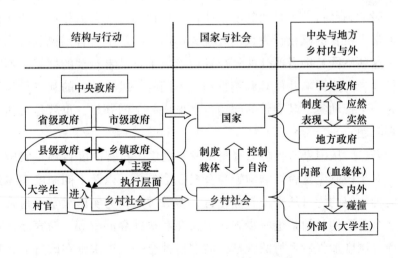

图4—3　大学生村官制度结构问题分析

生村官制度为载体，国家与乡村社会之间"控制—自治"的博弈导致的问题；第三层包括中央与地方、乡村内与外两层二元结构，中央与地方关系即在中央设计与地方实施过程中两者行动并没有体现出铁板一块的情况所导致的问题（这已被很多研究和实践所证明），乡村内外关系即大学生村官融入以血缘为纽带组成的乡村社会所遭到的排斥力带来的问题，分析具体如下。

第一，从结构与行动的二元关系出发，将制度执行的规则和资源视为结构，将中央、省、市、县、乡视为结构中的行动者，并且在这个框架下进行利己行为，在这个过程中最重要的问题是不同的层级行动者的利己行为易导致制度失真：出现问题缘起于不同层级行动者执行制度的需求和逻辑不同，中央政府制定和推进大学生村官制度的目的是支持农村发展和强化对乡村的管理；地方政府尤其是基层政府在围绕中央制定制度的精神执行的同时考虑到地方的规则和资源等实际情况，往往表现出弹性执行；乡村社会尤其是其权利核心可以接受外来的支持，但对国家强化管理易产生排斥；大学生村官基于奉献进入乡村支持发展较为少数，多数是为了自身利益选择将该岗位作为跳板。以上这些行动者的逻辑往往会导致制度设计的目标产生偏离现象，如中央政府强化对乡村管理的逻辑容易使乡村社会产生排斥，地方政府的利己行动容易使制度扭曲，乡村社会基于自治和权利的保护对大学生村官的赋权行为直接表现为排斥，大学生村官则视制度为跳板。这些不同行动者所处的外部环境形成了行动者行动的框架，不断对行动者产生影响并使其调整行动。不同的层级行动者的利己行为汇聚为一个行动集，其导致的问题也会形成一个问题集，也就是结构的失真问题。

第二，从国家与社会的视角出发，大学生村官制度自颁布实施以来，对于该制度是否影响国家与乡村社会的关系以及不同制度主体处于何种定位的探讨从来没有停止过，多数观点认为实施大学生村官制度一个重要的目的是进一步固化国家在乡村社会的权利，简言之，就是通过制度加强对乡村的管理，而乡村社会一直以来都在政府的管理和本身自治之间进行平衡。这样就会导致国家控制与乡村自治之间的博弈，国家通过大学生村官制度深入乡村社会和乡权中必然会招致乡村社会的排斥，主要会出现以下问题：一是目前的大学生村官仅能在村庄任虚职，处于有名无权的境地，即使进入村两委，也多数游离于乡村权利之外；二是从事的工作主要是上传下达等"敲边鼓"的事情，没有接触到乡村社会发展的核心问题，能力也难于胜任这些工作。现实表明大学生无权难于做事或成事，因此这个博弈的结构在某些方面是不利于大学生村官在乡村的实权制度，妨碍了制度积极目标的实现。

第三，从中央与地方、乡村内外的视角出发，首先，中央政府与地方政府同属国家机器，本应铁板一块，但是站位和利益的不同决定了其行动上可能一致也可能不一致，不一致的行为一部分可调整后改善制度，一部分难于调适可能使制度产生消极的影响，县乡作为制度主要执行层面的行动者，最可能表现出利己的利益，如将大学生村官视为基层政府短缺人手的补充，造成大学生村官在乡村锻炼的时间和机会大大减少，培育效果可能大大降低。其次，乡村内外关系的体现主要表现在：一是地方政府等（外生因素）和村干部构成的权力结构，像"一扇门"一样将大学生村官隔离在农村场域外，直接影响其发挥能动作用。在实践中，一方面表现为大学生村官服务对象仅指向村干部，另一方面大学生村官工作范围多限于村两委办公地，结果就是大学生村官制度在实践中表征为"脱离农民群体谈服务农村"的口号；二是村干部、村精英、村民等（宗族派系和血缘亲属等内生因素）关系在村庄场域形成的社会结构，像"一道网"一样排斥外来的大学生村官，间接影响其能动作用发挥。在实践中，一方面表现为大学生村官对复杂关系难于把握，另一方面表现为村民不信任外来者能处理好乡村事务。这两层结构表明其中的二元都存在与制度实现积极目标相反的利益，使制度出现一定程度的偏离。

二 制度存在的具体问题

（一）岗位有职无权

国家计划每村安派一个大学生支持农村的发展，但是，这些大学生村官没有正式的编制和明确的职责,既不是村民——对村级事务没有监督建议权,更没有组织管理权。在工作过程中,没有给村民带来其认可的实惠,如提供权力与资金、带来项目与财富等,村民则难于信任或者排斥他们。

（二）形式上进两委

大学生村官通过行政任命、村民选举进入村两委,很难得到乡村群体认可,容易流于形式,原因是村庄复杂的社会结构。村庄宗族派系观念强,宗族派系势力实际是传统血缘关系的体现,村庄事情依靠的是村庄特有的社会结构蕴含的力量处理,如主要村干部的出身往往是宗族大户。大学生村官显然不具备此身份。

（三）任职时间太短

政府、村干部和村民普遍认为大学生村官的合同期订2—3年,时间太短,难于做到立足为村服务。例如,超过40%的村干部认为大学生村官进村工作要高于3年,其中选择5年甚至6年以上的比例超过10%（见表4—6）。数据背后的原因大概有三点:一是大学生村官对农村有个适应期,二是大学生村官的不少时间被县、乡镇借调占用,三是大学生村官后期忙于考研究生、考公务员、考事业编制等找出路。

表4—6　村干部访谈问卷:您认为大学生村官工作期限多长合适（%）

调研省市	2年	3年	4年	5年	6年	6年以上	合计
北京	0.0	8.9	0.0	4.4	6.7	0.0	20.0
甘肃	4.4	11.1	0.1	4.4	0.0	0.0	20.0
江西	0.0	15.6	2.2	2.2	0.0	0.0	20.0
江苏	0.0	4.4	2.2	0.1	2.2	11.1	20.0
福建	6.7	4.4	4.4	4.5	0.0	0.0	20.0
合计	11.1	44.4	8.9	15.6	8.9	11.1	100.0

（四）缺乏就业保障

缺乏就业保障,是大学生村官面临的最大问题和顾虑。中组部、中宣部、教育部等联合下发《关于建立选聘高校毕业生到村任职工作长效机制的意见》，意见中已经为大学生村官明确指出了期满后 5 条出路①，但是担任村干部、报考公务员、创业、择业、求学等路径对于大学生村官来说并不容易实现。例如，创业出路虚设，中央出台了鼓励大学生村官创业的政策，但是地方环境和配套难于落实都阻碍了这一政策发挥作用。对于大学生村官而言，绝大多数是高校刚毕业迈入社会，各方面的能力有限，尤其是经济条件限制，同时，市场存在风险，影响了大学生村官的创业热情。

（五）缺乏女性视角

众所周知，农村是一个多样性的自然环境和复杂的社会环境构成体。对新入村的女大学生村官而言，不仅存在生活的不便，而且一定程度面临着性别安全和性别侵扰的问题。在目前发布关于大学生村官的几个重要制度中，如《关于引导和鼓励高校毕业生面向基层就业的意见》《关于切实做好 2006 年普通高等学校毕业生就业工作的通知》等，并没有针对女性的特点做一些制度性的差别设计或语言的甄别。制度的设计有其合理之处，即性别的平等在制度的字眼已经实现，如考试、选拔、同工同酬、退出、就业等，这些无差别的字眼如果回溯到实践中，就演绎成为另外一种版本②（骆江玲，2014：183）。

政府官员：这个地方多山，环境很复杂，女性由于身体的娇弱，很容易受到不法分子的侵袭，政府非常担心她们的安全，所以将她们安排在乡镇住宿。

村干部：村庄中的村民是很安全的，但是现在流动人员很多，男

---

① 一是鼓励大学生村官担任村干部；二是推荐大学生村官参加公务员考试，表现优秀的可以享受公务员报考的优惠政策；三是扶持大学生村官自主创业；四是引导大学生村官另行择业；五是支持大学生村官继续学习深造。

② 从妇联调研数据来看，目前有 48.39% 女大学生村官住镇政府或村委会宿舍，51.61% 女大学生村官自己解决住宿（全国妇联组织部，2013）。这一数据并不意味着这些女性已经面临性别威胁和安全的问题，但是在实践中去调研和解读，从政府官员到村民以及女大学生村官本人，都会表达出对性别安全的担忧。

性大学生村官只要不惹事，大概没有问题，女性大学生村官如果不注意防范，很容易出问题。

　　女大学生村官：来到这个地方，我们还是很害怕的，一是人生地不熟，二是这里的社会环境很复杂，尤其是天一黑，会发生一些不法事情（骆江玲，2014：184）。

　　综合来看，制度上的平等并不能代表实践中的平等，被认为是制度核心（考试、同工同酬等）的平等也无法包含对性别平等的全部考虑。制度上的缺失必然造成基层的弹性实践，经济条件较发达的地区往往会注意到女性安全问题，如解决住宿，经济欠发达的地区往往会忽视女性安全问题，如无法解决住宿，这也是妇联数据中为什么会关注到一半多的女大学生村官需要在复杂的农村环境中自寻住宿的问题，以及政府官员、村干部和女大学生村官都会担忧性别安全的问题根源所在。

三　县乡层面的共性问题

（一）人才选拔与地方需求不一致

　　从第一章表1—7可知，5省市中大学生村官所涉学科门类较多，其中经济学和管理学相差无几，分别为16.8%和16.6%，居于第一和第二；法学所占比例为13.4%，居于第三；工学所占比例11.0%，位列第五，而农学人才的比例只占了7.2%。学科比例一定程度反映出很多大学生村官的专业和农村发展不对口。而农村管理知识和专业技术不符合农村需要会导致大学生村官的心理落差。在专业对口是否会或多或少影响到其作用发挥的问题中，100%的调查对象回答是肯定的。专业技术不对口会使大学生村官心里盘旋着难以应付农村工作的情绪，导致大学生村官的积极性消退，进而影响到制度发挥作用。如果大学生村官擅长的专业技术能在农村发挥作用，这将是导引大学生提高积极性和发挥作用的最好点火器，当然仅从专业入手招募大学生村官会导致优秀人才进入农村的通道过于狭窄，但这显然需要考虑。

（二）增加了基层政府的管理成本

大学生村官制度的执行和大学生村官的管理工作增加了县乡政府的管理成本，一是直接支出费用，如各省中都有解决大学生村官的住宿问题，有的直接住在乡镇，有的直接住在村里。二是大学生村官的生活补助（即工资）主要由中央、省、市、县按比例分配，县层级需要负担一笔不小的开支。[①] 从调研数据可知5省市的县财政部门就要出一定的比例支付大学生村官的工资。三是各省的县组织部针对大学生村官都有专门管理机构，同样也增加了管理成本。如北京Y县成立的"引导和鼓励高校毕业生到农村工作管理办公室"；福建省X区的"党群干部管理科"。或者是在原有单位的基础上增加一块牌子变成专门管理机构，增加原有单位人手的工作。如甘肃省L县是挂靠在县组织部下的"组织组"；江西省X县是挂靠在县组织部下的"村建办"；江苏省R县是挂靠在县组织部下的"组织科"等。另外其他省份也还有县组织部的基层办或农村处等，每个地方组织部门的具体分工也不一样。四是地方政府没有专门管理大学生村官的经费和大学生村官服务期满后出路的编制。我们知道，大学生村官任职期间是没有编制的村级特岗人员，当合同期满后没有固定的编制留下来，还要通过各种考试，地方也要上报申请编制，自己没有特有的权利决定编制问题。

（三）借调大学生村官的时间过长

借调大学生村官对于基层政府是人力资源的补充，对于农村而言可能是人力资源的流失，对于大学生村官如果借调时间过久可能影响

---

① 如北京市Y县大学生村官的工资是由市：县＝1：1配套。甘肃省的比例是中央：省：市：县＝4：1：0：X，其中每一个大学生村官每年中央拨款20000元，省财政配套5000元，市一级不配套，另外按照甘肃省规定，大学生村官的工资不低于当地乡镇新录用的公务员转正定级后的工资，如果不足由县财政补贴。江西省的比例是中央：省：市：县＝15：5：2：1，而江西省的大学生村官按照省里的规定他们的工资标准和当地所在县事业人员编制一样，不足部分由县财政补贴。福建省大学生村官的工资规定不低于当地乡镇新录用的公务员转正定级后的工资，对于中央、省、市、县没有固定的比例，其中市、县是根据省里的配套再定，一般都是最优配套。如果大学生村官的工资没有达到所在地乡镇新录用的公务员转正定级后的工资的话，就由区、县财政补贴。

其在农村的锻炼。大学生长期借调到基层政府成为制度运行的常见问题，造成原因如下：

一是以目前各省村级集体经济发展情况看，能给大学生村官提供食宿的行政村还比较少，大部分大学生村官被安排在乡镇，与普通乡镇公务员同吃同住，使得大学生村官与村干部、村民有道天然的屏障。这样的客观现实就为乡镇借用大学生村官提供了必要的条件。

二是有的乡镇领导认为大学生村官整天待在村里无所事事，不如借到乡镇来打打字、抄抄表格等，对大学生村官来说也是工作锻炼；有些大学生村官有着自己的考虑，如果能借到乡镇，甚至县直部门工作，可以开阔眼界、接触许多领导、同事，为将来考录公务员或升迁奠定人际关系基础，在这种思想的驱动下，有些大学生村官还是很乐意被借用。

三是有的县直部门事情比较繁多，人员又不够，经常会采取到下属单位借用相关人员的办法减轻工作的压力，但正式的公务人员借用还需要一定的程序，相对比较麻烦，而借用大学生村官则只需要领导一句话或一个电话就可以了，认为村、乡镇领导一般不会有意见，也不会因为这事得罪人，在他们眼里大学生村官到哪里做事都是做，去留都无所谓。从现实情况来看，各地的县委组织部借用大学生村官比较多，而且是超过半年或一年的长期借用，这也给其他县直单位借用大学生村官找到了借口。

（四）大学生村官考核导向有偏差

大学生村官考核归纳起来主要是考核德、能、勤、绩、廉，但在实际工作中用这种方法很难分辨出大学生村官做得好坏。例如，大学生村官长期借调至基层政府，在村庄工作时间过短，如何考核这种情况。调研发现，各省的县乡村的考核在实行过程中并不完全统一，因为考核的标准和用什么去衡量大学生村官的实际工作都是一个比较复杂和困难的事情，甚至有些地方还制定了大学生村官之间互相考核的机制，造成大学生村官心理负担重的情况。这些问题一方面反映出整个考核机制的价值导向存在问题，另一方面考核应该从产生的实际贡献来衡量。

四 村庄层面的共性问题

（一）大学生村官融入乡村难

首先大学生村官难以融入村庄，一方面农村社会结构复杂，派系分明，外来大学生村官容易被排斥在外；我们知道，村庄是一个相对封闭的结构，大学生"空降"至农村很难融入其中。另一方面村干部、村民的宗族派系或血缘亲属等内生因素形成的社会结构，像"一道网"一样排斥外来的大学生村官。由村干部组成的权力结构，像"一扇门"一样将大学生村官隔离在农村权利场域外或成为村权代表的村干部的附属。譬如调研过程中经常能够听到大学生村官的抱怨，"我们就是外来的，现在要作为村庄的管理者，谁愿意听你的话，不配合又怎么管理"。同时也能听到众多村民质疑的语言，"大学生对我们不了解，我们也不熟悉他们，根本不可能把握得住复杂的乡村社会关系以及处理好乡村事务"。大学生村官的抱怨和村民的质疑恰恰符合乡村的实际情况。

从表4—7可知，50.6%的大学生村官认为自己只融入了村里一点，46.2%的大学生村官认为自己已经融入了村里，只有3.2%的大学生村官认为没有融入。根据调研得知，"融入一点"和"没有融入"的大学生村官大部分都被借调到乡镇工作，而那些"融入了"的基本上都在村里工作。正如北京市Y县村官办领导认为："大学生村官融入农村最终是要靠自己，一定要让大学生村官进农村，否则连融入的机会都没有，何谈融入问题。"

表4—7　　　　　　　　　您是否融入村里（%）

调研省市	没有融入	融入一点	融入了	合计
北京	2.2	11.6	6.2	20.0
甘肃	1.0	11.6	7.4	20.0
江西	0.0	9.8	10.2	20.0
江苏	0.0	9.0	11.0	20.0
福建	0.0	8.6	11.4	20.0
合计	3.2	50.6	46.2	100.0

（二）大学生村官创造实惠难

大学生村官基本上都是刚从高校毕业进入农村工作，除了自身没有什么相当大的能力外，还有几方面的原因：一是大学生缺乏对农村的认识；二是缺乏处理事情的社会经验。正因为缺乏对农村的认识和处理事情的社会经验，加上农村经济本身发展很难，所以大学生村官难于在短时间内给村民带来实惠。

五 大学生村官的问题

从表4—8可知，大学生村官面临的主要问题中，选择"待遇太低"的比例居于首位，在"缺乏外部支持"和"没有权利"选项中，选"困难较大"分别占32.4%和30.2%；缺乏经验、思路不被接受、所学专业不适用工作的要求、不能融入等也是大学生村官们所担心的问题，选择"有一点困难""困难较大""困难非常大"这三栏中5省市合计占了84.4%、75.6%、72.4%和60.8%；"生活条件艰苦"选项中，过半的大学生村官认为完全没有困难。

表4—8　　　　大学生村官在村里工作遇到的困难情况（%）

调研省市	选项	没有权利	难于融入乡村	专业不对口	村官政策变化	工作不被村庄接受	生活条件艰苦	待遇太低	缺乏经验	缺乏外部支持
北京	完全没困难	2.8	9.0	5.8	6.4	6.8	10.4	1.4	2.8	3.0
	有一点困难	9.4	9.6	11.2	8.2	9.6	5.8	5.8	12.4	8.8
	困难较大	5.2	1.2	2.6	3.6	3.4	2.6	6.8	4.2	5.4
	困难非常大	2.6	0.2	0.4	1.8	0.2	1.2	6.0	0.6	2.8
甘肃	完全没困难	3.8	10.6	9.2	8.4	7.2	10.0	7.4	6.0	4.6
	有一点困难	10.8	8.0	7.6	8.6	9.4	7.0	8.6	10.4	10.6
	困难较大	5.0	1.4	2.8	1.8	3.4	2.4	2.8	3.6	3.6
	困难非常大	0.4	0.0	0.4	1.2	0.0	0.6	1.2	0.0	1.2
江西	完全没困难	0.4	2.8	0.4	2.8	2.8	12.2	3.4	0.0	1.8
	有一点困难	5.6	15.2	13.4	7.6	15.6	4.4	6.4	12.4	1.2
	困难较大	13.8	2.0	5.0	8.4	1.6	3.4	8.8	7.6	17.0
	困难非常大	0.2	0.0	1.2	1.2	0.0	3.4	1.4	0.0	0.0

续表

调研省市	选项	没有权利	难于融入乡村	专业不对口	村官政策变化	工作不被村庄接受	生活条件艰苦	待遇太低	缺乏经验	缺乏外部支持
江苏	完全没困难	4.0	6.6	6.8	5.2	2.8	10.4	6.4	2.6	3.4
	有一点困难	13.8	12.2	9.4	13.4	15.0	8.6	10.0	11.4	13.6
	困难较大	1.6	1.2	3.8	1.4	2.0	1.0	3.6	5.4	3.0
	困难非常大	0.6	0.0	0.0	0.0	0.2	0.0	0.0	0.6	0.0
福建	完全没困难	4.6	10.2	5.4	3.8	4.8	12.0	9.2	4.2	3.4
	有一点困难	10.4	8.4	11.4	12.0	10.6	7.6	9.2	9.6	12.4
	困难较大	4.6	1.4	3.0	3.2	4.2	0.2	1.6	5.6	3.4
	困难非常大	0.4	0.0	0.2	1.0	0.4	0.0	0.0	0.6	0.8
合计	完全没困难	15.6	39.2	27.6	26.6	24.4	55.0	27.8	15.6	16.2
	有一点困难	50.0	53.4	53.0	49.8	60.2	33.4	40.0	56.2	46.6
	困难较大	30.2	7.2	17.2	18.4	14.6	9.6	23.6	26.4	32.4
	困难非常大	4.2	0.2	2.2	5.2	0.8	2.0	8.6	1.8	4.8
	合计	100	100	100	100	100	100	100	100	100

从表4—9可知，大学生村官在村里工作，顾虑最大的是大学生村官期满后的去处问题，在"顾虑较大"和"顾虑非常大"这两项中分别共占了34.2%和22.2%，在总比例中分别居于首位。对期满回到城市工作的不适应、影响在城市工作经验和资历积累的顾虑相对较少。由此可见，大学生村官在村里工作更为顾虑的是个人的去向问题。

表4—9　　　　大学生村官在村里工作的顾虑情况（%）

调研省市	选项	村官期满后去处	优惠政策的落实	任期满回到城市不适应	影响在城市工作经验和资历积累	任职期间能否发挥作用
北京	完全没顾虑	0.4	1.2	8.8	5.2	5.6
	有一点顾虑	4.6	6.6	6.8	7.8	10.2
	顾虑较大	4.0	3.6	1.8	2.8	1.4
	顾虑非常大	11.0	8.4	2.6	4.2	2.8

调研省市	选项	村官期满后去处	优惠政策的落实	任期满回到城市不适应	影响在城市工作经验和资历积累	任职期间能否发挥作用
甘肃	完全没顾虑	2.0	6.8	11.0	10.6	5.6
	有一点顾虑	8.0	8.0	5.8	6.0	11.4
	顾虑较大	5.2	4.0	2.6	2.8	2.4
	顾虑非常大	4.8	1.2	0.6	0.6	0.6
江西	完全没顾虑	0.0	0.4	10.0	6.8	0.8
	有一点顾虑	2.8	3.6	7.0	10.8	13.6
	顾虑较大	12.8	15.2	3.0	0.6	4.8
	顾虑非常大	4.4	0.8	0.0	1.8	0.8
江苏	完全没顾虑	4.2	5.6	9.6	9.8	2.6
	有一点顾虑	9.8	13.8	10.0	9.2	14.4
	顾虑较大	6.0	0.6	0.4	1.0	1.8
	顾虑非常大	0.0	0.0	0.0	0.0	1.2
福建	完全没顾虑	3.6	5.8	14.0	11.8	4.4
	有一点顾虑	8.2	10.4	6.0	7.8	11.6
	顾虑较大	6.2	3.4	0.0	0.4	3.8
	顾虑非常大	2.0	0.4	0.0	0.0	0.2
合计	完全没顾虑	10.2	19.8	53.4	44.2	19.0
	有一点顾虑	33.4	42.4	35.6	41.6	61.2
	顾虑较大	34.2	27.0	7.8	7.6	14.2
	顾虑非常大	22.2	10.8	3.2	6.6	5.6
	合计	100.0	100.0	100.0	100.0	100.0

结合统计数据和访谈问卷，大学生村官自身问题如下：

（一）与村民沟通难

大学生村官均接受过高等教育，不仅文化程度方面高于普通村庄群体，而且在生活习惯、文明素质方面也与村庄群体存在一定差异。这些差异一定程度影响了大学生村官在村庄生活工作中与村庄群体的交流。

北京市大学生村官 S：在风俗习惯方面，不同的地方存在一定的差异，不属于本地的大学生村官对当地风俗习惯不了解，会导致很多交流上的障碍；在个人素质方面，去景区游览看见很多村民随地吐痰和随地扔垃圾，心理上难于接受这些行为；在日常交流中，大家族的村民在村庄通常会有优越感，大学生村官和这些村民交流时会有障碍和难度。

（根据访谈记录整理，以下相同）

（二）无心扎根农村

根据5省市调研发现，大部分大学生把"村官"这一职业当作跳板，无心扎根于农村。我们知道，现在为了建设社会主义新农村，提高大学生村官的科学文化素质，国家及地方政府出台了很多优惠政策，鼓励优秀大学生去当村官。不可否认，一部分大学生还是有服务农村的理想的，但也有很多大学生在就业日益严峻的今天，采取把当"村官"作为跳板的行动策略去发挥自身的能动性，而这样的能动性又能改变农村多少状况呢？

（三）工资待遇较低

在5省市访谈中，大学生村官大部分认为自己的工资待遇低，很难解决生活问题。从表4—8中可知，针对"待遇太低"这一选项，5省市中分别共有40.0%和23.6%的大学生村官选择"有一点困难"和"困难较大"。而大学生村官待遇低以及对这个群体的认识不够，也导致近几年有的省份报考大学生村官人数比例出现了下降趋势，如北京市Y县以及江苏省R县都不同程度出现这种情况。

（四）再就业出路难

根据5省市的访谈和问卷反映，大部分大学生村官都对期满后的再就业问题感到有压力。

甘肃省大学生村官A：我们省2008年是第一届招聘大学生村官，我是2010年招聘的，但是以前省里规定的政策是2008—2009年这两届的大学生村官服务期满后直接转入事业编制，但是到我们这一届据说就不转了，所以我很担心将来合同期满后的去向问题。

北京市大学生村官 C：我们在农村待了 3 年后，并不是保证每个人都有工作分配的，而是要重新自己找工作，为了找到好工作，只能在大学生村官任职期间就要努力看书参加再就业考试，所以也很难静下心来在农村一心一意地工作。

北京市大学生村官 W：国家现在是对我们比较优惠，也给了大学生村官一些事业编制考试，但是毕竟僧多粥少，解决不了太大的问题，大学生村官更多的还是要靠自己。

（五）管理中的问题

有研究者认为一些大学生村官虽然下去了，但是却干不了，做不好，留不下。造成这种现象的重要原因之一是目前大学生选聘是事后招募，而不是事前定向培养（施心耕，2008：1）。从现有政策看，至少有些还不够清晰，例如谁是需求主体，谁是招募主体，两者的关系是什么？招募的标准和流程又是什么？造成的结果是村庄的干部和村民普遍反映"大学生村官学到的东西在我们这里用不上啊"，这对满腔热情的大学生的信心也是不小的打击。类似于此的管理问题可以列上一串，但重点来看至少要解决以下几个问题：

第一，在招募环节，大学生村官除自愿之外，必须采取定向招募的方法，不能简单地"拉郎配"，要以大学生的兴趣、专业和利益等多综合设计招募标准，反之，"大学生空有抱负，却无用武之地"的情况将在乡村反复地生产和制造。

第二，村官角色尴尬，有名无权导致难以作为。上面已经提及乡村权利多数来源于社会结构中，但是外部资源如政府的行政指令也可以对乡村权利产生重要影响，政府已经在尝试着让大学生村官成为村两委的人选，仅从赋权的角度来看，这是对大学生村官一个重要的身份支援，至少解决了"有官无名，有官无岗"的尴尬问题，但是这可能还不够，需要让大学生村官再担待一些力所能及的重任，比如管宣传、教育等。

第三，大学生村官的培训和培育规划缺失，国家相关部门已做过一些尝试，甚至农业部还建立了大学生村官培训基地，但是一调研就会发现，既无系统的培训体系，也无系统的培训课程，这对于不懂乡村的大学生村官群体的自我发展极为不利。

第四，大学生村官的生活管理不完善，"这么大的人是否在生活上需要管理"，一直受到地方政府和乡村群体的争议，实际不然，在我们去的很多乡村中，没有看到过一个大学生村官有一个相对温馨、干净的宿舍，多是两三人挤在村委会临时腾空的房间，办公和住宿合为一体，吃饭也是极其不规律，甚至很多人以方便面作为主要食物，这样极其艰苦的条件在时代的背景下考验着大学生，落下的病根是：谁也无心恋战于乡村这片广阔的天地。

第五，大学生村官并不是一块铁板，至少从性别切入就可以分为男、女大学生村官，但是从目前的政策还没有任何关于性别设计的条文，从农村复杂的情况看，让年轻的女大学生进驻乡村甚至是山村，无论是过去还是现在都会让人感觉惴惴不安，因此，这一点是需要在政策中作出合理的安排并对地方政府作出相关要求。

第六，大学生村官的出路还是一个悬而未决的问题，前文提到的"五条路"是路路艰难，奇怪的是大学生村官对考公务员、考研究生等路径非常上心，但问题的答案却一点也不奇怪，一是创业和在市场上择业一点优势都没有，二是考公务员等对大学生的村官经历有一些特殊的照顾倾向，但最为重要的一点是有 2—3 年坐下来复习的时间，这种相对宽松自由的环境适宜这种选择。

小　结

根据本章分析可以得出如下结论：

一是各级政府不遗余力地推动大学生村官制度。中央政府制定的相关政策和各级政府配套实施的各项政策、各种措施都反映出国家大力推行大学生村官制度的决心。

二是大学生村官制度的层级性执行以及失真性、真实性表达的整体逻辑。

大学生村官制度是中央高位推进，沿着中央、省、市、县、乡和村的执行路径不断地被再规划和细化，地方会根据相应的特色和实际情况进行具体化处理和相对的自由裁量，最终形成不同地方、不同特点的大学生村官制度，形成了大学生村官制度执行的层级性。大学生村官制度在各层级性执行的时候容易出现与政策设计初衷的偏差，包括真实性执行，指围绕中央制定制度的目的，综合考虑地方具体情况，因地制宜的制度创新，应该鼓励；失真性执行指公共政策在执行过程中出现与政策内容不符、偏离政策目标、违背政策精神的现象，应该有相应的措施进行纠偏。

三是大学生村官制度的实施逻辑取决于实施大学生村官制度的主体的逻辑。

首先，该制度的推动还处在由中央政府主导和控制的阶段，从制度的内容和出发点看，中央和地方高度一致，但是不一致表现出来的博弈往往成为制度推进和完善的源动力之一。

其次，地方是由省、市、县、乡等构成，不同层级的利益出发点也有不同之处，博弈的结果往往会通过省一级向中央提出诉求，这些诉求如果是在中央的制度框架或者制度实施的目标框架下，往往能起到"诱致"中央政府默认、许可甚至推广（林毅夫，1994：390—393）。

再次，乡村是制度发挥作用的目的地，其社会结构对大学生村官制度作用发挥具有直接影响，制度设计吻合或很大程度吻合乡村的特色情况，制度的运行会更加顺畅；反之，则表现为与县、乡尤其是乡政府进行直接博弈，自下而上地对制度结构产生冲力，这种冲力与地方政府自上而下的控制力交互作用形成的一种合力，在很大程度上也决定了大学生村官制度的演进进程。

最后，涂尔干的集体意识也说明，大学生村官代表谁不是个人意识，是因为集体上的排斥，以至于个体无从适应只能代表自己。正如前面所述国家和村庄这一对二元结构的张力造成的，既没有呈现出入驻村庄的国家代理形象，也没有出现引领村庄发展和代表村庄的现象，这种状况必然掣肘这一制度发挥效用。目前现代社会的最大特点是集体意识衰弱，也即是社会主流价值缺失，很容易陷入对于经济利益的追求，而大学生村官大部分是为了自身利益等导致大学生村官集体意识薄弱，因此也很难融入村庄，所以，大学生村官入村之后，上无法代表国家，下无法代表村庄，导致大学生村官出现国家和村庄"两不靠"的现象，以及大学生村官只能代表自身背后的个体逻辑，同时也决定了大学生村官只能代表自身的走向。换句话说，正因为集体力量缺失，导致大学生村官只能夹缝中求发展，只能代表他们自己。

四是大学生村官制度运行的相关问题。

第一，结构问题。从结构与行动看，不同的层级行动者的利己行为汇聚为一个行动集，其导致的问题也会形成一个问题集，也就是结构的失真问题。从国家与社会看，这个博弈的结构在某些方面是不利于大学生村官在乡村获得实际权利，妨碍了制度积极目标的实现。从中央与地方、乡村内外结构看，这个二元结构中都存在与制度实现积极目标相反的利益，使制度出现一定程度的偏离。

第二，制度整体。大学生村官有名无权、形式上进两委、任职时间太短、缺乏就业保障、创业出路虚设、缺乏女性视角等。

第三，县乡层面。人才选拔与地方需求脱节、基层政府的管理成本增加、借调大学生村官进基层政府工作、考核机制等。

第四，村庄层面。融入乡村难、难给村民带来实惠等。

第五，大学生村官。对农村工作认同感不强、自身能力与乡村工作脱节、缺乏人脉和外部支持、缺乏赋权和发展机会、将村官工作当作跳板、无心扎根、待遇低、再就业问题、大学生村官管理等。

第五章　大学生村官制度实施的实效分析

大学生村官制度的实施效果一直为社会关注，归纳起来包括两个方面：一是该制度的主要目标是否在逐步推进？效果如何？二是争议该制度是否是国家在乡村权利进一步固化的重要措施？实施后是否进一步固化了？从第一个方面看，主要表现在农村治理、农村发展、缓解就业、人才培养等方面，如制度在一定程度上改变了乡村干部的年龄和知识结构，在农村传统管理向现代管理模式转变中发挥了作用，增加了县、乡镇、乡村人手，丰富了乡村文化等。从第二个方面看，目前没有发现大学生村官制度使国家权利在乡村进一步固化的现象，更多表达是从过去农村政策的"管控"向"服务"转变。本章主要从第一方面的评价和分析入手，深入探讨大学生村官制度实施的实效。

第一节　大学生村官制度的整体实效

综合考虑大学生村官制度制定的主要目标和调研过程中的发现，选择"人才培养""农村发展""农村治理""缓解就业"作为制度实效评价的四个方面。基于制度实施难于对各方面并重，邀请了不同群体对这四个方面的重要性作排序，为制度实施目标的优先序提供依据。

针对不同行动者，在访谈中请县组织部和乡镇相关领导、村干部以及大学生村官分别对"人才培养""农村发展""农村治理""缓解就业"这四个方面进行制度发挥作用的重要性排序，目的是为下一步制度实施的目标制定优先序提供依据。具体数据如表5—1、表5—2、表5—3所示。

表5—1　　　　政府部门（县组织部＋乡镇部门）针对此
4项排序各占百分比汇总（％）

排序各占百分比	人才培养	农村发展	农村治理	缓解就业
排名第一位	67	13	13	7
排名第二位	27	33	27	13
排名第三位	0	40	40	20
排名第四位	7	13	20	60
合计	100	100	100	100

从表5—1中排序比例可知，在排名第一位的选择中，人才培养的选择比例最高为67％，基本没有争议；在排名第二位的选择中，农村发展的选择比例最高为33％，略高于人才培养和农村治理；在排名第三位的选择中，农村发展和农村治理的比例最高，且选择比例均为40％，访谈结果更加侧重于农村治理；在排名第四位的选择中，缓解就业的比例最高为60％，基本没有争议。这些数据与访谈中的结果基本一致，县组织部与乡镇部门等基层政府组织认为四个方面的重要性排序结果为：人才培养、农村发展、农村治理和缓解就业。

表5—2　　　　村干部针对此4项排序各占百分比（％）

排序各占百分比	人才培养	农村发展	农村治理	缓解就业
排名第一位	43	53	0	3
排名第二位	43	27	20	10
排名第三位	7	20	67	7
排名第四位	7	0	13	80
合计	100	100	100	100

从表5—2中排序比例可知，在排名第一位的选择中，农村发展

的选择比例最高为53%；在排名第二位的选择中，人才培养的选择比例最高为43%；在排名第三位的选择中，农村治理的比例最高为67%；在排名第四位的选择中，缓解就业的比例最高为80%。对于村民而言，这些数据与访谈的结果基本一致，村干部认为四个方面的重要性排序结果为：农村发展、人才培养、农村治理和缓解就业。

表5—3　　　　　　大学生村官针对此4项排序各占百分比（%）

排序各占百分比	人才培养	农村发展	农村治理	缓解就业
排名第一位	47	40	0	13
排名第二位	37	27	27	13
排名第三位	13	23	50	10
排名第四位	3	10	23	63
合计	100	100	100	100

从表5—3中排序比例可知，在排名第一位的选择中，人才培养的选择比例最高为47%，略高于农村发展的比例；在排名第二位的选择中，人才培养的选择比例最高为37%，农村发展和农村治理的比例相同，均为27%；在排名第三位的选择中，农村治理的比例最高为50%；在排名第四位的选择中，缓解就业的比例最高为63%。访谈中发现，人才培养排名第一位基本无异议，第二位更加侧重于农村发展。综合数据和访谈结果，大学生村官认为四个方面的重要性排序结果为：人才培养、农村发展、农村治理和缓解就业。

综上所述，基层政府和大学生村官均认为人才培养是政策的首要目的，如福建省X区组织部副部长说："现在我们整个干部队伍缺乏基层锻炼，以前有知识'青年上山下乡'，对人才培养锻炼是很好的方式。就目前干部成长的轨迹来讲，大学生毕业后到最基层的农村锻炼成长，这对个人培养来讲有帮助；从我国干部队伍的建设、储备一批人才、培养接班人才的角度来讲也是非常有必要的。"又如江西省大学生村官L认为："大学生村官政策就是为大学生提供机会到农村基层进行锻炼和培养。"但是村干部基于村庄发展需要的本位考虑，农村发展应该作为制度的首要目的。如江西省 X 县 X 村的干部认为："实行制度的目的就是为农村发展助力，所以应该首先关注大学生村官对农村发展的作用。"

重要性排序除第一位和第二位有所争议，其他均一致，分别为农村治理和缓解就业。

一　大学生村官制度评价指标体系建立

如何量化大学生村官制度的实效一直是个难题，且大学生村官制度仅仅是新农村建设中的制度之一，乡村发展的程度往往取决于各项制度政策的合力，因此，难于采集定量数据来体现该项制度的贡献度。为更好评测大学生村官制度，只能采取定性表达转化为定量方式，通过模糊评价对制度实施效果进行整体实效分析。

大学生村官制度评价指标体系（表5—4）：结合新农村建设指标体系，根据制度定位及大学生村官发挥的作用，从农村治理、农村发展、缓解就业以及人才培养四个方面建立本研究的评价体系，并针对四个方面的内涵，设定了不同侧重的评价要点，如农村治理方面侧重考核大学生村官及制度在促进基层组织发展、提高村两委决策水平、民主管理水平和办事效率等方面的作用。

邀请评价的群体选择：对大学生村官制度发挥作用的评价，主要选择村干部、村民和大学生村官进行评价。研究初衷拟选择政府官员作为评价的对象，但是由于人数太少，一个县的主管领导大致3—5人，乡镇也是如此，难于进行分析，主要是进行访谈。

设定评价的档次：四个方面的侧重不同，决定了评价档次不同。对农村本身发展的作用的评价更多取决于乡村干部和村民的实际体验和感官，所以"农村治理"和"农村发展"两方面设定"非常大""比较大""一般大""没有作用"四个档次进行评价。"人才培养"和"缓解就业"的评价主体主要是政府和高校等部门，放在此进行考核主要是听一听村庄不同群体和大学生村官的直观感受，所以这两方面的评价仅仅设定了"有"和"没有"两个档次。

表5—4　　　　　　　　大学生村官制度评价指标体系

指标	评价要点
农村治理	侧重于考核大学生村官及制度在促进基层组织发展、提高村两委决策水平、民主管理水平和办事效率等方面的作用
农村发展	侧重于考核大学生村官及制度在乡村文化发展、经济发展、社会发展等方面的促进作用
缓解就业	侧重于大学生村官制度是否在一定程度缓解了就业并成为就业缓冲带
人才培养	侧重于大学生村官制度是否培养了人才，并逐渐变成知农村、懂农村的人才培养蓄水池

二　对大学生村官制度实效的整体评价

从村干部、村民和大学生村官对大学生村官制度的评价看，结果较为一致。其中，农村治理和农村发展两个方面，三个群体的评价主要集中在"比较大"和"一般大"，认为"基本没有作用"的较少；人才培养和缓解就业两个方面，三个群体的评价主要集中在"有"的选项。具体见表5—5、表5—6、表5—7。

表5—5　　　　　村干部对大学生村官制度的评价集（%）

评价指标	非常大	比较大	一般大	基本没有作用
农村治理	15.0	44.3	37.7	3.0
农村发展	51.1	21.1	17.8	0.0
评价指标	有作用		没有作用	
人才培养	90.1		9.9	
缓解就业	88.2		11.8	

表5—6　　　　　村民对大学生村官制度的评价集（%）

评价指标	非常大	比较大	一般大	基本没有作用
农村治理	10.4	39.0	39.6	11.0
农村发展	40.8	34.4	21.8	3.0
评价指标	有作用		没有作用	
人才培养	88.4		11.6	
缓解就业	84.5		15.5	

表5—7　　　　　大学生村官对大学生村官制度的评价集（％）

评价指标	非常大	比较大	一般大	基本没有作用
农村治理	14.2	43.2	36.6	6.0
农村发展	12.8	46.0	37.2	4.0
评价指标	有作用		没有作用	
人才培养	96.2		3.8	
缓解就业	73.8		26.2	

在访谈中，省、县、乡三级政府对大学生村官制度均持肯定态度，尤其是县乡基层政府，均认为：一是补充了基层政府和农村的人力资源；二是成为政府和乡村的桥梁；三是素质高，执行能力强。如北京市 Y 县村官办领导认为："大学生村官政策对农村发展肯定有作用，如果现在取消大学生村官政策，村里一些工作难以开展。目前，村庄里有文化的年轻人都外出务工，留守的都是老弱病残，文化水平低，大学生村官在这样的情况下来到农村工作是重要的人才补充，并且在国家其他的农村政策执行方面发挥了重要作用。如党建工作、农村医保和社保等政策执行、各种资料整理归档等。"总体来说，对大学生村官制度实效的整体评价如下。

（一）改变农村干部的年龄和文化结构

大学生村官在年龄和文化层面改变了村干部结构：

1. 改变年龄结构

从第一章表1—5可知，大学生村官年龄分布在21—33岁之间，主要以24—26岁为主，30岁以上仅占2.2%，可以得知大学生村官年龄比较年轻。从第一章表1—10可知，村干部年龄主要分布在41—50岁之间，占了55.6%，20—30岁的村干部共仅占2.2%，可以得知村干部年龄偏大。因此，大学生入村为官可以改变村干部的年龄结构。

2. 改变知识结构

从第一章表1—6可知，大学生村官的文化程度中本科生占92.4%，硕士占2.2%，本科学历的大学生村官为主力。相比较而言，村干部多为初高中文化水平，甚至一些村干部只上过小学或者没有上过学。大学生村官的知识能力在实践中发挥了重要作用：在与上级政府衔接、撰写材料等方面，大学生村官就发挥了重要作用。如北京市唐村的书记说："农村干部毕竟是农民出身，文化程度偏低，大体意思也许能够说准，但是'添个叶，加把草'写出来，就很难添好加好。交付给大学生村官，比如写份申请，只要说说意思，他们很快就能写好。"在信息社会，电脑成为办公的基本工具，这对于村干部而言是重要挑战，大学生村官的到来显然弥补了这一问题，如福建璜村书记说："多数村干部都不会操作电脑，现在均交由大学生村官负责。"

（二）发挥现代化知识对农村管理作用

1. 提高农村信息化水平

信息化管理是农村的一个弱项，多数村委会的电脑成为摆设或玩游戏的机器，大学生村官进村改变了这一状况。从村干部问卷调研可知，5 省市共有 84.4% 的村干部认为大学生村官"提高了农村信息化水平"。从大学生村官问卷调研中可知，5 省市中共有 78.9% 的大学生村官认为达到了"提高村信息化水平"。从村民问卷调研中可知，5 省市中共有 57.2% 的村民认为大学生村官对农村信息化这方面"十分有作用"。基层政府的相关领导也肯定了这一事实，如甘肃省 W 镇的书记认为："在电脑方面农民和村干部就不行，比如农民需要查找资料，看市场的价格怎样，但是不会上网，而大学生村官行。"

2. 对基层党建发挥了作用

大学生村官对基层党建的贡献主要包含两层意思，一是促进基层党建工作更加规范化，例如，5 省市中共有 46.7% 的村干部认为大学生村官在这方面的贡献很大；二是长久以来农村的党员队伍存在年龄结构大和知识层次低的现象，大学生村官的加入为农村党员队伍输送了新鲜血液，例如，5 省市中共有 42.2% 的村干部认为大学生村官是基层党员队伍的有益补充。

（三）增加基层政府与农村管理的人手

农村欠发展是区位、资源、人才、历史、工业发展等多因素情况

导致，其中人才缺失、人手短缺也是重要的原因，大学生村官制度能
有效缓解这一问题。县、乡、村的工作千头万绪，工作人员人手不够
是由来已久的问题，这也是大学生村官被频繁从村中借调的重要原
因。因此，国家推行的大学生村官制度从某方面讲也是对各县、乡
镇、乡村的人才的补充。如甘肃省 L 县组织部副部长认为："甘肃省
在 2008 年刚开始选聘大学生村官必须是学校学生会的干部、班干部
和优秀学员，所以挑选的大学生村官在这一代年轻人当中属于精英，
因此对农村人才欠缺问题可以有效缓解。"

（四）一定程度丰富了农村的文娱生活

根据 5 省市问卷调研可知，大学生村官经常在村里组织文化体育
娱乐活动，丰富了农村的生活。如村民二胡培训班、电脑培训班、歌
舞培训班等，给村民带来新鲜的知识。在村干部问卷中，5 省市共有
82.2% 的村干部认为大学生村官组织了村民培训；共有 93.3% 的村干
部对大学生村官组织村里的文化体育娱乐活动持肯定态度。北京市唐
村的妇女主任说："村庄没有大学生村官时，写字基本靠手写，大学
生村官来到村庄，着手为村民设计计算机培训课程，如今很多村民已
添置家庭电脑并学会上网查资料。另外，村会计年纪很大，对电脑知
识一窍不通，大学生村官会用统计方法帮会计制成表格，省事又省
力。"甘肃省靛村书记说："自从大学生村官来到村里后，组织村民唱
歌跳舞，宣传党的政策，丰富老百姓的文化生活。带头把大家组织起
来，组建了一个村的曲艺协会，加强党的政策，现在有 50 个人在县
级周边的乡演出，每年演出 20 多场，还做成碟片发放给全县乡镇。"

通过 5 省市调研得知，大学生村官制度对农村起到了一定的作
用，而且大学生村官文化水平普遍高于村干部，通过农村锻炼，进一
步了解农村。因此，在访谈中不管是县组织部、乡镇领导、村干部及
村民都希望能尽量留住大学生村官作为当地人才的补充。福建省 X 区
组织部副部长希望："当大学生村官考上公务员后，解决他的出路问
题后，希望他们能继续留在村里当村官，发挥他们的作用，有可能的
话可以让他们当副书记或书记，这样可以培养一些基层干部。等干了
几年后可以从这里面选拔一些好的到乡镇领导班子，进入领导层。所

以如果能留下来就尽量留下来，政策上能解决就尽量解决。"

综上所述：

第一，整体看大学生村官制度产生了一定效果。例如，大学生村官在一定程度上改变了乡村管理结构，包括干部的年龄结构和知识结构，在农村传统管理向现代管理模式转变中发挥了作用，在乡村文化建设方面发挥了重要作用，提高了当地信息化水平、组织当地文体娱乐活动，大大增加了县、乡镇、乡村人手，弥补了长期以来基层政府人手不足等现象。

第二，不同的制度主体对大学生村官在不同领域发挥的作用持不同态度。政府部门更加强调制度培养人才，支撑农村发展的长远战略目的；村庄干部和村民多从本位主义出发，更加强调制度对农村发展的作用；大学生村官与政府部门基本一致，强调制度提供了一个知农村、懂农村的平台。

下面将分别从大学生村官制度对农村治理、农村发展、缓解就业、人才培养四个方面的实效逐个分析。

第二节　农村治理的实效分析

长期看，中国农村治理的核心问题之一是国家与乡村社区在农村发展中资源支配的权力天平上如何平衡。现阶段，实施村民自治就是强调一定程度增加乡村自身在乡村经济社会发展中的权利。综合考虑农村治理的内涵和大学生村官参与的工作，本研究主要选择评价大学生村官参加村两委、基层党建、促进农民合作社等基层组织的工作以及做出的贡献，开展大学生村官制度对农村治理的效果研究。

一　对农村治理的整体实效分析

（一）农村治理评价指标体系建立

农村治理中存在的问题很多，且不同资源地区有不同的表现，如治理能力区域性不均衡，村民参与主体的自治体制问题，群体性事件，事权和财权严重不对称的问题，村委会和党支部两张皮，村级自治组织之间的冲突等都是农村治理的问题（见表5—8）。

表5—8　　　　　　　　　　农村治理评价指标体系

评价指标	评价要点
促进民主管理	加入村两委（民主决策），基层党建（调适村委和党支部之间的关系等）
推动农村公共物品建设	农村的农田水利、道路建设等方面（设计、建设、使用等方面）
培育村民的自治组织	在农民合作组织中的作用（保障农民利益、提高农民知识技能、促进农业现代化、发展农业经济等方面）
处理群体性事件	农村征地、争夺水、土地等资源产生的群体性事件

　　邀请评价的群体选择：对大学生村官制度在农村治理方面发挥作用的评价，邀请评价的主要包括村干部、村民和大学生村官。政府官员因为人数较少采取深度访谈形式。

　　评价要点和评价的档次：选择"促进民主管理""推动农村公共物品建设""培育村民的自治组织""处理群体性事件"作为评价指标，每一类指标均设有不同的评价侧重点，如"促进民主管理"的要点侧重于加入村两委发挥的作用（民主决策），基层党建（调适村委和党支部之间的关系等）。同时，评价档次设定"非常大""比较大""一般大"和"基本没有作用"四档，以在程度方面能够区分制度在农村治理的各方面的实效。

　　（二）对农村治理实效的整体评价

　　通过对村干部、村民、大学生村官的调研数据可知（表5—9、表5—10、表5—11），三个群体的评价结果较为一致，"促进民主管理"和"培育村民的自治组织"两方面的作用较大，且选择"非常大"的作用的比例保持在20%左右，认为"基本没有作用"的比例比较小，均在10%以下。"推动农村公共物品建设"和"处理群体性事件"两方面的作用相对较小，选择"基本没有作用"的比例维持在30%左右。

表 5—9 村干部对农村治理的评价集 （%）

评价指标	评价			
	非常大	比较大	一般大	基本没有作用
促进民主管理	20.0	39.2	37.2	3.6
推动农村公共物品建设	8.0	26.4	42.5	23.1
培育村民的自治组织	18.0	41.5	36.5	4.0
处理群体性事件	6.7	26.2	40.1	27.0

表 5—10 村民对农村治理的评价集 （%）

评价指标	评价			
	非常大	比较大	一般大	基本没有作用
促进民主管理	15.0	33.3	40.2	11.5
推动农村公共物品建设	5.0	21.0	39.4	34.6
培育村民的自治组织	15.0	35.7	35.0	14.3
处理群体性事件	5.2	22.8	38.0	34.0

表 5—11 大学生村官对农村治理的评价集 （%）

评价指标	评价			
	非常大	比较大	一般大	基本没有作用
促进民主管理	18.0	38.2	38.1	5.7
推动农村公共物品建设	5.0	23.0	39.6	32.4
培育村民的自治组织	18.0	39.0	34.7	8.3
处理群体性事件	7.2	26.0	40.8	26.0

　　通过以上表格可知，大学生村官制度在推动农村社区公共物品建设和处理群体性事件等农村治理方面发挥的作用并不大，但在促进民主管理，如村两委和基层党建工作和培育村民的自治组织即参加农民合作组织方面相对贡献较大。下文将从大学生村官参加村两委、基层党建、农民合作组织等工作的三个方面进行 5 省市调研数据比较分析。

二　对村两委工作的实效分析

各地大学生村官进入村两委的情况并不一致，部分省如江苏省执行该政策比较早，其中有些地市在 2009 年就开始组织大学生村官进入村两委的工作，如江西省的一些地市在 2010 年后开始此项工作，但是部分省的一些地方还没有启动该项工作。五个调研省也存在类似情况。大学生村官进入村两委的形式也有区别，有些地方采取的是大学生村官在村庄任期满一年后，参加选举的方式进入，有些地方采取的是大学生村官直接进入村两委任副书记或副主任等方式，还有些地方在探索采取"实习书记""海推直选""三公一评"等多种方式，推动了大学生村官进入村两委。

研究通过"是否了解大学生村官进入村两委的政策""所在的村庄是否开展大学生村官进两委的工作""是否已经加入村两委"三个问题调研大学生村官，获得 5 省市大学生村官进入村两委的基本情况，具体如下。

从表 5—12 可知，5 省市中大学生村官对进入村两委政策"十分了解"占 11.0%，"比较了解"占 45.6%，其中，"十分了解"和"比较了解"这两项之和，江苏省占 17.4%，居于首位，福建省其次，占 14%。5 省市中占 65.6% 的村庄开展了大学生村官进村两委的工作（表 5—13），其中，甘肃省和江苏省分别占 18.4% 和 18.0%。北京市和江西省分别有 12.6% 和 11.2% 的村庄没有开展大学生村官进入村两委的工作。

表 5—12　**大学生村官问卷：是否了解大学生村官进入村两委的政策（%）**

调研省市	十分了解	比较了解	了解一些	不太了解	不了解	合计
北京	1.4	3.6	8.8	5.8	0.4	20.0
甘肃	2.8	9.8	5.2	1.8	0.4	20.0
江西	1.6	6.0	8.0	4.4	0.0	20.0
江苏	3.0	14.4	2.6	0.0	0.0	20.0
福建	2.2	11.8	4.8	1.2	0.0	20.0
合计	11.0	45.6	29.4	13.2	0.8	100.0

表5—13　　　　　大学生村官问卷：所在的村庄是否
开展村官进两委的工作（％）

调研省市	是	否	合计
北京	7.4	12.6	20.0
甘肃	18.4	1.6	20.0
江西	8.8	11.2	20.0
江苏	18.0	2.0	20.0
福建	13.0	7.0	20.0
合计	65.6	34.4	100.0

从表5—14可知，5省市有36.6％的大学生村官进入了村两委，这说明本村开展了大学生村官可以进入村两委的政策，但真正进入的人数不到一半。其中北京市加入村两委的比例最低，占0.8％，而甘肃省占最高，达到17.6％，这和省里的政策有关，因为甘肃省选聘大学生村官到村里任职，如果是党员通过党内选举直接任命为村党支部副书记，代表直接进入村两委。

表5—14　　　　大学生村官问卷：是否已经进入村两委（％）

调研省市	是	否	合计
北京	0.8	19.2	20.0
甘肃	17.6	2.4	20.0
江西	4.6	15.4	20.0
江苏	7.8	12.2	20.0
福建	5.8	14.2	20.0
合计	36.6	63.4	100.0

从调研的五个省份来看，各地已经陆续地执行大学生村官进入村两委的政策，执行的时间有先后差别。在执行该项政策的地区，具备任职资格的大学生村官多数能够按照程序进入村两委工作。调研地点的村书记和村主任均表示：大学生村官进入村两委的政策，是件有利于村庄发展的好事，村庄将不遗余力地执行，碰到问题将尽量做好干

部和村民的思想工作。

（一）留住和用好人才的重要途径

1. 地方政府的看法

调研省份的地方官员多数都同意优秀大学生村官担任村"两委"干部，认为这是农村"留住人才、用好人才"的重要途径，有利于激活村班子、利于农村治理，对于更好地开展农村工作也有一定帮助。

北京市 Y 县村官办的副局长表示：国家积极鼓励大学生村官进村两委，这对农村建设和治理至关重要。本县有很多大学生村官是本地人，进入村两委后可以更好地融入村里，更容易被当地村民认可。

2. 村干部的看法

村干部所持的三种观点：一是支持，认为进入村两委能给大学生村官提供一个发挥作用的平台；二是反对，认为大学生村官处理村庄具体事务的能力不够，担任有文化、善书写等特征的工作较为适宜；三是认为双方需要互相适应认可，大学生村官通过一段时间的能力锻炼，熟悉农村之后，可以根据村庄的认可选拔和自愿情况进入村两委工作。

从表 5—15 可知，5 省市有 82.2% 的村干部是支持大学生村官进入村两委的，17.8% 的村干部持不支持观点。支持的原因，有一半以上的村干部认为"大学生村官进入村两委能更好地发挥作用"，认为"能分担村干部的工作"。不支持的原因，村干部认为"这种政策不符合农村情况"，认为外来大学生村官不熟悉村庄风土人情，对于村庄重要事务，很难做出决策并执行。

表 5—15　　**村干部问卷：是否支持大学生村官竞选村两委（%）**

调研省市	支持	不支持	合计
北京	15.6	4.4	20.0
甘肃	20.0	0.0	20.0
江西	20.0	0.0	20.0
江苏	20.0	0.0	20.0
福建	6.7	13.3	20.0
合计	82.2	17.8	100.0

综合问卷和访谈结果，可以看出村干部在政策上均持支持态度（与问卷数据相符），但更侧重于认为大学生村官应该有一个双方适应和认可过程后，再行加入，效果更为显著。

3. 村民的看法

从表5—16可知，5省市55.2%的村民十分赞成大学生村官进入村两委，5.0%的村民不赞成，4.8%的村民持无所谓意见。在村民访谈中大部分村民十分赞成大学生村官进入村两委，对年轻的大学生村官有期望。

表5—16　　　　　村民问卷：是否赞成大学生村官进入村两委（％）

调研省市	十分赞成	比较赞成	不赞成	无所谓	合计
北京	10.4	6.2	1.4	2.0	20.0
甘肃	12.0	6.6	1.2	0.2	20.0
江西	10.8	7.4	0.8	1.0	20.0
江苏	10.4	9.2	0.2	0.2	20.0
福建	11.6	5.6	1.4	1.4	20.0
合计	55.2	35.0	5.0	4.8	100.0

4. 大学生村官的看法

大学生村官对进入村两委主要有三种态度：一是持肯定态度，认为大学生村官进入村两委后会对农村发展产生积极作用；二是持否定态度，认为大学生进入村两委不仅难以发挥作用，而且容易陷入尴尬局面；三是持中立态度，认为进不进村两委并不是最重要的事情，关键是大学生村官是否有能力处理事情和村庄是否肯放手让大学生村官去处理事情等。

（二）补充人才与提高信息化水平

大学生村官刚经历第一轮五年计划，执行大学生村官进入村两委的政策多数是在2010年后进行，甚至很多不具备条件的地方还没有执行该项政策。由于制度实施时间较短，很难对大学生村官进入村两委的作用进行定量评价，多数方面仅能通过访谈了解大学生村官在不同点上的作用。

我们知道,大学生村官多数处于 25—30 岁,而村干部多数处于 40 岁以上,一些地区的村干部尤其是主任和书记达到 60 岁左右,所以大学生村官的加入在一定程度上改变了村两委干部的年龄结构,使得村两委干部年龄年轻化。

另外,多数村两委干部尤其是一定年龄的村委干部都不具备电脑知识。如各省调研中大部分县镇领导都认为现在很多村干部都不太懂电脑,村干部自身也这样认为。所以大学生村官的到来使得村干部的信息化水平整体得到提高。

总体来看,各省基本认可已进入村两委的大学生村官,认为在农村治理方面或多或少发挥一些作用,特别是科学决策和执行事情方面更易于和现代管理方式结合;对于大学生村官而言,进入村两委后更有名份、更有权利、更有机会参加村里重要事情的讨论,增强在村民中的威望和得到村干部的重视,能够获得更多表达观点和想法以及发挥才能的机会。

三　对乡村党建工作的实效分析

基层党建工作的目的是通过"保先"教育,整体促进基层党组织和党员干部保持先进性。乡村党建是基层党建的重要组成部分,工作重点是:有效提高基层党组织执政能力,增强村干部整体素质,帮助村庄村民提高致富能力。乡村党建工作主要是在乡镇政府的指导下开展,各乡镇政府内设党建办公室。多数大学生村官被安排参加乡村党建工作,并成为乡镇党建办公室临时的、重要的工作人员。

从表 5—17 和表 5—18 可知,5 省市中大学生村官基本对党建方面的政策法规都有一定的了解,62.6% 的大学生村官十分了解和比较了解,其中,江苏省居首位,占 18.6%;不太了解这一栏 5 省市中仅有 4.2%。在是否参与基层党建中,主动积极参与和经常参与的 5 省市占 69%,江苏省此项占 19.4%,位居第一;而从未参与这一栏 5 省市仅有 3.6%。5 省市的数据说明县里和乡镇党建这方面工作做得比较到位，也证明了各省中大部分大学生村官都参与了村基层党建事务。

表5—17　　大学生村官问卷：是否了解村庄党建政策（%）

调研省市	十分了解	比较了解	了解一些	不太了解	合计
北京	1.4	9.6	8.2	0.8	20.0
甘肃	3.6	9.2	6.4	0.8	20.0
江西	0.0	4.0	13.8	2.2	20.0
江苏	3.6	15.0	1.4	0.0	20.0
福建	3.6	12.6	3.4	0.4	20.0
合计	12.2	50.4	33.2	4.2	100.0

表5—18　　大学生村官问卷：是否参与村基层党建事务（%）

调研省市	主动参加	经常参与	偶尔参与	从未参与	合计
北京	3.2	8.8	7.4	0.6	20.0
甘肃	6.6	7.4	4.6	1.4	20.0
江西	0.4	5.4	12.6	1.6	20.0
江苏	5.4	14.0	0.6	0.0	20.0
福建	7.4	10.4	2.2	0.0	20.0
合计	23.0	46.0	27.4	3.6	100.0

目前，涉及大学生村官的乡村党建工作主要包括加入乡村党组织、制订计划、档案建设、政策宣传、组织活动、发动群众等工作等。从统计数据看，更多的大学生村官主要从事的还是宣传政策和建立档案等事宜，分别占73%和72.8%（详见表5—19）。

表5—19　　大学生村官问卷：参与基层党建的具体工作（%）

调研省市	宣传政策		组织活动		建立档案		发动群众		其他	
	是	否	是	否	是	否	是	否	是	否
北京	11.5	8.5	10.6	9.5	15.2	5.0	4.3	15.8	0.0	20.2
甘肃	16.4	2.9	8.7	10.6	11.6	7.7	5.4	13.9	0.0	19.3
江西	11.4	7.7	8.5	10.6	14.3	4.8	3.5	15.6	0.2	18.9

调研省市	宣传政策		组织活动		建立档案		发动群众		其他	
	是	否	是	否	是	否	是	否	是	否
江苏	15.4	5.4	14.5	6.3	14.1	6.6	10.0	10.8	0.0	20.7
福建	18.3	2.5	14.3	6.4	17.6	3.1	8.3	12.4	0.2	20.5
合计	73.0	27.0	56.6	43.4	72.8	27.2	31.5	68.5	0.4	99.6

注：表中的数据是除去 5 省市"从未参与"的 3.6% 数据算出的有效百分率。

总体而言，不同的行动者主体认为大学生村官对乡村党建的作用不明显，但起到一些作用。大学生村官参与乡村党建发挥作用的出发点不同，地方政府官员主要从大学生村官是重要助手的角度肯定其作用；乡村干部主要从大学生村官作为"能写文章、会搞宣传"的文化人角色肯定其作用；村民主要从大学生村官年轻有冲劲的角度肯定其作用。

根据表 5—20 可知，5 省市 49.8% 的村民认为大学生村官对于基层党建工作"十分有作用"，32.0% 的村民认为"比较有作用"。在 5 省市的村民小组访谈中村民基本上都认为大学生村官对基层党建或多或少起到一定的作用。

表 5—20　　村民问卷：您认为大学生村官对基层党建发挥的作用（%）

调研省市	十分有作用	比较有作用	有一些作用	没有作用	合计
北京	11.0	6.0	3.0	0.0	20.0
甘肃	11.0	5.8	3.2	0.0	20.0
江西	7.2	6.6	5.4	0.8	20.0
江苏	8.4	8.2	3.4	0.0	20.0
福建	12.2	5.4	2.4	0.0	20.0
合计	49.8	32.0	17.4	0.8	100.0

根据以上分析可知，大学生村官对乡村党建工作的具体实效如下：

（一）基层政府的重要助手

地方政府官员对大学生村官在基层党建中发挥的作用莫过于一句

中肯的评价"大学生村官成为乡镇政府组织村庄党建工作的重要助手"。整体而言，各地大学生从事的工作多为制订计划、方案，档案归档等，但不同地方侧重有所不同，如在甘肃，部分大学生村官在基层党建中任职党建工作指导员，同时担任远程教育站管理员，负责党员群众开会时播放远程教育节目，对基层党建起了很大的作用。在福建，部分大学生村官主要承担党建联络员，充实到支部里，并指导党务工作，规划原有的资料，同时由于其知识面比较广、思路比较开阔，他们会在网上搜索各方面的材料，再结合本村的实际，有针对性地提出一些党建的主题，对村里的基层党建有促进作用。

江西省 X 县组织部副部长：大学生村官来后，弥补了党员在基层知识、基层党内民主建设等方面的不足，一定程度改变了原先党组织队伍的涣散现象；另外大学生村官多数兼任乡镇的农村党员教育远程教育平台管理员，经常组织观看理论性政策、惠农政策等。

江苏省 R 县组织部副部长和股长：2012 年我们建立了 22 个村级党委，因为农村党员比较多，村级党委下面建支部，然后以支部为单位开展活动，如工会活动、娱乐活动等，而大学生村官在活动中就发挥年龄优势、知识优势，在整个活动当中充当一个主力军，发挥了重要作用。

（二）梳理党建工作的文案

根据村干部访谈得知，村干部多数认为基层党建就是上级政府交给大学生村官的一项主要任务，而不是村两委分配的任务。回答这些问题他们采取了较为诙谐的语调："农村干部都是大老粗，处理工作的方式都是喊叫，所以让村干部动笔和使用电脑那是胡扯，人家大学生村官有知识有文化，天生就会坐办公桌上处理文件。"实际在乡村党建工作中，乡镇政府与乡村在档案方面严重脱节，乡村缺乏懂电脑能写作的人完成该项工作，大学生村官到来之后基本承担了该项工作，包括文件资料的整理，稿件的撰写、档案归档等。村干部对其有中肯的评价："没有大学生村官参与，这项工作还会像过去一样搁置。"

根据表5—21可知，5省市42.2%的村干部认为大学生村官是对农村基层党建工作的重要补充，46.7%的村干部认为可以促进基层党建工作更加规范化。

表5—21　　　　**村干部问卷：如何看待大学生村官**
参与到农村基层党建工作（%）

调研省市	大学生村官本身是对农村基层党建的补充	大学生村官促进基层党建工作更加规范化	大学生村官善于发动群众党员和参与党建工作	合计
北京	11.1	8.9	0.0	20.0
甘肃	2.2	17.8	0.0	20.0
江西	11.1	2.2	6.7	20.0
江苏	2.2	13.4	4.4	20.0
福建	15.6	4.4	0.0	20.0
合计	42.2	46.7	11.1	100.0

（三）补充村支部新鲜血液

根据5省市村民的访谈结果可知，村民认为村党支部成员都是年龄比较大，上面的政策都下达了，但执行效果很差。大学生村官在村庄中表现出不一样的特质，年轻而且对工作很上心，他们进入村庄后，经常组织党员、村民进行党建活动，如观看党建影片，下达政策时都能非常耐心地和村民解释等。

四　对农村合作社发展的实效分析

农民合作社①是代表农民进行农业经济活动的一类基层组织，其

---

① 农民合作社：根据专业合作社法规定的定义：指在农村家庭承包经营基础上，同类农产品的生产经营者或者同类农业生产经营服务的提供者、利用者，自愿联合、民主管理的互助性经济组织。农民合作社以其成员为主要服务对象，提供农业生产资料的购买，农产品的销售、加工、运输、贮藏以及与农业生产经营有关的技术、信息等服务。它的重要功能，可以使分散的小规模经营农户，实现企业化经营；可以进一步丰富和完善以家庭承包经营为基础、统分结合的双层经营体制；可以为双层经营注入新的活力，有效地解决小规模分散经营农户与社会化大市场的衔接问题，使农民专业合作社成为现代农业的经营组织者和重要主体，对推进我国现代农业发展具有重要的战略意义。

发育发展对于农民利益的保障和实现具有重要意义，从各地情况看，有条件的地区都组织符合要求的大学生村官进入农民合作社，相应承担一定的责任和发挥一定的作用。对农村合作社发展的实效分析具体如下：

（一）参与创办合作社的各项活动

调研5省市的大学生村官均不同程度参加了农民合作社，多数是通过基层政府或村两委的安排进入其中。如江西省H镇副镇长在访谈中告知："本镇很多大学生村官参与合作社，如大学生村官加入蚕桑合作社，并从事协调蚕茧的价格、把握质量、合作社制度如何操作等一些具体工作。"同时调研发现，大学生村官成了地方农业合作社的创始者。大学生村官依赖自身实力创办农村合作社，引导农民致富，江苏省R县出现此情况。如江苏省R县组织部副部长告诉我们，"某镇的大学生村官W，现在是支部书记，成立了金银花合作社，去年在南通市大学生村官创业中评为三等奖；还有大学生村官T，成立了生态养殖合作社，目前生产的产品销售情况很好，带动了周边村民致富"。

从表5—22（针对村干部的问卷）可知，大学生村官参与了农民合作社的比例占80.0%。

表5—22　　　　村干部问卷：大学生村官是否参与农民合作社（%）

调研省市	是	否	合计
北京	17.8	2.2	20.0
甘肃	13.3	6.7	20.0
江西	11.1	8.9	20.0
江苏	17.8	2.2	20.0
福建	20.0	0.0	20.0
合计	80.0	20.0	100.0

从表5—23可知，5省市中大学生村官对农民合作社均有一定了解，"十分了解"和"比较了解"两项之和5省市共占43.2%，其中，江苏省此二项之和共占15.4%，居于首位。但是还是存在

13.8%的大学生村官"不太了解"和0.8%的大学生村官"不了解"。

表5—23　　　　大学生村官问卷：是否了解合作社（%）

调研省市	十分了解	比较了解	了解一些	不太了解	不了解	合计
北京	0.4	4.6	8.6	6.0	0.4	20.0
甘肃	3.2	6.0	9.2	1.4	0.2	20.0
江西	0.4	2.8	11.4	5.4	0.0	20.0
江苏	2.6	12.8	4.6	0.0	0.0	20.0
福建	0.8	9.6	8.4	1.0	0.2	20.0
合计	7.4	35.8	42.2	13.8	0.8	100.0

从表5—24数据可知，5省市大学生村官"主动参与""经常参与"和"偶尔参与"共占74.6%，其中前两项合计中江苏省共占12.2%，居于第一；还有25.4%的大学生村官从未参与过。

表5—24　　大学生村官问卷：参与农民合作社的程度（%）

调研省市	主动参加	经常参与	偶尔参与	从未参与	合计
北京	1.2	3.0	9.4	6.4	20.0
甘肃	3.4	4.8	6.6	5.2	20.0
江西	2.8	1.6	7.4	8.2	20.0
江苏	3.8	8.4	7.4	0.4	20.0
福建	4.2	2.4	8.2	5.2	20.0
合计	15.4	20.2	39.0	25.4	100.0

（二）积极宣传合作社相关的政策

从表5—25可知，5省市村干部共有32.1%认为大学生村官对农民合作社"十分有作用"，共有49.7%的村干部认为"比较有作用"，但是5省市都没有选填"没有作用"，说明5省市的村干部基本上都认为大学生村官对农民合作社还是能发挥一些作用。其中前两项合计中福建省共占18.1%，居于第一。

表 5—25　　　村干部问卷：大学生村官对农民合作社发挥的作用（%）

调研省市	十分有作用	比较有作用	有一些作用	没有作用	合计
北京	6.0	11.0	3.2	0.0	20.0
甘肃	6.5	11.2	3.2	0.0	20.0
江西	5.2	7.0	5.6	0.0	20.0
江苏	8.8	8.0	3.4	0.0	20.0
福建	5.6	12.5	2.8	0.0	20.0
合计	32.1	49.7	18.2	0.0	100.0

从表 5—26 可知，大学生参与相关具体工作的比例中，"对合作社的农民宣传新政策"占 69.4%；"按照法律制定农民合作社的相关文件""为合作社生产的产品制订销售方案""为合作社产品发布广告"分别占 33.3%、27.8% 和 27.8%；"为合作社生产的产品跑销路"此栏中 5 省市仅有 5.6%（见表 5—26，这是去除表 5—22 中选择"否"的20.0%后的有效百分率）。

表 5—26　　　村干部问卷：大学生村官主要参与哪些工作（%）

调研省市	按照法律制定农民合作社的相关文件		为合作社生产的产品制订销售方案		为合作社生产的产品跑销路		为合作社产品发布广告		对合作社的农民宣传新政策	
	是	否	是	否	是	否	是	否	是	否
北京	2.8	19.4	5.6	16.7	2.8	19.4	11.1	11.1	19.4	2.8
甘肃	11.0	5.6	2.9	13.9	0.0	16.7	0.0	16.7	13.9	2.8
江西	2.8	11.1	11.1	2.8	2.8	11.1	0.0	13.9	2.8	11.1
江苏	5.6	16.7	2.8	19.4	0.0	22.2	2.8	19.4	13.9	8.3
福建	11.1	13.9	5.6	19.4	0.0	25.0	13.9	11.1	19.4	5.6
合计	33.3	66.7	27.8	72.2	5.6	94.4	27.8	72.2	69.4	30.6

以上数据表明：多数大学生村官都参与过农村合作社的相关工作，但不是核心成员，只能做些执行辅助性的工作，主要是在宣传政策、相关的文件制定等比较基础的工作，而在真正涉及产品的销售方案、为产品跑销路等方面目前大学生村官难于胜任。

但是应该正确对待大学生村官参与该项工作所起的作用，如甘肃省的地方官员告诉我们："大学生村官虽然没有真正参与进来，但是镇合作社成立的时候，不管在章程、规则建立、运行方面大学生村官都起了支撑帮助作用。"

综上所述，上述大学生从事的三方面工作，加入村两委政策的执行力度较为显著，原因是属于国家政策，在制度中有显性规定，多数地方均依照制度规定执行。其他两方面由于大学生村官能力等问题，发挥了一些作用，但是不显著。

第一，对于大学生村官加入村两委的工作效果，各地政府和村庄基本认可进入村两委的大学生村官，认为发挥了一些作用，易于将现代管理方式融入村两委的决策和执行中；进入村两委的大学生村官均感觉名分和权利更实，利于发挥能力。

第二，对于大学生村官参加基层党建的工作效果，各地各方认为大学生村官的作用不显著，从事的工作主要是政策的上传下达，档案整理等。

第三，对于大学生村官来说，多数具备一定的专业素质和知识、具有先进的市场化经营理念等，因此对农村合作社的发展有一定的帮助。

第三节　农村发展的实效分析

农村发展从某种意义上说是证明大学生村官制度实施效果的一面镜子，所以对农村发展的实效分析必不可少。本研究主要针对农村发展的政治（前章已述及）、经济、社会、文化等方面，大学生村官在这四方面起到了一些作用，也存在一些问题。基于此，通过 5 省市调研数据讨论分析大学生村官制度实施以来，对农村政治、经济、社会、文化发展等方面的作用。

一　对农村发展的整体实效分析

（一）农村发展评价指标体系建立

针对农村发展，国家出台了很多政策，如政治方面有村民自治

法，经济方面有扶贫的整村推进计划等，这些政策对于农村的发展起
到了一定作用。但是，任何一项政策都无法解决农村发展的整体问
题，需要针对不同问题进行顶层设计，系统安排。可以说，大学生村
官制度正是有着国家战略背景的计划，希望通过该项制度补充农村发
展所需的现代人才并发挥作用。

评价指标和相关要点（表5—27）：农村发展中存在的问题很多，
有农村文化发展、农村经济发展、农村社会发展。其中，农村文化发
展侧重大学生村官对培训、文化体育娱乐活动的作用等；农村经济发
展侧重大学生村官在招商引资、引进技术、开拓市场的作用等；农村
社会发展侧重大学生村官在保护生态环境、维护农村社会治安、调解
村民之间的纠纷、抓好计划生育工作的作用等。

表5—27 农村发展评价指标体系

评价指标	评价要点
农村文化发展	培训、文化体育娱乐活动等方面
农村经济发展	招商引资、引进技术、开拓市场等方面
农村社会发展	生态环境、维护农村社会治安、调解村民之间的纠纷、抓好计划生育工作等方面

邀请评价对象的选择：对大学生村官制度在农村发展方面发挥作
用的评价，研究主要选择了村干部、村民和大学生村官。而政府官员
主要是进行深度访谈。

设定评价的档次：针对农村发展选择的三项指标，分"显著作
用、很有作用、有些作用、没有作用"四个档次进行评价。

（二）对农村发展的整体实效分析

从表5—28、表5—29、表5—30可知，村干部、村民和大学生
村官的评价结果大体一致。其中，在农村文化发展方面，三个群体均
认为起到了作用，且75%以上的比例认为作用"非常大"和"比较
大"。在农村经济发展方面，三个群体中均有5%左右的比例认为

"基本没有作用"，"比较大"和"一般大"两个档次的选择比例较高。在农村社会发展方面，三个群体均认为起到了作用，"比较大"和"一般大"两个档次的选择比例较高。值得注意的是大学生村官的自我评价数据，农村经济发展和农村社会发展中选择一般大的比例均超过50％，这一定程度反映出制度对农村经济社会发展发挥作用存在难点。

表5—28　　　　村干部对农村发展的评价集（％）

指标	评价			
	非常大	比较大	一般大	基本没有作用
农村文化发展	42.8	34.2	24.0	0.0
农村经济发展	12.2	33.6	49.0	5.2
农村社会发展	12.8	44.2	44.0	0.0

表5—29　　　　村民对农村发展的评价集（％）

指标	评价			
	非常大	比较大	一般大	基本没有作用
农村文化发展	40.6	36.4	23.0	0.0
农村经济发展	21.4	44.0	31.0	3.6
农村社会发展	18.8	31.9	45.0	5.3

表5—30　　　大学生村官对农村发展的评价集（％）

指标	评价			
	非常大	比较大	一般大	基本没有作用
农村文化发展	46.8	37.2	16.0	0.0
农村经济发展	10.5	33.2	50.1	6.2
农村社会发展	13.6	32.4	54.0	0.0

二　对农村文化发展的实效分析

乡村文化是指乡村社会的价值观念、社会心理、行为方式等的表现，由于闭塞的环境和传统文化的丢失，乡村文化已经成为需要解决的重要农村问题之一，而且此问题也备受重视，党的十七届六中全会提出，要大力发展文化，增加农村文化的服务总量以及缩小城乡文化的发展差距。

建设好乡村文化必备的三个要素：一是有一支稳定的队伍，二是建造文化设施，三是积极开展活动。从农村目前这三项来看，文化设施建设相对其余两项稍好，其余两项基本缺失，尤其是乡镇层面，不仅存在文化人才资源的贫瘠，而且文化活动也是非常贫乏，有些县文化馆的职工甚至工资都发不出来，多数乡镇是缺乏建制化的文化组织。因此，文化荒芜的农村地区如何发展文化还只能在大家的重视之下，打上一个大大的问号。大学生村官作为有知识、有文化的新农村建设者，在自己的岗位上发挥了在新农村文化建设中的生力军作用，为农村文化建设增添了生机与活力。

5 个调研省份的县组织部、乡镇负责人一致表示，大学生村官对农村文化发展的作用非常大，部分解决了乡村文化发展中的队伍缺乏和活动少等问题，原因是年轻的大学生都具备一定的电脑操作知识或有一定的文化体育等艺术特长。如甘肃省 L 县组织部领导称赞："大学生村官一定程度改变了传统保守观念，从外面带来了新鲜血液，尤其带来了精神食粮。"各县乡也围绕着大学生村官的特长，给予一定的支持。

案例 1：北京市 Y 镇的"雏鹰助学活动"。2009 年创建并一直延续，北京晚报、晨报、中国青年报等 10 几家媒体进行了刊登。活动内容有 3 项：一是资助贫困学生，每位党员捐 10 元钱，当时一共捐了 8000 多元，用来帮助这个学校。二是根据现有大学生村官的师资力量分成两个班级，大学生村官 Z1 的二胡班和大学生村官 Z2 的武术班，他们每个星期义务给学特长的孩子上课，效果很好，不仅孩子受益，村中的老人也受益。值得夸奖的是二胡班的孩子在北京考试多数都过了 4 级，练武的孩子在县运动会期间也取得了好成绩。三是让大学生村官义务给学生普法、上法律课。

案例2：留守儿童教育周末大会堂①。2008年的江苏省大学生村官M，不是本地人，在村里工作已经快5年了。她认为在村里首先要融入农村，基于这种想法，在2009年5月申请创办了一个针对留守儿童教育的周末大会堂，目的是通过这个课堂贴近老百姓。周末大会堂内容丰富多彩，如针对留守儿童的特点开一些家庭教育的课程和一些有益于留守儿童的健康成长方面的课程，但课堂不是以文化教育为主，除了教书认字，还开展一些趣味活动帮助孩子们互相沟通。

案例3：办文艺培训班。2010年的北京大学生村官Z1，来自山东济南，毕业于中国民族大学，小学就开始学二胡，已经达到10级水平，并且考取了教师资格证。在村里3个月试用期时，曾与艺术团一起开展现场演出的活动。2010年11月1日，Z1试用期结束之后，在当地县镇村领导的支持下成立了一个二胡班，名称为庄村二胡培训班，性质属于公益免费，教师、教务、招生宣传、课时安排等均由Z1安排。目前，二胡班已招收了20多个学生，最大的79岁，最小的6岁，主要是三、四年级的学生。晚上上课，5点下班后甚至没有吃饭，学生们就来学习了。6个人一班，学完一期然后接着下一期。因为他只有6把二胡，所以每天分2个班学习，如5—6点为一班，6—7点另外一班。现在办班学习较以前更为规范，以前大人小孩共同学，现在大人、孩子分开学，孩子们按年级不同分班，每晚都安排教课，星期一到星期五分班教，如7—8点、8—9点都各加了一个班，现在连周末双休日也得加班，教那些要小升初平时没有时间学但是又非常想学的学生。在这种情况下，其中一个孩子在一个月就达到了二级水平，现在这些孩子很多都过了四五级，有的都已经拉二弦音乐

---

① 留守儿童教育周末大会堂：2012年，这个周末大会堂成为江苏省"希望来吧"建设基地，目前希望来吧也得到了县里资金扶持，共3万元，这有利于周末大会堂更加有序地发展下去。在此基础上，吸收了一批志愿者来补充大学生村官的力量，毕竟大学生村官还要从事本职工作。目前，通过与南通市高师结对，镇上的三支一扶，以及高层次的人才结对等方式，已经募集了很多志愿者加入。通过志愿者的帮带，周末大会堂可以成为接力棒不断发展，2013年整个镇铺开开展，12个村已经均建设了周末大会堂，成为当地推进乡村文化建设的典范。当地老百姓也一致认可大学生村官，认为她们办了一件大好事，这件事提高了大学生村官在当地村庄老百姓心目中的威信，有利于大学生村官融入村庄。

了。现在村里的文化业余生活丰富多了，最大的收获是，Z1 与当地的村民关系更融洽了。

访谈大学生村官也得到了很多关于他们参与乡村文化建设的素材。①

从表5—31和表5—32可知，村干部的评价和大学生村官的自我评价有些出入，超过80%的村干部认为大学生村官组织过相关培训，超过60%的大学生村官认为自己组织过村民培训。结果表明，大多数大学生村官均组织或参加过村民在文化方面的培训工作。

表5—31　　　　村干部问卷：是否组织了村民培训（%）

调研省市	无	有
北京	2.2	17.8
甘肃	0.0	20.0
江西	6.7	13.3
江苏	8.9	11.1
福建	0.0	20.0
合计	17.8	82.2

表5—32　　　　大学生村官问卷：是否组织了村民培训（%）

调研省市	无	有
北京	9.2	10.8
甘肃	6.0	14.0
江西	11.4	8.6

---

① 访谈北京市村官S："关于文化方面会在节日组织一些活动，如扭秧歌、打鼓等，一年有三四次，由大学生村官组织，联合村民一起参与。村民积极性很高，都会积极配合。关于党建方面的工作，也通过看相关电影来提高村民觉悟，有很大的作用。另外，县里面也成立了大学生村官艺术团。"甘肃省靛村书记说道："大学生村官在唱歌跳舞、宣传党的政策等方面有很大的作用，从而丰富了老百姓的文化生活。如大学生村官在县镇领导的支持下，带头把大家组织起来，组建了一个村的曲艺协会，目前成员有50个人，经常在县级周边的乡演出，每年演出20多场，还做成光碟给全县各乡发放。"

续表

调研省市	无	有
江苏	3.4	16.6
福建	5.2	14.8
合计	35.2	64.8

　　从表5—33和表5—34可知，村干部的评价和大学生村官的自我评价有些出入，超过90%的村干部认为大学生村官组织过村里的文化体育娱乐活动，超过75%的大学生村官认为自己组织过村里的文化体育娱乐活动。总的结果表明，大学生村官在这项工作中发挥了重要作用。

表5—33　　村干部问卷：是否组织村里的文化体育娱乐活动（%）

调研省市	无	有
北京	2.2	17.8
甘肃	0.0	20.0
江西	0.0	20.0
江苏	4.5	15.5
福建	0.0	20.0
合计	6.7	93.3

表5—34　　大学生村官问卷：是否组织村里的文化体育娱乐活动（%）

调研省市	无	有
北京	6.2	13.8
甘肃	6.0	14.0
江西	8.4	11.6
江苏	1.6	18.4
福建	1.4	18.6
合计	23.6	76.4

　　从数据可知，大多数大学生村官参加过乡村文化建设中的各类活动。从作用上说，对农村文化发展也起到了不可忽视的作用，有的大学生村官成为乡村电脑培训师，有的大学生村官成为文艺老师，如此明显的效果可能是制度设计初期所没有预料到的，具体如下。

　　（一）村干部高度肯定

　　大学生村官培训村民主要有电脑知识培训、英语培训、实用技术培训以及辅导孩子学习等，一般是集中起来以上课的形式，或者个别辅导等。各项培训中，没有村干部认为起到了关键作用，但是多数村干部认为起到了重要作用，比例达到64.9%。其中，甘肃和北京地区的村干部认为大学生村官在乡村文化建设中起到重要作用的比例分别为21.6%和18.9%，较为突出，见表5—35。（表5—35中数据是针对表5—31中已经组织了村民培训的大学生村官，而5省市调研数据中共有17.8%的大学生村官没有组织村民培训，所以表5—35是去除了17.8%后的有效百分比。）

表5—35　　村干部问卷：大学生村官在培训中发挥的作用如何（%）

调研省市	关键作用	重要作用	辅助作用	说不清
北京	0.0	18.9	2.7	0.0
甘肃	0.0	21.6	2.7	0.0
江西	0.0	10.8	5.4	0.0
江苏	0.0	5.4	5.4	2.7
福建	0.0	8.2	16.2	0.0
合计	0.0	64.9	32.4	2.7

　　大学生村官组织村庄文化体育娱乐活动主要包括组织农村青年卡拉OK比赛，组织秧歌队伍、跳健身舞、体育比赛、做游戏，定期组织开展联谊联欢等。从表5—36中可知，没有村干部认为大学生村官在组织体育娱乐活动方面起到了关键作用，但是多数村干部认为起到了重要作用，比例达到64.3%。其中，甘肃和北京地区的村干部认为大学生村官在乡村文化建设中起到重要作用的比例分别为19%和16.7%，较为

突出。（表 5—36 是针对已经组织了村里的文化体育娱乐活动的大学生村官，而 5 省市调研数据中共有 6.7% 大学生村官没有组织村里的文化体育娱乐活动，所以表 5—36 中是去除了 6.7% 后的有效百分比。）

表 5—36　村干部问卷：大学生村官在体育娱乐活动中发挥的作用如何（%）

调研省市	关键作用	重要作用	辅助作用	说不清
北京	0.0	16.7	2.4	0.0
甘肃	0.0	19.0	2.4	0.0
江西	0.0	11.9	9.5	0.0
江苏	0.0	9.6	4.7	2.4
福建	0.0	7.1	14.3	0.0
合计	0.0	64.3	33.3	2.4

根据村干部访谈可知，村干部一致认为大学生村官在文化方面的感悟、知识和技艺等方面要强于村干部和村民，在乡村文化建设方面发挥作用有一定优势。例如，北京市 Y 县组织部、乡镇领导所说的："十七届六中全会强调文化大发展大繁荣的重要性，Y 镇大学生村官中的艺术特长生们利用自己的特长促进了农村文化建设的发展。"

（二）村民的高度肯定

村民作为大学生村官对农村文化发展发挥作用的主要受体，对此有重要的发言权。

从表 5—37 可知，村民对大学生村官在各项培训中所发挥的作用持肯定态度。近 40% 的村民认为大学生村官十分有作用，认为比较有作用的比例为 33.6%。

表 5—37　村民问卷：大学生村官在培训中发挥的作用如何（%）

调研省市	十分有作用	比较有作用	有一些作用	没有作用
北京	6.0	2.6	6.2	5.2
甘肃	9.0	7.8	2.6	0.6
江西	8.0	7.8	4.0	0.2

续表

调研省市	十分有作用	比较有作用	有一些作用	没有作用
江苏	8.8	7.8	2.6	0.8
福建	7.8	7.6	4.6	0.0
合计	39.6	33.6	20.0	6.8

从表5—38可知，村民对大学生村官在各项体育娱乐活动中所发挥的作用持肯定态度。超过半数的村民认为大学生村官十分有作用，认为比较有作用的比例为28.4%。

表5—38　村民问卷：大学生村官在体育娱乐活动中发挥的作用如何（%）

调研省市	十分有作用	比较有作用	有一些作用	没有作用
北京	10.0	4.2	3.8	2.0
甘肃	12.6	4.4	2.6	0.4
江西	9.2	7.8	2.8	0.2
江苏	10.6	6.4	2.2	0.8
福建	12.8	5.6	1.6	0.0
合计	55.2	28.4	13.0	3.4

在甘肃村民访谈中，村民告诉我们，"原来村里整天打麻将、赌博等，从不喜欢参与文化体育娱乐活动，觉得没有意思，但是后来身体不太好了，医生叫我多运动，锻炼身体，不要总是坐在麻将堆里。后来在大学生村官的劝说和带动之下，我慢慢喜欢上了跳健身舞，农闲的时候就当作锻炼身体，节日期间还经常演出，使得我现在的生活丰富多彩"。

（三）大学生村官肯定

从表5—39中可知，大学生村官认为自己对乡村各项培训起到关键作用的比例较少，为8.6%，但是选择起到重要作用的比例为37%，更多大学生村官认为起到的是辅助作用。（表5—39的数据是针对表5—32中组织了村民培训的大学生村官，而5省市中共有35.2%大学生村官没有组织村民培训，所以这是去除35.2%后的有效百分比。）

· 112 ·

表 5—39　　　　大学生村官问卷：在培训中发挥的作用如何 （%）

调研省市	关键作用	重要作用	辅助作用	说不清
北京	1.2	5.2	10.2	0.0
甘肃	3.1	9.3	9.3	0.0
江西	0.6	0.3	12.3	0.0
江苏	2.2	14.2	9.3	0.0
福建	1.5	8.0	13.3	0.0
合计	8.6	37.0	54.4	0.0

从表 5—40 中可知，大学生村官认为自己对乡村各项培训起到关键作用的比例较少，为 10.8%，但是选择起到重要作用的比例较高，接近半数，为 49.7%。（表 5—40 中是针对组织过娱乐活动的大学生村官，而 5 省市中共有 23.6% 没有组织过，所以表中是去除 23.6% 后的有效百分比。）共有 39.5% 的大学生村官选择了"辅助作用"，而 5 省市中没有一个大学生村官选择"说不清"。

表 5—40　　　　大学生村官问卷：在娱乐活动中发挥的作用如何 （%）

调研省市	关键作用	重要作用	辅助作用	说不清
北京	1.2	5.5	11.4	0.0
甘肃	3.1	9.4	5.8	0.0
江西	0.0	6.8	8.4	0.0
江苏	3.1	14.9	6.0	0.0
福建	3.4	13.1	7.9	0.0
合计	10.8	49.7	39.5	0.0

根据村干部、村民和大学生村官的评价，可将结论归纳为以下三点：

一是大学生村官主要在文化建设方面有很大的作用和贡献，如给村民培训、举办文体娱乐、提高了村里的信息化水平等，这些作用都得到了各县组织部、乡镇领导负责人、村干部、村民的认同和认可。

二是数据表明大学生村官均未在文化发展方面起到关键作用，还大有潜力可挖，甚至可以在没有更大的农村文化发展的国家行动计划时，可以将大学生村官视为该方面的主力军。

三是要充分发挥大学生村官对农村文化建设的作用，还需要在经费、人员配备和场地等方面给予大力支持。

三　对农村经济发展的实效分析

从调研的数据和访谈的结果看，大学生村官对农村经济发展的作用不是非常明显。一是因为农村经济落后有着城乡二元体制等大环境背景，目前这一体制的制约因素还未完全消除，单靠大学生村官一支单兵队伍还无法改变多年来既成的事实。二是农村经济的组成部分多种多样，多数为一产经济，包括农产品生产、加工、商业模式以及销售等环节，这对于不事农活没有商业经验的大学生来说，有一定的难度。

对农村经济发展主要可以归纳为招商引资、引进技术、开拓市场等几个方面。村干部的评价和大学生村官的评价有所不同，村干部的评价要高于大学生村官的自我评价。其中，村干部认为大学生村官在招来政府项目、引进技术和开拓市场方面均有作用，比例超过了50%，大学生村官在这些方面的自我评价比例均维持在20%左右（表5—41、表5—42）。得出这样的结果，一是对问卷中理解的问题，二是村干部倾向于更高的评价。但从访谈结果看，大学生村官的自我评价更贴近现实。

表5—41　　　村干部认为大学生村官是否带来以下的经济发展（%）

调研省市	招商引资		招来政府项目		引进技术		开拓市场	
	无	有	无	有	无	有	无	有
北京	11.1	8.9	15.6	4.4	4.4	15.6	8.9	11.1
甘肃	15.6	4.4	4.4	15.6	2.3	17.7	11.1	8.9
江西	6.7	13.3	6.7	13.3	6.7	13.3	6.7	13.3
江苏	13.3	6.7	11.1	8.9	8.9	11.1	8.9	11.1
福建	13.3	6.7	4.4	15.6	4.4	15.6	0.0	20.0
合计	60.0	40.0	42.2	57.8	26.7	73.3	35.6	64.4

表5—42 大学生村官认为是否带来以下的经济发展（%）

调研省市	招商引资		招来政府项目		引进技术		开拓市场	
	无	有	无	有	无	有	无	有
北京	19.8	0.2	19.0	1.0	17.8	2.2	17.0	3.0
甘肃	15.8	4.2	13.4	6.6	12.2	7.8	13.8	6.2
江西	19.2	0.8	17.6	2.4	18.0	2.0	18.8	1.2
江苏	10.8	9.2	18.0	2.0	14.0	6.0	13.8	6.2
福建	15.6	4.4	13.4	6.6	13.4	6.6	14.0	6.0
合计	81.2	18.8	81.4	18.6	75.4	24.6	77.4	22.6

大学生村官对经济发展起到什么作用，最直观的感受和最有发言权的应该是村民。基于此，本研究在对农村经济发展方面的作用方面主要邀请村民进行评价，政府、村干部、大学生村官等群体主要通过访谈进行评价。

从表5—43可知，大学生村官对农村经济发展或多或少起到了一定的作用，认为没有作用的比例仅占0.6%，认为"十分有作用"和"比较有作用"的比例都接近40%。从5省市比较看，北京相对来说认为有作用的比例稍微偏低，而认为没有作用的比例相对偏高。这和大学生村官的观点相吻合，认为经济发达的农村，大学生村官发挥的作用相对较小，而比较贫困的地区，大学生村官发挥的作用更大。

表5—43 村民问卷：大学生村官对农村经济发展所起的作用（%）

调研省市	十分有作用	比较有作用	有一些作用	没有作用
北京	6.8	5.8	7.0	0.4
甘肃	9.6	6.6	3.8	0.0
江西	8.4	6.8	4.6	0.2
江苏	7.2	10.4	2.4	0.0
福建	8.6	6.8	4.6	0.0
合计	40.6	36.4	22.4	0.6

从表5—44、表5—45、表5—46可知，在"招商引资""引进技术""开拓市场"中选择没有作用的分别占7.4%、6.2%、8.4%，在"十分有作用""比较有作用"和"有一些作用"三个档次上的比例均在30%左右。

表5—44　　村民问卷：大学生村官在招商引资方面起了什么作用（%）

调研省市	十分有作用	比较有作用	有一些作用	没有作用
北京	3.8	2.4	7.0	6.8
甘肃	9.6	5.6	4.8	0.0
江西	6.8	6.6	6.2	0.4
江苏	2.6	10.6	6.6	0.2
福建	6.4	6.2	7.4	0.0
合计	29.2	31.4	32.0	7.4

表5—45　　村民问卷：大学生村官在引进技术方面起了什么作用（%）

调研省市	十分有作用	比较有作用	有一些作用	没有作用
北京	3.2	4.0	7.0	5.8
甘肃	9.4	6.4	4.2	0.0
江西	8.4	5.8	5.6	0.2
江苏	2.8	10.0	7.2	0.0
福建	7.4	6.2	6.2	0.2
合计	31.2	32.4	30.2	6.2

表5—46　　村民问卷：大学生村官在开拓市场方面起了什么作用（%）

调研省市	十分有作用	比较有作用	有一些作用	没有作用
北京	3.8	2.4	6.2	7.6
甘肃	8.4	7.2	4.4	0.0
江西	7.8	7.6	4.4	0.2
江苏	2.6	10.2	7.0	0.2
福建	7.4	7.0	5.2	0.4
合计	30.0	34.4	27.2	8.4

下面将从不同主体的角度进行深入分析。

（一）对农村经济发展作用不明显（从基层政府角度分析）

调研组在 5 省市中访谈得知，各县组织部、乡镇领导负责人一致认为大学生村官制度对农村经济发展的作用不大。

北京市 H 镇负责人：大学生村官给农村输入了新鲜的血液，但是在农村经济发展方面没有起到很大的作用。

江苏省 G 镇主席：从整体讲，大学生村官对农村经济发展起了一些作用，但是作用不大。

福建省 S 乡书记、Y 乡组委：中国农村奇缺人才，尤其是边远农村。大学生村官将所学知识应用到一线基层能够对其发展起到非常重要作用。但是，大学生村官缺乏工作经验、没有资源，很难带动农村的经济发展。

江西省 H 镇副镇长：目前大学生村官政策对农村发展效果不尽如人意。一是大学生村官下到农村想做大事是很难的，毕竟只有两年时间，不可能做多大的事。但是上面政策宣传，包括下面基层党组织和乡镇政府对大学生村官的期望是非常高的。虽然成绩有，但效果不大。二是能力有限，作为大学生村官在村庄有名无实，顶多也只是个副职，仅凭自身能力来改变农村面貌是很难的。

甘肃省 G 镇书记：很多大学生村官专业和农村不对口，虽想带动农村经济发展，但是心有余而力不足，所以目前在农村经济发展方面还不太理想。

（二）缺乏地方资源难于发挥作用（从村干部的角度分析）

在村干部访谈中，5 省市的村干部对大学生村官在农村经济建设中作用的发挥有不同的观点，主要包括三种，一是作用不明显，二是辅助作用，三是有作用。持第一种观点的村干部占访谈的 90% 以上，后两种观点占 10% 左右，具体如下：

一是普遍都认为作用不明显。

北京市庄村妇女主任：不能促进农村经济发展，至少本村目前没有。虽然一些大学生村官有自己的想法，但是没有行动。

北京市庄村会计：对村里的经济没有帮助。3年后有的考公务员，有的出去上班，没有找到工作就继续到其他村当大学生村官，很多大学生村官中途还被借调到镇里上班。

北京市河村会计：刚从学校毕业，没有人脉，根本无法促进经济发展。不过也要看个人能力，因人而异。

北京市唐村村主任：我村大学生村官在村庄经济发展方面帮不上大忙，就是干点实际的活，如抄抄写写等。

甘肃省石村文书：目前看作用不大。我们村全是失地农民，发展经济欠缺资源，本身很难给他们提供平台。

福建省山村书记：目前没有，但是大学生村官思维相对比较活跃，需要通过时间来摸索本村特点，将来可能有希望。

福建省璜村主任：经济发展主要靠地方政府和村里的自身状况，单单靠大学生村官不可能。

二是少数村干部认为大学生村官发挥了辅助作用。

这里的辅助作用更多的还是强调农村经济发展中的一些非主要方面，如生活或者农业生产方面的作用。

北京市河村妇女主任：经济发展方面主要是辅助作用，只是在写东西方面能帮忙。因为大学生村官资历比较浅，没有社会关系和经验。

甘肃省靛村书记：大学生村官主要干些实事，如硬化道路，给群众带来实惠。

甘肃省石村副主任：大学生村官很难引进招商项目，但是在带动群众发展养殖业方面有贡献，如养羊，还聘请了兽医。

福建省南村书记：大学生村官毕竟刚从高校毕业，如果想引进大项目不太可能，但是在果树蔬菜方面提供一些技术或者信息方面起到了一些作用。

三是极少数村干部认为作用很大。

北京市唐村妇女主任：大学生村官应该能促进农村经济发展。本村一个学农的大学生村官，利用所学的专业知识及时汇报了枣树情况，为村里减少了损失。

江苏省古社区书记：大学生村官能支撑农村经济发展。本村一个大学生村官办了一个规模比较大的养殖业，还吸收了当地的劳动力进入到企业做事。

江西省中村书记：只要大学生村官有能力和特长，就能带动村民致富。

江西省双村书记认为：只要大学生村官安心在村里工作，真正深入村里，就能起到作用。大学生村官 W 在本地茶叶开发、旅游业等发展中起到了一定的作用。

大学生村官对农村发展起到明显作用更多为个案，原因是多方面的，如大学生村官的能力较强、地方有相应的发展机会且支持力度大等。这些个案具有宣传推广作用，但是普遍复制非常难。

（三）掌握知识难于贡献农村发展（从大学生村官角度分析）

以上数据表明大学生村官在农村经济发展方面作用不大，这和他们本身的资历相关，因为大学生村官刚从高校毕业，没有更多的社会经验和人脉资源，这在一定程度上限制了其在农村经济发展方面的作用。

在一些大学生村官的访谈中，多数承认没有对农村发展起到作用。如北京市大学生村官 W 说："大学生村官任期只有三年，需要很长时间熟悉人际关系和工作环境，只有少数通过某些渠道为村里做些经济方面的贡献。"

普遍看，大学生村官对农村发展的作用不显著。根据上述不同群体的不同看法，基本认为大学生村官在经济发展方面作用总体不大，一些作用主要表现在开拓市场、引进技术、组织产品展销、加强广告宣传、建立网站网页等，主要原因包括大学生村官刚从高校毕业，年轻、没有经验，而且刚到农村工作时间不长，所以在此认为不要将短时间在农村工作的大学生村官与农村经济发展强关联。

四　对农村社会发展的实效分析

从表5—47、表5—48、表5—49可知，村干部、大学生村官、村民三个群体都认为大学生村官对农村社会发展起到了一些作用，特别是村干部，100%的村干部持肯定态度。与村干部的态度相比，大学生村官和村民的调查数据略有差异，村民认为大学生村官对农村社会发展有作用的比例共占63.6%，大学生村官认为自身对农村社会发展有作用的比例共占89.2%，和村干部出现数据差异性的原因大体上有两个，一是不同群体对问卷理解不一致；二是社会发展本身包含多个方面。不过各群体大部分都认为大学生村官在农村社会发展中起到了一定的作用。

表5—47　　　　村干部问卷：大学生村官是否促进社会发展工作（%）

调研省市	无	有
北京	0.0	20.0
甘肃	0.0	20.0
江西	0.0	20.0
江苏	0.0	20.0
福建	0.0	20.0
合计	0.0	100.0

表5—48　　　　村民问卷：大学生村官是否促进农村社会发展（%）

调研省市	无	有
北京	4.8	15.2
甘肃	4.0	16.0
江西	3.0	17.0
江苏	1.9	18.1
福建	2.7	17.3
合计	16.4	63.6

表 5—49　　　　　大学生村官问卷：是否促进农村社会发展（%）

调研省市	无	有
北京	5.6	14.4
甘肃	1.4	18.6
江西	1.6	18.4
江苏	1.8	18.2
福建	0.4	19.6
合计	10.8	89.2

关于大学生村官对农村社会发展方面的贡献，以下将从基层政府、村干部、大学生村官自身和村民的角度深入解析：

（一）对农村生态环境保护有贡献（从基层政府角度分析）

从5省市县组织部、乡镇村官办负责人访谈得知，大学生村官对农村社会发展的贡献主要在村民医疗保健服务、提高村民社会保障水平、完善村民自治制度、协助抓好计划生育工作、调解村民间的纠纷、维护社会治安等方面。另外还有保护农村生态环境方面，县镇领导一致认为大学生村官在这些方面也或多或少地起了一定的作用。

（二）对农村发展的整体贡献不大（从村干部的角度分析）

从表5—50可知，有51.1%的村干部认为大学生村官"协助抓好计划生育工作"；而在"维护农村社会治安""提高村民社会保障水平"方面，分别有93.3%、88.9%的村干部认为没有发挥作用，在"加强村民医疗保健服务"等方面，超过一半以上的村干部认为没有发挥作用。但是，86.7%的村干部认为大学生村官在保护农村生态环境方面做了一些工作，也起了一定的作用。如北京市唐村村主任说："大学生村官在农村社会发展方面主要是生态环境保护。"

数据表明：（1）各省的地理环境、经济条件等差别导致大学生村官在社会发展方面发挥的作用不同。如甘肃、江西的大学生村官在协助抓好计划生育工作方面发挥的作用较其他地方更为突出，原因是发达地区的计划生育工作已经抓得比较好，不需要大学生村官协助。（2）虽然在这些方面大学生村官发挥了一些作用，但总体而言还是辅助作用。

表5—50　　　　　　　　农村社会发展的具体内容（％）

调研省市	加强村民医疗保健服务		提高村民社会保障水平		协助抓好计划生育工作		维护农村社会治安		保护农村生态环境	
	是	否	是	否	是	否	是	否	是	否
北京	4.4	15.6	0.0	20.0	2.2	17.8	4.4	15.6	17.8	2.2
甘肃	6.7	13.3	2.2	17.8	17.8	2.2	0.0	20.0	13.3	6.7
江西	0.0	20.0	2.2	17.8	17.8	2.2	0.0	20.0	20.0	0.0
江苏	4.4	15.6	2.2	17.8	11.1	8.9	2.2	17.8	15.6	4.4
福建	4.4	15.6	4.4	15.6	2.2	17.8	0.0	20.0	20.0	0.0
合计	20.0	80.0	11.1	88.9	51.1	48.9	6.7	93.3	86.7	13.3

从表5—51可知，79.5%的村干部认为大学生村官参与了"村里环境卫生管理"工作，居于首位；30.8%的村干部认为大学生村官在"村庄绿化"方面做了工作，而在"监督企业三废排放""监管生活污水排放"和"帮助管理村里食品卫生"等方面，大部分村干部都持否定态度，只有少部分村干部认为起了作用（此表数据是除去5省市中没有做保护农村生态环境工作的13.3%大学生村官后的数据）。例如，北京市唐村会计告诉我们，大学生村官会经常在村里挨家挨户收集废旧电池，然后统一销毁，为此还在电视台做了一期节目。县镇领导认为大学生村官保护了环境，也大力支持他们的想法。

表5—51　　　大学生村官在农村生态环境建设具体方面的作用（％）

调研省市	村庄绿化		村里环境卫生管理		监督企业三废排放		监管生活污水排放		帮助管理村里食品卫生	
	是	否	是	否	是	否	是	否	是	否
北京	7.7	12.8	15.4	5.1	2.6	17.9	2.6	17.9	2.6	17.9
甘肃	0.0	15.4	15.4	0.0	0.0	15.4	0.0	15.4	7.7	7.7
江西	0.0	23.1	23.1	0.0	0.0	23.1	7.7	15.4	0.0	23.1
江苏	5.1	12.8	10.3	7.7	0.0	17.9	0.0	17.9	2.6	15.4
福建	17.9	5.1	15.4	7.7	0.0	23.1	5.1	17.9	0.0	23.1
合计	30.8	69.2	79.5	20.5	2.6	97.4	15.4	84.6	12.8	87.2

（三）缺乏处理农村事务的村资源（从大学生村官角度分析）

从表5—52可知，大学生村官自身认为在"提高村民社会保障水平""维护农村社会治安"这两个方面发挥的作用比较弱，原因是大学生村官缺乏丰富的社会经验，而且对于农村而言是外来人，也是因为大学生村官缺乏处理农村事务的村庄资源。因此，对村里的矛盾和治安方面还不能很好地处理，可以说也没有能力去处理。在"加强村民医疗保健服务""协助抓好计划生育工作""保护农村生态环境"等方面，分别有56.5%、65.9%、79.0%的大学生村官认为自己参与了此项工作并起到了一定的作用，均超过了半数（与村干部数据有些出入，村干部主要从辅助作用角度理解问题）。比较突出的作用是保护农村生态环境，有79%的大学生村官参与了这项工作并发挥了作用。

表5—52　　　大学生村官在农村社会发展具体方面的作用（%）

调研省市	加强村民医疗保健服务		提高村民社会保障水平		协助抓好计划生育工作		维护农村社会治安		保护农村生态环境	
	是	否	是	否	是	否	是	否	是	否
北京	5.4	10.8	4.3	11.9	7.4	8.7	3.4	12.8	12.4	7.6
甘肃	14.3	6.5	13.7	7.2	15.5	5.4	9.9	11.0	16.8	3.2
江西	8.5	12.1	7.4	13.2	12.8	7.8	9.4	11.2	13.4	6.6
江苏	12.1	8.3	7.6	12.8	11.2	9.2	4.3	16.1	19.0	1.0
福建	16.1	5.8	10.5	11.4	19.1	2.9	7.2	14.8	17.4	2.6
合计	56.5	43.5	43.5	56.5	65.9	34.1	34.1	65.9	79.0	21.0

从表5—53可知，在"村里环境卫生管理"和"村庄绿化"方面，分别有84.1%和72.2%大学生村官参与了工作并发挥了作用（这些数据是除去5省市中认为自身没有做保护农村生态环境工作的21.0%大学生村官后算出的有效百分比）。在"监督企业三废排放""监管生活污水排放处理""帮助管理村里食品卫生"等方面参与的比较少，分别只有16.9%、27.0%和17.7%。我们知道这几项指标更多的是和当地村企业相关的，对于这些有着技术含量或者是和企业

利益风险挂钩的事宜更多的是让当地村干部负责，因为这样可以灵活处理、灵活对待，而村干部和村企业之间的利益是直接挂钩的。

表5—53　　　　　　　保护农村生态环境的具体内容（%）

调研省市	村庄绿化		村里环境卫生管理		监督企业三废排放		监管生活污水排放		帮助管理村里食品卫生	
	是	否	是	否	是	否	是	否	是	否
北京	11.4	4.3	12.1	3.5	1.3	14.4	2.0	13.6	2.3	13.4
甘肃	14.1	7.1	17.9	3.3	3.3	17.9	5.8	15.4	4.0	17.2
江西	9.4	7.6	14.9	2.0	0.5	16.4	1.9	14.9	2.0	14.9
江苏	19.9	4.0	22.0	2.0	7.3	16.7	8.3	15.7	4.4	19.4
福建	17.4	4.8	17.2	5.1	4.5	17.7	8.8	13.4	4.8	17.4
合计	72.2	27.8	84.1	15.9	16.9	83.1	27.0	73.0	17.7	82.3

（四）外地村官难处理本村的事务（从村民角度分析）

从表5—54中可知，村民认为大学生村官在"加强村民医疗保健服务""提高村民社会保障水平""协助抓好计划生育工作""维护社会治安""保护农村生态环境"五个方面，选择"显著作用""很有作用""有些作用"的比例较为平均，在30%左右，选择"没有作用"的较少，均在10%以下。

表5—54　　　　　大学生村官是否对农村社会发展起到作用（%）

调研省市	加强村民医疗保健服务				提高村民社会保障水平				协助抓好计划生育工作			
	显著作用	很有作用	有些作用	没有作用	显著作用	很有作用	有些作用	没有作用	显著作用	很有作用	有些作用	没有作用
北京	5.2	4.4	6.4	4.0	4.0	5.0	7.6	3.4	6.0	4.8	5.8	3.4
甘肃	9.2	8.0	2.8	0.0	9.8	5.6	4.6	0.0	11.6	5.0	3.4	0.0
江西	6.4	6.6	4.6	2.4	6.2	6.6	6.6	0.6	5.8	6.8	7.0	0.4
江苏	5.6	6.6	7.4	0.4	4.2	7.4	8.4	0.0	8.0	7.4	4.6	0.0
福建	6.0	7.0	7.0	0.0	8.6	5.8	5.6	0.0	9.0	6.4	4.6	0.0
合计	32.4	32.6	28.2	6.8	32.8	30.4	32.8	4.0	40.4	30.4	25.4	3.8

续表

调研省市	维护社会治安				保护农村生态环境			
	显著作用	很有作用	有些作用	没有作用	显著作用	很有作用	有些作用	没有作用
北京	6.0	5.0	6.0	3.0	7.8	4.4	6.0	1.8
甘肃	10.2	7.0	2.6	0.2	9.4	7.2	3.4	0.0
江西	5.8	6.2	7.2	0.8	8.0	5.2	5.4	1.4
江苏	3.6	8.0	8.4	0.0	6.8	7.4	5.2	0.6
福建	2.2	5.6	11.6	0.6	6.8	9.2	4.0	0.0
合计	27.8	31.8	35.8	4.6	38.8	33.4	24.0	3.8

从以上表格可知，大学生村官在农村社会发展方面作用总体不大，主要是在保护生态环境、协助抓好计划生育工作等方面，这些观点在调研中也相应得到了不同群体的认可。但是也存在一些问题，比如外地的大学生村官很难处理本村的事务。因为大学生村官刚从高校毕业出来，年轻且没有社会经验、社会资源，加之在村里人生地不熟，有职无权，所以很难融入农村的社会结构当中。

综上所述，研究表明大学生村官的贡献主要在农村文化建设方面，对农村经济和社会方面的发展作用不明显，具体如下。

第一，在农村文化发展方面，大学生村官贡献很大，且大有潜力可挖，主要作用体现在村民培训、举办文体娱乐活动、提高了村里的信息化水平等，并且得到了不同制度主体的高度肯定。

第二，在农村经济发展方面，大学生村官的作用总体不大，一些作用主要表现在开拓市场、引进技术、组织产品展销、加强广告宣传、建立网站网页等，同时，研究认为将大学生村官与农村经济发展强关联会影响大学生村官发挥作用。

第三，在农村社会发展方面，大学生村官的作用总体不大，一些作用主要表现在保护生态环境、协助抓好计划生育工作等。

第四节 缓解就业的实效分析

大学生村官制度吸引了一批大学毕业生投身于农村发展的事业

中，部分缓解了大学生就业难的现象。通过调研的数据分析，可印证大学生村官制度实施以来，一定程度缓解了就业并成为就业缓冲带，但更重要的作用是培养人才，并逐渐变成知农村、懂农村的人才培养蓄水池。

一　大学生村官制度缓解就业的情况

根据 2006 年 4 月 28 日《中国青年报》报道，2006 年应届大学毕业生 413 万，"十一五"期间的 5 年时间里，每年毕业的大专以上毕业生平均在 500 万以上，总计 2500 万以上的大学毕业生涌向市场。而全国普通高校毕业生在 2011 年达到 660 万人，2012 年 680 万人，2013 年 699 万人，2014 年 729 万人，毕业生数量连创新高，就业压力进一步增大。而多数大学生将就业目标锁定在各大城市，很少毕业生选择去基层和农村地区工作，"宁要城市一张床，不要农村一套房"成为许多大学生的择业准则之一（傅剑锋，2006：7），这样也更加剧了大学生就业难的困境。可以说，我国大学生目前毕业就业压力日益加剧，毕业生就业难、择业难已成为公认的社会问题和社会矛盾，而国家主导的大学生村官制度制造了一个就业通道，在一定程度上缓解了就业压力。

截至 2013 年年底，在岗大学生村官的总数约 21 万人，覆盖全国三分之一以上的行政村庄，根据计划，预计到 2020 年，大学生村官选聘总数要达到 60 万人的规模，实现一村一名大学生村官的目标，并保持动态平衡。按照每年约 700 万的毕业生基数来看，大学生村官岗位所占比例并不大，且大学生村官合同期满之后，又有相当数量的大学生村官将重新投入到就业大军。

二　对缓解就业的整体实效分析

（一）缓解就业评价指标体系建立

客观而言，通过大学生村官制度所能招聘的大学生村官人数有限，截至 2013 年年底，在岗大学生村官总数为 21 万，这样的规模和大学生村官期满重新流入社会就业，对缓解目前每年日益上涨的大学生就业压力作用较为有限。

邀请评价的群体选择：对大学生村官制度在缓解就业方面发挥作用的评价，邀请评价的群体主要包括两个部分，一是邀请毕业于高校的大学生村官，请他们直接表达；二是邀请村干部、村民，听取直观感受。

评价要点和评价的档次：选择"缓解就业的形式""缓解就业的时间""缓解就业的条件"作为评价指标（见表5—55），每一类指标均有不同的评价侧重点，如"缓解就业的形式"侧重于大学生村官的社会地位、报酬和工作环境等。同时，评价档次设定"非常好""比较好""一般好"和"不好"四档，利于在程度方面区分制度在缓解就业方面的实效。

表5—55   **缓解就业评价指标体系**

评价指标	评价要点
缓解就业的形式	大学生村官的社会地位、报酬和工作环境等
缓解就业的时间	大学生村官2—3年的工作年限
缓解就业的条件	符合条件的优秀高校毕业生

（二）对缓解就业实效的整体评价

从表5—56可知，近20%的大学生村官认为缓解就业形式不好，仅有5.2%的大学生村官认为非常好。而在缓解就业时间和缓解就业条件当中，评价结果较为一致。缓解就业的形式和时间两项比例加和超出调研比例的三分之二（已经去除了表5—7中26.2%的数据）。

表5—56   **大学生村官对缓解就业的评价集（%）**

评价指标	评价			
	非常好	比较好	一般好	不好
缓解就业的形式	5.2	39.2	36.0	19.6
缓解就业的时间	28.7	42.5	28.8	0.0
缓解就业的条件	38.0	41.5	20.5	0.0

从表5—57和表5—58可知（村干部数据已经去除了表5—5中

11.8%的数据，村民的数据已经去除了表5—6中15.5%的数据），在缓解就业时间和缓解就业条件两方面的评价结果较为一致，前两项的比例保持在80%左右，缓解就业条件选择不好的比例均是0。缓解就业时间的前两项的比例均在50%左右，缓解就业条件方面前两项的比例均在80%左右。

表5—57　　　　　　　　村干部对缓解就业的评价集（%）

评价指标	评价			
	非常好	比较好	一般好	不好
缓解就业的形式	11.2	37.2	47.8	3.8
缓解就业的时间	8.0	42.5	36.4	13.1
缓解就业的条件	28.0	51.5	20.5	0.0

表5—58　　　　　　　　村民对缓解就业的评价集（%）

评价指标	评价			
	非常好	比较好	一般好	不好
缓解就业的形式	5.3	21.4	39.1	34.2
缓解就业的时间	4.0	45.7	36.0	14.3
缓解就业的条件	28.1	49.1	22.8	0.0

从表5—59可知，村干部的看法侧重于大学生村官制度是帮助高校大学毕业生的一种有效方法，但是作用一般，且只是一条就业缓冲带。从表5—60可知，超过90%的村民认为大学生村官制度或多或少可以对大学毕业生起到缓解就业的作用。

表5—59　　　　村干部是如何理解大学生村官政策对就业的帮助（%）

调研省市	帮助就业的有效方法	部分缓解就业作用不大	期满需重新就业村官岗位是缓冲带	合计
北京	2.2	2.2	15.6	20.0
甘肃	17.8	0.0	2.2	20.0

续表

调研省市	帮助就业的 有效方法	部分缓解就业 作用不大	期满需重新就业 村官岗位是缓冲带	合计
江西	0.0	17.8	2.2	20.0
江苏	13.3	6.7	0.0	20.0
福建	6.7	8.9	4.4	20.0
合计	40.0	35.6	24.4	100.0

表5—60　　　村民认为大学生村官政策是否可以缓解就业（％）

调研省市	是否可以缓解就业		合计
	可以	不可以	
北京	16.4	3.6	20.0
甘肃	17.8	2.2	20.0
江西	18.2	1.8	20.0
江苏	19.4	0.6	20.0
福建	20.0	0.0	20.0
合计	91.8	8.2	100.0

访谈情况和调研数据表明，大学生村官制度一定程度上缓解了就业问题，但是由于大学生就业压力不断增大，大学生村官三年之后又要重新被卷入到就业大军。基于此，本研究认为制度对缓解就业的作用主要表现在就业缓冲带和再就业培训基地两个方面，具体如下。

1. 成为就业缓冲带

2014年3月十二届全国人大二次会议召开时，广东代表团大学生村官代表冼润霞向总书记汇报工作时，提到大学生村官目前面临的难题之一，就是三年后要重新找工作，以至于很难定下决心在农村工作。从调研情况看，各地政府官员一致认为大学生村官制度制造出了一条"就业缓冲带"，而不是就业定心丸。主要原因：一是大学生村官三年后能够留在农村和基层的数量非常少，一方面大学生村官留在村庄的意愿不强，另一方面基层政府尤其是发达地区的基层政府提供的职位极其有限；二是大学生村官任职三年期间，多数时间都在准备如何找到下一份工作，有的地方官员大胆估计，至少90%以上的大学生村官三年任职都在准备找工作的过程中。相关政府官员的访谈也一定程度上印证了制度作为"就业缓冲带"和"人才培养的蓄水池"的作用，具体如下：

北京市Y县村官办负责人：大学生村官政策不是解决大学生就业的主要渠道，只能某阶段一定程度缓解大学生就业。

北京市Y镇委员：当大学生村官就是为了解决就业，好学校毕业以及外来的大学生就是为解决北京市户口，或者是目前没有找到合适的工作。

甘肃省H镇书记：国家出台大学生村官政策不光是为缓解就业，但对缓解就业有作用。

江西省X县组织部副部长：如果说这个政策就是为了缓解就业那就不是好事，这会慢慢让人形成一种不良好的心态。大学生毕业后，首先考村官，考上后就坐在这里等待观望，工作也不好好做，整天想着将来的出路。既然在这岗位上，就要做好事情，如果做不好我就要惩罚你，这对其他干部也公平，是起点上和激励上的公平。

江西省H镇副镇长：提出就业缓冲带这个观点不能说没道理，说明社会上是存在这种问题。有些大学生毕业后把村官当作跳板，因为当时找不到工作，大学生村官工资也不是太低，又由于官本位思想，认为这个职业好歹也是个官。

江苏省G镇主席：我认为大学生村官制度成为就业缓冲带是有一定道理，今年我看见一个网上报道，70%的大学生还没有找到工作，还没有找到就业门路。

福建X区组织部副部长：应该说客观上起到一定的就业作用，特别是对大学生村官而言。但是，对整个国家大学生的就业来说作用不大，因为人数有限。

2. 成为再就业培训基地

中国的发展在很大程度上取决于农村的发展，或者说农村发展的质量直接影响中国发展的质量。因此，大学毕业生进入农村锻炼接受培养，成为知农村和懂农村的人才，是中国发展战略的重要环节。可以说，除去就业缓冲的效果之外，最重要的是为大学生村官再就业镀上一道金边，制度也自然而然成为就业培训基地。具体如下：

　　北京市 Y 县村官办负责人：从某种意义上讲，大学生村官作为就业缓冲带有一定作用，但是我们县村官办更强调人才培养。

　　甘肃省 W 县组织部副部长：从培养锻炼干部来说，该制度给大学生村官提供了一个 3 年在农村环境下锻炼的机会，将来有些可能成为国家各阶层的领导干部，也有一部分可能成为企业老板，这是培养人才的道路，而缓解就业只有很小方面。

　　江苏省 R 县组织部副部长：如果大学生村官政策只是考虑就业问题的话，那这些大学生也就不用下来了，自己找工作好了。缓解就业只是一小部分，关键是人才培养。

　　福建省 X 镇组委：该制度确实起到了缓冲就业的作用，但更重要的是未来这些年轻人到农村锻炼后对整个国情更加了解，从他自身的成长方面到村里任职对其成长也是财富。

3. 成为创业的途径

　　《长效机制意见》提出，"各地将结合实际，建设和完善一批投资小、见效快的大学生村官创业园和创业孵化基地，认真落实高校毕业生创业的各项优惠、扶持政策。重点帮助和支持那些有创业意愿、创业能力、创业优势的大学生村官。强化大学生村官创业指导服务，积极开展信息咨询、项目开发、创业培训、创业孵化、小额贷款、开业指导、跟踪辅导等工作。各级共青团组织将大学生村官创业纳入促进青年创业就业总体部署。高等院校积极开展创业教育和实践活动"。针对大学生村官创业，调研省份在一定程度上都出台和配套了相关政策，并给予一定的人财物支持。例如，北京市 Y 镇村官办负责人举例说道："像谢村官的大棚，头一年办了 6 个大棚，后来发展到 11 个。当时镇里拿出资金来帮助他、支持他、扶持他，每一个大棚支持 500 元，并通过口头开会、报刊、媒体等方面进行事迹宣传，同时也搭建平台让他们通过演讲进行自我宣传，分享想法和经验。实际上，只要大学生村官有好想法，政府就会去扶持，让他们做大做好。"

调研发现，各省均出现了一些大学生创业的成功案例，但总体不多，具体如下：

案例4：在 2012 年 3 月，福建省 X 区 2011 级大学生村官 C 经过多方走访调查与协商，与村民联合投资创建一个结合农作物种植业与蜜蜂养殖业的基地——蜜蜂葡萄授粉实验基地，主要用于研究通过利用引导蜜蜂在葡萄花期参与为葡萄授粉等专业技术，以实现提高葡萄产量和葡萄的授粉率、提高工作效率、节约用工成本等目的，从而实现创收。经过半年多的发展，蜜蜂葡萄授粉实验基地共拥有 10 群授粉专用蜜蜂，生产实验用大棚葡萄园 5 亩，2012 年 6 月实现亩产葡萄1500 公斤左右，节省用工成本 2000 元人民币，实现亩产毛利约 1.6万元人民币。他的蜜蜂授粉水果颗粒均匀、甜度高，受到经销商和消费者的一致好评，为当地村民带来了极大的经济效益。当地葡萄种植户 C 高兴地说："大学生村官有文化、见识广、点子多，我们太需要这种能带领我们发家致富的领头人。" 2013 年 3 月，该基地被 L 市 X区委组织部授予 "X 区大学生村官创业实践基地" 称号。同时，该基地正着手创建自己的蜂蜜品牌，已经向国家商标局提交了以 "聘蜂"为名的商标申请，为将来基地蜂产品的统一包装销售打下了坚实的基础，从而进一步提高广大村民的收入，这也是他作为一名大学生村官创建蜜蜂葡萄授粉实验基地的最终目的。

案例5：福建省 X 区 2012 级大学生村官 W 创建淘宝街，把村里的产品通过淘宝网的营销方式卖到全国各地，改变了农村传统的产品销售模式。大学生村官任职的培村位于 X 区西部，距市区 20 公里。全村有耕地 860 亩，林地 1.4 万亩，茶叶种植面积 1530 亩。辖区内现有各类企业 50 多家，其中竹制品加工企业 42 家，茶叶加工企业 10家，2010 年村集体经济收入 42 万元，农民人均年收入达到 1.38 万元，是闽西远近闻名的"竹席之乡"和"茶叶之乡"。他通过反复地做村两委班子成员的工作，最后村两委同意他的想法，把村委会的临街店铺打造成"淘宝街"，然后通过出租的形式租给村民或企业，让他们通过淘宝网就可以将村里的竹席和茶叶销往全国各地，村委会和村民的收入都增加了，企业的销售额也增大了。村干部都高兴地说："真没想到，坐在家里就可以把生意做到全国各地，大学生村官的法子就是新鲜。"

案例6：江苏R县2007级大学生村官F于2008年创办春华塑料模具公司。公司注册资本200万元，厂区占地面积15亩，主要经营模具研发设计、塑料制品、五金制品制造及进出口业务，现有员工45名，其中大中专生20名，当地村民20余名，有效地缓解了当地村民就业压力。当地村民高兴地说："我们现在不用去外地，在自己家门口就能轻轻松松地每月赚到三千多元，还能照顾到家里，真希望有更多的大学生村官带领我们发家致富"。该公司生产的产品在国内的市场份额逐年增加并远销国外市场，公司销售收入成倍增长。

以上案例都是比较成功的典型案例，均属于部分省的个案，且与政府的大力支持分不开。在访谈中，大学生村官F对调研组发表了自己的创业感言，他说："上级党委政府对我们大学生村官的扶持政策，是我取得初步创业成功的关键。我的创业之路，如果没有首期无息贷款启动，没有'创业导师团'的指导，没有'结对互助'工程的实施，就不可能走得如此顺畅，公司就不可能得到如今的成长。我坚信：在上级党委政府的正确引导之下，在我们大学生村官坚持不懈的探索和实践下，一定能走上成功创业之路，带领村民共同致富，建设好我们美好的家园。"

综上所述，自大学生村官政策开始实施时，服务期满的大学生村官们出路是各方集中讨论的焦点问题。很大程度上他们出路的好坏直接影响到大学生村官在农村扎根工作的热情和信心，这也是此项政策能否健康持续发展的关键因素之一。

第一，在缓解就业方面发挥了一定的作用，但是还可以继续挖掘潜力，让全国所有的行政村实现一村一名大学生村官，扩大缓解就业带的范围。

第二，在人才培养方面，提供了一个知农村、懂农村的实践机会，为国家持续培养出一批后备干部，为下一步大规模城镇化奠定了人才基础。

第三，五条出路全面总结出了大学生村官再就业的途径，但是每一条路都需要3年在农村任职的大学生村官花费很多精力去准备。如大学生村官选择考公务员和继续学习两条路，只能是在3年过程中埋头苦读，准备参加考试。如大学生村官选择创业出路，实践表明，当地的配套政策尤其是资金配套方面往往缺失，加之大学生村官年轻经验不足，这条出路可以说缺乏现实土壤。如大学生村官另行选择出路，又往往导致大学生村官无心在农村工作。只有留村继续任职的出路能够留住大学生村官，但是农村生活条件的艰苦和发展机会的缺少，往往让大学生村官大打退堂鼓。

第五节　人才培养的实效分析

大学生村官制度更深远的意义在于源源不断地培养出知农村、懂农村的青年人才队伍，为农村长远发展奠定人才基础，这也是制度实施的核心要义之一。调研结果表明，制度实施客观上已经起到了人才培养的作用，但是从国家到基层系统的大学生村官的再教育基本缺失，这对于塑造大学生村官的价值取向以及帮助大学生村官适应岗位均有害处。因此，本研究拟通过制度实施以来的人才培养情况为分析基点，评价在这方面的取得的实效。

一　大学生村官培养的基本情况

大学生村官制度设计初衷是培养知农村、懂农村的人才，因此，从中央至基层政府至乡村均有计划和措施，下面将从不同层级介绍大学生村官培养的基本情况。

（一）中央层面的培养计划

2009 年 5 月，中组部、中宣部、教育部、公安部、民政部、财政部、人力资源和社会保障部、农业部、国家林业局、国务院扶贫办、共青团中央、全国妇联等部门联合发布《关于建立选聘高校毕业生到村任职工作长效机制的意见》（组通字〔2009〕20 号），该文件有关大学生村官培训的政策、内容和举措等规定如下：

制定培训规划。省区市党委组织部要把大学生村官纳入整个干部教育培训规划，建立健全大学生村官岗位培训制度，制订年度培训计划，并每年至少举办一期示范培训班。市、县两级要组织实施好大学生村官培训工作。大学生村官任职上岗前，都要安排岗前培训。聘用期间，每年至少安排一次岗位培训，累计时间不少于 7 天。兼任乡、村团组织职务的，由共青团组织纳入农村团干部培训规划。参加培训情况，要作为大学生"村官"考核、推优的依据。

突出培训重点。大学生村官教育培训要针对岗位特点，坚持以政治理论和思想道德教育为基础，以党的路线方针政策、涉农法律法规、市场经济知识、农村经营管理知识、农业实用技术、农村基层组织建设以及开展调查研究、做好群众工作、进行自主创业等为重点，以提高做好农村工作、带领群众创业致富本领为目的。培训中要注重讲解"三农"工作的方针政策，介绍新农村建设情况和乡风民俗，传授开展农村工作的经验方法，帮助大学生村官尽快进入工作角色，打开工作局面。

拓展培训渠道。依托各级党校、行政院校、高等院校、干部学院、干部培训基地、远程教育站点、团校等，大力加强大学生村官的系统培训。通过优秀大学生村官介绍体会、乡村干部传授经验、组织大学生村官实地考察学习等灵活多样的方式，强化大学生村官的技能培训。教育、科技、农业、人力资源和社会保障、扶贫等部门要发挥优势，整合资源，积极开展大学生"村官"专项培训。高等院校特别是农业院校，要结合大学生"村官"特点和工作需要，开展继续教育和研究生同等学历教育。

另外，中组部下发《关于做好 2011 年大学生村官选聘工作的通知》（以下简称《通知》），在教育培训方面，《通知》要求"各地加大大学生村官的教育培训力度，认真组织实施大学生村官培训工程，确保大学生村官每年至少接受 1 次培训。要建立省市县三级分类培训体系。省一级主要抓好示范培训，市一级抓好创业培训，县一级抓好适岗培训。注重采用务实有效的培训方式。大力倡导体验式跟班、专题式学习、实战式训练。课堂不一定在党校，可以是田间地头；教师不一定是名家，可以是经验丰富的村支书，要让大学生村官学得会、记得住、用得上"。

（二）县乡层面的培养计划

根据 5 省市县组织部领导、乡镇大学生村官负责人的访谈得知，各省根据大学生政策中相关培养培训条例，县和乡镇两级都制订了一些大学生村官培养计划，具体如下。

1. 县层面的大学生村官培养计划①

针对各县层面的大学生村官培养，我们从培养政策、内容以及培训举措等进行分析，具体内容如下。

（1）相关政策和具体内容

一是出台若干政策。5 省市中各县关于大学生村官培养方案都有相应文件出台（表5—61），有的地方出台的政策是套在大的政策之下，如甘肃省 L 县和 W 县根据《甘肃省选聘到村任职高校毕业生管理办法（试行）》的通知要求来进一步培养大学生村官；有的地方出台的是专门的培养政策，如福建省 L 市 X 区《构建"三向三促"机制创新大学生村官培养管理工作》；江苏省 R 县的《实施新"135"计划，促进大学生村官快速成长成才》。

---

① 北京市和江苏省相关县的不同计划：1. 北京市 Y 县组织部门、人事部门高度重视留任大学生村官，实行跟踪培养方式，定期召开留任村官代表座谈会，并推荐优秀人员到县直机关部门工作。截至 2011 年年底，大学生村官中有 4 人选拔到县政府办，1 人调入县应急办，3 人选拔到县委组织部，1 人调入老干部局，11 人调入县人力社保局。此外，11 人竞聘为副科级以上领导职务。2. 江苏省 R 县构建基层一线的党政干部和新农村建设人才"培养链"，截至 2012 年年底，全县 243 名大学生村官中有 7 人担任村党组织书记，4 人任村主任，6 人进入镇党政领导班子。福建省 X 区中，2011 届 15 名大学生村官中有 1 人创业，12 人担任村党支部副书记，考取省组选调生 7 人、公务员 1 人、事业单位 1 人。

表5—61　　　　　　　　　5省市各县的大学生村官培养

省市	县	大学生村官培养的相关文件
北京	Y县	关于进一步推进大学生村官工作的实施意见
甘肃	L县和W县	甘肃省选聘到村任职高校毕业生管理办法（试行）
江西	X县	关于进一步加强大学生村官管理工作的实施意见
江苏	R县	实施新"135"计划①，促进大学生村官快速成长成才
福建	X区	构建"三向三促"机制创新大学生村官培养管理工作

　　二是严格选拔。5省市中各县的大学生村官在选拔程序上都严格报批，对报名人员进行资格审查，进行能力测试等。如江苏省R县通过严格选拔程序产生100名村党组织书记后备人选。福建省X区在大学生村官参加初任培训时，组织填写《大学生村官到村任职意向表》，自愿选报拟任职村类型，区委组织部结合双方需求，提出大学生村官任职村安排方案，努力提高人岗相适度。

　　三是帮扶培养。如北京市Y县按照大学生村官以村级工作为主的原则，实施轮岗轮训，进一步统筹大学生村官优势资源，安排大学生担任村党组织书记助理和村委会助理的同时，根据他们的不同特点和工作需要，安排其在乡镇、村级群团组织、服务机构、公益组织、各类协会组织等单位兼职，使其特长得到充分发挥。甘肃省L县和W县要求大学生村官到村任职第一年，各乡镇党委确定一名领导具体负责帮带工作，协调解决具体问题；要求村级党组织和村委会认真培养大学生村官，给他们压担子、交任务、严要求；并选派大学生村官到农业产业化龙头企业、农业示范园区、专业合作社和专业协会参与实践锻炼，学习创业知识和积累创业经验。江苏省R县根据各镇实际需要，分批将大学生村官安排到招商引资、拆迁拆违、港口围垦、海洋

---

　　① "135"计划是指培养大学生村官一年融入、三年胜任、五年提升的目标；在此基础上，加大对大学生村官的使用力度，实施新"135"计划，即用两年时间在全县大学生村官中培养10名科级干部、30名村（居）党组织书记和50名村两委主要负责人，并保持这个常量不变。

铁路、省道修复等重点工作和重大工程中历练，提升实践能力。福建省 X 区建立"四位一体"帮带机制①等。江西省 X 县要求乡镇组织委员要与大学生村官结成帮扶对子，指导大学生村官理清思路，规范工作，为他们顺利开展工作提供支持。要每月召开一次工作例会，组织大学生村官及其所驻村"两委"干部进行经验交流，开展学习讨论，提出工作要求，帮助解决实际问题。

（2）县层面的大学生村官培训举措

根据 5 省市各县组织部领导的访谈得知，各省根据大学生政策中相关培养培训条例，县级制定了一些大学生村官培训方法。如北京市 Y 县明确了县、乡镇"两级"培训职责，印制了《大学生村官培训手册》，规定年度培训任务指标，并根据不同需求，开展多层次、有针对性的培训。

2. 乡镇层面的大学生村官培养

在 5 省市进行的调研当中，针对各乡镇层面的大学生村官培养，具体内容如下。

（1）乡镇层面的大学生村官培养政策和内容

一是增加培养大学生村官的投入。在薪资水平和福利待遇上，大学生村官享受待遇尽量等同于乡镇机关公务员；在吃、穿、住、行方面，靠近镇政府的村庄尽量安排在镇政府宿舍居住，远离镇政府尽量安排在村委会居住，每一位新任大学生村官发放一辆自行车方便交通等。

二是为大学生村官发挥特长搭建平台。鼓励大学生村官对于乡村工作提点子，对于切合实际的，具有可操作性的，镇党委和政府在经费及人员上给予大力支持。

三是要求大学生村官坚持记录民情日记。镇村官办②为帮助大学生村官尽快熟悉了解村庄的民俗风情，要求大学生村官坚持记录民情日记，每半年收集一次，并通过民情日记了解大学生村官工作开展情

---

① 即分别安排一名乡镇分管领导、下村干部、往届村官、村两委干部，在参与村各项工作中传经验、帮业务、带作风，使其成为村级骨干后备人才。

② 乡镇大学生村官管理办公室，简称镇村官办。

况以及工作生活中遇到的各种问题。

四是针对大学生村官的流失现象采取的措施。如北京市 Y 县 2006 年大学生村官的流失率达到2%，一些乡镇甚至达到10%，流失不仅仅是到期流失，也存在中间流失现象，乡镇采取了毕业生实习制度和设置专项事业编两种方式来避免流失。江苏采取了毕业生实习制度，对大学生村官职位感兴趣的毕业大学生可以选择到目标乡镇和农村实习的方式，熟悉了解农村工作之后再进行选择，避免出现后悔选择现象。甘肃等地采取专向事业编措施，乡镇为优秀大学生村官设置专项事业编制，以保证其在业期间安心工作。

（2）乡镇层面的大学生村官培训举措

根据5省市各乡镇大学生村官负责人的访谈得知，各省根据大学生政策中相关培养培训条例，乡镇一级也制定了一些大学生村官培训方法。5省市中各省乡镇层面对大学生村官的培训不一，例如，北京市 Y 镇针对大学生村官从一入职就开始培训，主要从人生哲理培训到技术培训，还有技能培训、专项培训等。江西省 H 镇，甘肃省 G 镇、H 镇几乎没有针对大学生村官的培训，主要是参加县里组织的培训。江苏省 G 镇针对大学生村官的培训主要以县里和镇里的联谊平台进行培训，有时候会组织他们出省培训。福建省 Y 乡主要把大学生村官培训纳入村主干培训中，即党员培训、村干部培训，大学生村官必须参加，培训内容主要是政策和工作方面等。

二　对人才培养的整体实效分析

（一）人才培养评价指标体系建立

邀请评价的群体选择：对大学生村官制度在人才培养方面发挥作用的评价，研究主要选择了村干部、村民和大学生村官。而县、乡镇政府官员主要是进行深度访谈。

评价要点和评价的档次：选择"培训的内容""培训的方式""培训的周期""培训的机构"和"培训的地域"作为评价指标，每一类指标均设有不同的评价侧重点，如"培训的内容"的要点侧重于大学生村官的价值观、政策、技能、创业、财会、法律等。同时，评价档次设定"非常好""比较好""一般好"和"不好"四档，以在程度方面能够区分制度在人才培养各方面的实效等，具体见表5—62。

表5—62　　　　　　　　　　人才培养评价指标体系

评价指标	评价要点
培训的内容	大学生村官的价值观、政策、技能、创业、财会、法律等
培训的方式	自主选择、提问、互动、各级培训（如国家级、省级、市级、县级和镇级）
培训的周期	长期培训、固定培训
培训的机构	省市政府机构部门、农业院校的专家
培训的地域	省内培训、省外培训

（二）对人才培养实效的整体评价

从表5—63可知（大学生村官的调研数据已经去除表5—7中3.8%的数据），只有3%的大学生村官认为培训的机构和地域不好，前2项中比例加和超出三分之二。

表5—63　　　　　大学生村官对人才培养的评价集（%）

评价指标	评价			
	非常好	比较好	一般好	不好
培训的内容	11.0	57.6	31.4	0.0
培训的方式	14.2	47.8	30.2	0.0
培训的周期	9.7	51.6	38.7	0.0
培训的机构	28.1	49.4	19.1	3.4
培训的地域	15.0	47.5	35.3	2.2

从表5—64可知（村干部的调研数据已经去除了表5—5中9.9%的数据），30%左右选择非常好，前两项加和的比例均在70%。

表5—64 村干部对人才培养的评价集（%）

评价指标	评价			
	非常好	比较好	一般好	不好
培训的内容	31.0	37.6	31.4	0.0
培训的方式	34.2	37.2	28.6	0.0
培训的周期	39.2	31.6	29.2	0.0
培训的机构	38.4	48.2	13.4	0.0
培训的地域	25.1	41.5	33.4	0.0

1. 培训的作用

各地培训的形式多样，培训取得了不错的效果，具体如下。

北京市 Y 县政府组织岗前、岗中和再就业培训取得了不错的效果。岗前培训是通过选拔考试进入大学生村官队伍，在其到岗之前举行的有利于工作的系列培训。一方面帮助大学生村官提前了解农村和工作，另一方面便于县村官办①了解即将入职的大学生村官的整体情况。岗中培训是大学生入职后在工作当中的培训，主要是解决大学生村官在工作中的困惑和难题。再就业培训是大学生村官任职后期，为帮助大学生村官期满后再就业举行的培训。如针对公务员、企业、社区工作者等应聘岗位开展不同形式的模拟面试，受到大学生村官的欢迎。

甘肃省 L 县和 W 县组织部每年结合乡镇、村两委和大学生村官一起在县党校培训，一年一次，每次 7 天，培训内容包括党内建设、社会治安、民族宗教、信访、司法等知识。

江西省 X 县组织部将大学生村官和村干部全部列入县党员干部教育培训规划，定期在干部培训时邀请一部分大学生村官参加培训。另外，组织部以及县城部门需要干部跟班锻炼或借用时，采取大学生村官优先方式，定期派两个大学生村官到部里跟班学习，每次半年。

江苏省 R 县针对大学生村官培训是三级的教育培训网络，即县镇

---

① 县大学生村官管理办公室，简称县村官办。

村三级培训体系，如市里举行的首期大学生村官赴台培训，考察休闲农业和观光农业。另外，县里每年都要举办大学生村官通识培训和提高培训，通识培训即把他们集中起来，请专家教授和县里一些涉农的土专家，讲解农村发展和农业工作方面的专题；提高培训即对重点培养的大学生村官、第一书记以及曾经是大学生村官，期满后通过公推直选或公开选拔，任职村党支部书记岗位的这支队伍去外省培训，如2012年去山东潍坊培训了一个星期，2013年去广州和温州开展培训。

福建省X区针对大学生村官培训首先报到后在市里统一集中培训半个月，了解农村基本情况及相关政策，即新农村建设培训；其次，结束后省里会抽调去培训，即在村里工作后一年或半年到省里去参加培训，如组织去外地的创业培训；再次，区里对科级干部和年轻干部的培训会要求大学生村官统一一起培训；最后，每年对村主干进行培训，也要求大学生村官一定要参加。

2. 交流平台的作用

培训在相同的时间相同的地点将不同地点工作的大学生村官聚集在一起，搭建了相互间交流的平台。

北京市Y县还积极搭建了各种学习交流平台，通过编写《大学生村官风采录》、创办《妫川新青年》、建立村官QQ群、设立《知心信箱》、举办各种联谊会、趣味运动会等形式，促进大学生村官间的学习交流。

江苏省R县在全县大学生村官中公开选拔"实习书记"，进行专题培训。福建省X区每年开两次座谈会，学习文件并进行交流，请每个大学生村官发言，发表自己的经验体会。每次会议还请了老村官来现身说法，介绍各自的经验。另外建立了新农村大学生手机报编辑部，一是锻炼他们编辑写作的能力，二是互相交流经验。如对于擅长学习研究、文字撰写的大学生村官，安排参与编发大学生村官手机报，选派参加文秘、信息工作培训和跟班，着重加强公文写作、信息宣传等方面的培养，提高其文字综合能力。

综上所述：

第一，大学生村官培养不仅影响到这个越来越壮大的群体，而且也关涉农村的发展。但是大学生村官培养是一个系统工程，要系统解决需要法律保障、通用教材、稳定投入和稳定师资等。

第二，大学生村官培养是成人再教育一部分，应该将其列入相关的教育法规，从法律的角度上保障其运转的合法性。

第三，大学生村官们一致都认为需要培训，而且还需要一个长期培训的制度。至于培训周期和培训内容等则要县镇部门在培训这方面认真对待，要充分考虑到培训周期和大学生村官们的工作时间、工作性质、工作任务等各方面制定一个比较完善的培训制度，而不是一味地就培训而培训，也要根据各个村情概况做些适当调整和灵活机制。

小　　结

本章主要针对大学生村官制度实施的实效着手分析，具体表现在农村治理、农村发展、缓解就业、人才培养四个方面。

在农村治理方面：（1）进村两委政策。基层政府均支持大学生村官进村两委，有条件的地区已经全面铺开；村庄也同意支持大学生村官进村两委，但多数干部和村民表示不合村庄传统，进入也难发挥作用；而大学生村官均感觉名分和权利更实，利于发挥能力。实践效果看，基层政府与村庄基本认可已经进入村两委的大学生村官，认为发挥了一些作用，易于将现代管理方式融入村两委的决策和执行中，但参与村庄重要事务决策还有所欠缺。（2）参与党建工作。调研地区的大学生村官都不同程度参与此项工作，从事的工作主要包括政策的上传下达、档案整理等。（3）参与农民合作社工作。农民合作社具有私人性，政府和村庄没有积极推进大学生村官加入其中，因此调研地方参与的大学生村官较少，发挥的作用也极其有限，但能够参与其中的大学生村官多数具备一定的专业素质和知识，具有先进的市场化经营理念等，对农村合作社的发展有一定的帮助。

在农村发展方面：（1）农村经济发展。大学生村官的作用总体不大，一些作用主要表现在开拓市场、引进技术、组织产品展销、加强广告宣传、建立网站网页等方面，但是在这些方面均为辅助作用。

（2）农村社会发展。大学生村官的作用总体不大，一些作用主要表现在保护生态环境、协助抓好计划生育工作等，对于农村社会的事务性工作基本没有接触，原因是多数大学生村官为村庄的外来者，还无法融入村庄。（3）农村文化发展。大学生村官贡献很大，俨然成为一支大有可为的生力军，应该进一步赋权挖掘潜力，主要作用体现在村民培训、举办文体娱乐、提高了村里的信息化水平等。

在农村人才培养和缓解就业方面：（1）农村人才培养。作用较为显著，为大学生提供了一个知农村、懂农村的实践机会，成为我国农村人才的蓄水池。（2）缓解就业。制度发挥一定作用，但表现为"就业缓冲带"，因为大学生村官三年期满后多数要投入就业市场大军。

第六章　大学生村官制度实施的问题分析

　　针对农村治理、农村发展、缓解就业、人才培养这四个方面，上一章进行了大学生村官制度对这四个方面的实效研究，表明该制度在支撑农村经济社会发展方面与制度设计初衷还有一段距离，但在支撑农村文化发展，弥补乡镇基层政府人手等方面发挥了重要作用。为什么在农村经济社会发展方面会存在差距？这是一个需要深思的问题，不能将原因简单地归结于农村发展靠体制改革，大学生村官能力不行等因素。普遍看，存在农村社会盘根错节的亲缘关系不利于外来大学生深层进入，大学生村官管理还需要进一步完善，以及大学生村官无"心"在农村发展等核心问题。另外，不同地区还存在差异，如地区发展的整体水平、农村地理位置的偏远程度、不同的管理模式等主观因素。基于之前结构的问题和制度的实效分析，本章将从大学生村官制度在农村治理、农村发展、缓解就业、人才培养中所存在的问题入手，进行探讨。

第一节　农村治理方面的问题分析

　　我国目前农村治理存在三个重点：一是思路问题，即村庄选择国家行政治理还是村庄自治道路，趋势和选择都偏向了后者；二是党在村庄的基层化建设问题，这大致表明了国家和村庄之间的关系；三是机构问题，即作为领导村庄发展的村民委员会以及其他关系到村庄治理的相关机构的人员选择、责任、权利和义务等事情的规定性。大学生村官制度颁布以来，对于农村治理的作用就引发了需不需要大学生村官干预农村治理之事以及有没有发挥作用的争论。实际上第一个问题的回答对于已经实施了的大学生村官制度而言，无太多争论必要。本研究也侧重于对"有没有作用"进行评估，并找到一些问题所在。

通过第五章对村干部、村民、大学生村官的调研数据可知（表5—9、表5—10、表5—11），三个群体的评价结果较为一致，在"推动农村公共物品建设"和"处理群体性事件"两方面的作用相对较小，而且三个群体选择"基本没有作用"的比例基本上都占了30%左右。可得出结论，大学生村官制度在推动农村社区公共物品建设和处理群体性事件等农村治理方面发挥的作用并不大。出现这样的现象，归纳起来大致有以下的问题：

第一，大学生村官缺少外部资源，几乎没有任何政治方面的增量资源的注入，因此，在乡村治理的方方面面，尤其是在"推动农村公共物品建设"和"处理群体性事件"等方面，几乎属于失声状态。

第二，大学生村官缺少内部人际网络资源，农村治理的各个方面需要乡村内部的人际资源来调动，因此，仅能在国家通过制度定下来的参加村两委工作等方面发挥一些作用。

基于大学生村官参与的村两委、基层党建、参加农民合作社等相关工作，第五章已经做过一些实效的评价，下文将从实效评价的结果来分析相应存在的问题，具体如下：

一　参加村两委工作的问题分析

（一）基本情况

根据上一章中关于大学生村官进入村两委的实效分析可知，各地大学生村官进入村两委的情况并不一致，如江苏省执行此政策比较早，其中有些地市在 2009 年就开始组织大学生村官进入村两委的工作，江西省的一些地市在 2010 年后开始此项工作，但是部分省的一些地方还没有启动该项工作。五个调研省也存在类似情况，而且大学生村官进入村两委的形式也有区别。针对于此，我们调研组在 5

省市进行了大量的问卷调研和深度访谈，从表5—13可知，北京市和江西省分别有12.6%和11.2%的村庄没有开展大学生村官进入村两委的工作，福建有7.0%，甘肃和江苏只有1.6%和2.0%的村庄没有开展此工作。从表5—14可知，5省市中共有63.4%的大学生村官没有加入村两委，其中北京市占19.2%，江西省、福建省、江苏省分别占15.4%、14.2%、12.2%，而甘肃省最低，只有2.4%没有加入村两委，这是因为甘肃省的政策是选聘大学生村官到村里任职，如果是党员通过党内选举直接任命为村党支部副书记，意味着可以直接进入村两委。

1. 从村干部的角度看问题

从调研的5个省份来看，还是有一部分村干部不支持村官进入两委，原因包括：一是村庄宗族观念特别强，很多事情都由村宗族大户管理，村庄重要职务外人难于担当，也不符合农村情况；二是村官进入两委不能发挥实质性的作用，因为农村不仅存在复杂的社会结构，还存在短时间内难于取得村民信任的问题等原因。

北京市唐村会计：村官擅长文笔，但是具体事物处理方面欠缺。即使进入了村两委也不能决策重要事物，不可能替代村书记和村主任。

北京市唐村的村主任：即使村民选大学生村官进入村两委，也要看他们的本事，能够引进项目给村庄带来实惠才会得到村民信任，否则村干部和村民都不会听你指挥。

福建省璜村主任：农村关系网非常复杂，大学生村官很难适应也很难处理事情，尤其是涉及村民利益的事情。

部分村干部持需要一个双方适应的过程的观点，主要认为：一是村民的信任和认可有一个适应阶段和认可阶段；二是处理农村事务需要能力更需要实力，年轻的大学生村官经过历练之后，会更适合。

北京市河村会计：我个人无所谓，但是对于大学生村官来说，村民的信任和认可有一个适应阶段和认可阶段。如果你没有给村民带来实惠，村民就不认可你。只有 3 年服务期，时间稍微有点短，等认可融入了服务期也满了。

北京市唐村妇女主任：本村大学生村官进入两委很不容易，一是村庄对大学生村官的信任度不够；二是大学生村官年纪较小，经验不足，难于胜任村庄重要事情；三是要想赢得村民的认可，只能靠他们自己去争取。

2. 从大学生村官的角度看问题

部分大学生村官持否定态度，认为加入村两委后不一定能更好发挥作用。

福建省大学生村官 H：个人认为大学生村官进村两委不适合。首先，大学生村官可以起到在支部和村委会两个部门之间的缓冲，起到润滑剂的作用，是一个桥梁。但是你一旦进了村两委，在这一方面发挥的作用就会受影响。其次，从基层组织和村民的角度考虑，不应该进入村两委。因为各村都有职数指标，进入村两委后，势必会影响他们的利益，他们肯定会排斥你。

部分大学生村官持中立态度，认为进入村两委后能不能更好地发挥作用依据个人能力。

北京市大学生村官 S：事情都有两面性，利弊各占一半。进村两委可能会带来新思路和想法，但是由于我们的年龄和社会经历以及对农村的了解不深入，在工作中会遇到困难，提出的建议可能会行不通，对于两委的整个决策方面会有一定的影响。

福建省大学生村官 Z：个人认为大学生村官是否进村两委无所谓。首先我们不是村里人，平时开会或参加村支部生活或村集体生活时，提出自己的建议和想法，尽自己最大努力去做这些事情，我觉得这就能发挥到我们的作用。可一旦我们进了村两委后，包括一些选举或福利的分配，参入这些事情就会给村里造成压力。

福建省大学生村官 C：对这个问题要区分看待。首先，穷村应该引导大学生村官进入村两委，如果是富裕村，就没必要了。穷村没有利益之争，如有能力可以带领村民致富；富村利益多，矛盾多，也不需要大学生村官支持致富。

江西省大学生村官 Z：个人认为进不进村两委没关系，主要加强在大学生村官工作中发挥自身的主动性。不管是否进入村两委，都要主动去参与村里的活动、政策的提议以及加强与村民的联系。

江苏省大学生村官 D、P：是否进村两委不重要，关键是本人是否真正符合条件，看自己的意愿，是否有能力驾驭这项工作。

总的来说，根据访谈和问卷调研可知，很多大学生村官在村里难于发挥作用主要问题包括：一是很难参与村两委的重要决策；二是对改变村两委的管理模式现阶段难于发挥；三是大学生的新知识新思想新方法还很难被村两委干部重视。

（二）重要问题

总体而言，大学生村官参加村两委工作的具体问题如下：

一是在竞选村职位时大学生村官是外来的"陌生人"（尽管有本地大学生但本村大学生村官偏少）。村民自治法中要求村两委的干部必须来自村庄自身，这项规定已经在乡村两委任选干部时广泛执行，尽管在大学生村官制度中也有规定，大学生村官可以参加村两委领导的选举，但是这种制度上出现的碰撞一定程度影响了村民对后者的接受度。更为主要的是，乡村各项事务的处理如果启用外来的大学生村官，很难平衡村庄群体的利益，特别是在一些宗族血缘关系较为紧密的村庄。因此，如果在村期间得不到乡村各类群体的认可，与本村的村民一起竞选村两委职务时缺乏群众基础。

二是时间问题。如大学生村官在任职 2—3 年期间内不一定遇见所在村的选举换届，也就意味着他们的任期和村换届选举正好错开，如果制度要求大学生村官普遍进入，可能需要在制度上有一个衔接的明文规定。

三是地方根据情况弹性执行中央政策。调研期间发现还有部分地区没有实施大学生村官进入村两委的政策，出现这些情况的原因是多样的，但总体看是当地村庄不认可大学生进入村两委的政策。

四是村两委选举的竞争是有差别的竞争。按照程序，表面上是同台竞选透露公平，实际上还是存在有差别的竞选，如果通过程序选举，大学生村官竞选不上的比例很高。

二 参加乡村党建工作的问题分析

（一）基本情况

当前，乡村党建工作中存在很多问题，但是，从重点来说主要包括以下三层的问题：一是乡村党组织队伍比较涣散，执行能力比较差，对于政策的理解存在缺位，为人民服务的精神和行为有缺失；二是乡村党员年龄多数偏大，很多地方甚至出现七个党员、八颗牙的说法，急需新鲜血液的补充；三是乡村教育欠发达，党员也都来自村民，整体文化素质偏低，难于跟上现代化管理的节奏。

针对这三层的问题，以大学生村官的资历和资源，难于系统或深层次地解决问题。根据大学生村官在乡村党建工作的实效分析可知，大学生村官在乡村党建中主要从事"宣传政策"和"建立档案"等事宜，对于解决乡村党组织比较涣散的问题、提高整体素质还难于达到理想的效果。从表5—18中可知，5省市大学生村官在"是否参与基层党建"的调研问题中，选择"偶尔参与"和"从未参与"这两项的共有31%的比例，其中江西省两项占了14.2%。表5—19中数据显示，5省市分别有43.4%和68.5%大学生村官没有参与组织活动、发动群众等工作，而且各省没有参与发动群众工作的人数比例也相当，均占了13%左右。这些数据反映了两个方面的问题，一方面表现出大学生村官参与的党建工作有限，另一方面表现出大学生村官的能力难于深层次和系统地解决乡村党建中的突出问题。

甘肃省H镇的书记：现在农村党员支部书记普遍存在老龄化问

题，新上任的党员太年轻，没有经验。但是支部权利主要在党支部手中，大学生村官很难发挥作用。农村党员普遍懒散、不积极等，仅仅依靠一两个大学生村官难于扭转。

甘肃省 G 镇的书记：根据目前的大环境，大学生村官们只要把党员作用发挥好，不干坏事就可以了，实际在基层党建方面帮助不大，主要搞些调查，党员教育管理方面，如镇上开评议表彰会议，党员组织下的会议，了解党员的思想状况等常规工作，真要创新改变现状还不行。

（二）重要问题

总体而言，大学生村官参与乡村党建工作的具体问题如下。

第一，大学生村官解决基层党建中存在的问题发挥作用有限，如难于兼顾解决党组织队伍涣散，素质提高等问题，主要原因是综合因素，如个人能力不足、带领村民的威信不足、对农村党支部工作的要求还体会不够、社会网络体系难于融入、自身的权利还是不够等多种问题。

第二，大学生村官参加解决基层党建中存在的问题深度不够，主要从事政策的宣传和档案的建立等工作，原因是现在多数村干部电脑处理文字的能力较为缺乏，大学生基本具备这一能力，所以在过去文字档案工作缺失的情况下，能够衔接好类似工作。

第三，村庄党支部等相关机构一定程度上排斥大学生村官，原因是村庄党支部已经形成了一个圈子，大学生村官由于时间短、个人能力不足等原因很难在这个圈子里站住脚，并发挥作用。

三　参加农村合作社工作的问题分析

（一）基本情况

目前，农民合作社主要问题大致有三个，一是享受国家和地方优惠政策拿补贴，但处于休眠状态的农民合作社数量很大；二是处于运转状态的农民合作社，多是懂一些技术的农民参加，缺乏市场人才；三是现有农民合作社吸纳的社员大多是农村的精英，普通村民往往在外面。从这些问题出发可以简单归纳出一些农民合作社的工作：一是需要大力宣传农民合作社的相关政策和利益之处，更广泛地吸纳更多的群体加入；二是在对相应的农业生产技术进行科普的基础上，还需要吸引懂市场懂经营的人才为农业产品的销售开发渠道；三是一些农民合作社的常见工作，如合同文件起草等工作。

从大学生村官制度对农村合作社贡献看，大学生村官了解和参与农村合作社工作还远远不够，如大学生村官对农村合作社"了解一些""不太了解""不了解"的比例共占了56.8%，大学生村官"偶尔参与""从未参与"农村合作社工作的占64.4%。从村干部对大学生村官此项工作的评价看，多数的村干部认为仅有一些作用（第五章表5—23、表5—24的数据）。

综合农民合作社的情况问题以及调研数据，大学生村官对农村合作社的作用有限，一些工作主要体现在如"对合作社的农民宣传新政策""制定合作社相关文件""为合作社的产品制定销售方案""为合作社产品发布广告"工作等，但是做到"为合作社产品跑销路"的大学生村官寥寥无几。

（二）重要问题

一是大学生村官自身的能力和专业未能有效促进农村合作社的发展。农村合作社具有很强的专业技能性，如果大学生村官的专业能够满足农民合作社的需求，大学生可以从专业角度对农民合作社的工作做出贡献，但是多数大学生村官的专业与农民合作社的需求差距很大，因此做出的贡献度相对较小。除专业要求外，农民合作社需要吸引懂营销和跑市场的人才，整体而言大学生村官在这方面还有差距。

二是县乡政府在这项工作中难于发力。农村合作社多是私人牵头性质的机构，不属于体制管辖范围，县乡等基层政府难于发力，更多只能通过推介或鼓励大学生村官根据个人技能主动寻找或者创立农民合作社。如甘肃省L县组织部副部长认为："合作社由村民自发组织，大学生村官能否参与进去是个人行为，如果他能起到帮助作用，那么合作社就会把他们引进去。"

第二节 农村发展方面的问题分析

从第五章的实效评价看，大学生村官在农村发展方面整体作用欠缺，尤其是农村经济、农村社会两个方面。但是从对农村文化发展的作用看，大学生村官的作用较为突出，且潜力值得继续挖掘。导致这些情况的原因很多，综合来看，主要有两个方面：一是大学生村官不是本地人，也无权利支持；二是大学生村官年轻，缺经验、缺资源等。本节将从农村文化发展、农村经济发展和农村社会发展三个方面分析大学生村官制度存在的问题。

一 农村文化发展的问题分析

（一）基本情况

1. 村干部的看法

村干部评价大学生村官在农村文化发展方面的作用主要是基于两个指标，一是对村民在电脑技术、艺术方面的培训；二是组织村民参加体育娱乐活动。在这两个指标上，村干部均认为大学生起到了较为重要的作用，但并没有起到关键作用。村干部的判断主要原因是：组织村民培训和体育娱乐活动的资源主要来自政府和村庄相应的拨款；大学生村官对农村文化发展发挥作用的村庄多数有一些传统的文化基础。

2. 村民的看法

相对于村干部而言，村民对大学生村官在农村文化方面的作用评价更为个人化，接触和参加过培训的均或多或少评价有作用，没有接触和参加过相应培训的均表示没有作用。从参加培训和组织体育娱乐活动两项指标看，均有 40% 左右的调研村民认为大学生村官发挥的作用十分大。村民的判断主要的原因是：村民是该项制度对文化作用的直接受体，感触和收获最为真切，所有只要参加了相关活动均表示作用很大，没有了解或参加的村民自然会选择没有作用。

3. 大学生村官的看法

相对于村庄干部和村民等群体的评价而言，大学生自我评价更加谦逊一些，多数认为没有发挥关键作用，更多的是辅助作用。大学生的判断主要原因是：一是个人的能力和资源都有所欠缺，难于在整体的农村文化发展方面发挥重要作用，更多的是星星之火；二是也仅有部分的大学生村官具备艺术素养和相应的技术，整个群体也未必都能发挥作用。

（二）重要问题

从以上分析看，大学生村官在农村文化发展方面难于发挥关键性的作用主要问题如下：

一是经费缺乏，调研发现很多大学生村官在村里举办活动时，没有固定的经费来源，资金渠道不畅，经常由于经费得不到保障而放弃很多活动，所以建议有关部门给予一定的经费保障，加大经费的投入，确保大学生村官有足够的条件开展活动。

二是大学生村官势单力薄，由于村组干部自身素质不高，缺乏管理经验，部分干部对于日常村务的处理，是能敷衍则敷衍，当大学生村官在村里举办活动时也不积极配合和参与，甚至泼冷水，造成大学生村官感到势单力薄。

三是在基础设施方面还缺乏场所，调研各省因为经济条件不一，虽然部分县镇有资金支持，村里建成了篮球设施、乒乓球桌等，但是还是有很多村里没有相关的基础设施和场所，导致大学生村官举办活动时经常找不到地方。

二 农村经济发展的问题分析

（一）基本情况

农村经济发展对村庄的干部和村民是一个实实在在、可以用钱来衡量的指标，对村庄群体而言，只要带来实惠、有改变，才能得到好的评价。基于这样的情况，大学生村官在农村经济发展中得到的评价几乎是没有作用，即使有一些作用，也是微薄之力。如5省市中共有60.0%的村干部认为大学生村官没有为本村招来商家投资，共有81.2%的大学生村官认为自身没有为本村招来商家投资，75.4%的大学生村官没有引进技术，77.4%的大学生村官没有开拓市场。社会各界对于大学生村官在农村经济发展方面发挥的作用可谓最为关注，同时也最为容忍，主要原因是农村发展很大程度依赖于农村经济的发展，大学生村官制度有无作用取决于对农村经济的发展，但是最为主要的原因则是大学生村官是个年轻的群体，让其在国家投入巨大都难于做好的事情中发挥重要作用，似乎有些勉为其难。

（二）重要问题

综上所述，主要问题有两个方面：

一是大学生村官作为一个年轻而又缺经验、人脉和资源的群体，难以在农村经济发展方面发挥实质性的作用。能够做得一些事情主要是宣传、建立网站网页、完善营销网络等，而有关农村经济发展的实质内容还是有所欠缺。

二是农村经济发展是一个系统工程，可以将大学生村官作为其中的一个环节，但是在无其他配套政策配合的前提下，大学生村官在农村经济发展方面发挥重要作用的可能性不大。

三　农村社会发展的问题分析

（一）基本情况

1. 村干部的看法

村干部对大学生村官在农村社会发展中的作用的评价均是否定，或者说基本没有发挥作用，如在"维护农村社会治安""提高村民社会保障水平"方面，分别有93.3%、88.9%的村干部认为没有发挥作用，在"监督企业三废排放""监管生活污水排放处理"和"帮助管理村里食品卫生"等方面，大部分村干部都持否定态度。村干部的判断主要的原因是：大学生村官是外来者，对村庄内部的事务没有处理权威。

2. 村民的看法

村民的看法和村干部的看法一致，多数认为作用很小，如在"加强村民医疗保健服务""提高村民社会保障水平""协助抓好计划生育工作""维护社会治安""保护村生态环境"五个方面，其比例均比较高。村民持这样判断的主要原因与村干部也基本一致：大学生村官是外来者，对村庄内部的事务没有处理权威。

3. 大学生村官的看法

在这个问题上，大学生村官的自我评价要低于在农村经济发展方面，在农村经济发展方面还有一些事情可做，但是在农村社会发展方面即使有心也会感觉无力。如在"加强村民医疗保健服务""提高村民社会保障水平""协助抓好计划生育工作""维护社会治安""保护村生态环境"五个方面，大学生村官的选择基本是自我否定。这些数据显示出的原因是大学生村官缺乏丰富的社会经验，而且也没有能力去处理这些农村社会的公共事务。

（二）重要问题

一是从村庄社会建设的逻辑看，农村社会是一个较为封闭，且围绕血缘关系建立的一个共同体，基于此，有效治理村庄的历史经验告诉我们，自治是较为可取的途径。大学生村官多数是村庄的外来者，很难像村民推举的本村村两委干部一样，有共同感。

二是从执行经验看，每一件村庄社会事务都会折射很深的村庄背景，大学生村官短时间内难于熟知便很难处理好村庄的社会事务。

三是从执行能力看，大学生村官作为一个年轻的、基本没有社会经验的群体，很难在陌生的村庄处理社会事务。

第三节　缓解就业方面的问题分析

目前，全国大致有 69 万个行政村，有些发达地区如北京各县的村庄基本上都有一名大学生村官，但是在边远地区如甘肃等地，很多乡镇都还没有实行大学生村官计划。一方面，可以进一步扩大大学生村官计划的范围，使缓冲就业带的范围扩大；但是一方面还要看到大学生村官在三年任职期间以及之后投身于就业洪潮中的种种问题，具体如下。

在 2009 年，中组部、中宣部、教育部等下发了《关于建立选聘高校毕业生到村任职工作长效机制的意见》（以下简称《长效机制意见》）。在这份《长效机制意见》中，中央明确制定了 5 条出路：一是鼓励大学生村官担任村干部;二是推荐大学生村官参加公务员考试,表现优秀的可以享受公务员报考的优惠政策;三是扶持大学生村官自主创业;四是引导大学生村官另行择业;五是支持大学生村官继续学习深造。即留任村干部、考录公务员、自主创业、另行择业、继续学习5条出路。这5条政策的提出为各地区解决好服务期满的大学生村官出路提供了指导性意见和参考依据,有力地完善了大学生村官政策的不足之处。

从第五章的数据可知(表5—56、表5—57、表5—58),有20%—30%的大学生村官、村干部和村民认为该项制度没有起到缓解就业的作用,这些群体更多地认为大学生村官制度只是构建了一条就业缓冲带。

综合考虑中央提出的五条大学生村官出路,以及5省市的深入调研和访谈发现的结果,以下将深入分析这些路径所带来的问题。

一 鼓励留村任职工作存在的问题

《长效机制意见》提出,"对表现优秀、党员群众认可、担任村两委主要负责人的大学生村官,鼓励他们长期在农村基层干部岗位上建功立业。留任村党支部书记和村委会主任的,可以继续享受中央财政补贴"。

但是调研中发现大学生村官进入村两委也存在问题,各县、乡镇官员、村干部、村民以及大学生村官自身等作为不同的行动者都有不同的态度。如地方政府更多地同意大学生村官进入村两委,也希望他们能留在村里,继续为村里服务。而村干部中态度不一,部分村干部害怕2—3年后可能和大学生村官存在竞争,有可能被取而代之,他们内心也会存在一种矛盾,既喜欢大学生村官帮他们跑腿,但是又害怕大学生村官抢他们的位置。村民对大学生村官的态度是要么没有期待,要么大学生村官无法满足村民的期待,如提供权利资金、带来项目与财富等实惠,其潜在的威胁反而令村民心生防备。所以部分村民认为大学生村官可以服务于他们,但是治理他们可能不行,毕竟大学生村官相对于农村来说是外来的"陌生人",农民是要他们有解决问题的基础能力，但这个基础能力是需要一个熟人社会的组织体系来应对的，所以大学生村官也很难真正得到村干部和村民的认可。而对于大学生村官自身来说，在政府官方文件中，大学生村官被定义为"村级组织特设岗位"，没有正式的编制和明确的职责，既不是村民，也不是村干部，对村级事务没有监督建议权，更没有组织管理权，无钱、无权、无背景，所以大学生村官对未来更多的是一种观望。

2014 年 3 月十二届全国人大二次会议召开时，广东代表团大学生村官代表冼润霞向总书记汇报工作时说，"现在很多大学生村官已经 30 岁，到结婚、生孩子的年龄，但目前的收入很难去承受这些别人看起来似乎很平常的梦想。农村生活非常艰苦，很多大学生村官不太适应，且服务期满后，我们的出路在哪里？这些问题都很纠结"。这也表达了当前大学生村官的普遍心声。

二 招录乡镇和公务员存在的问题

《长效机制意见》提出，"对于表现优秀、聘期考核合格的大学生村官，可以享受公务员报考的优惠政策。各级党政机关要注重从具有基层工作经历的优秀大学生村官中招考公务员，并明确录用比例；乡镇机关补充公务员，要逐步提高从大学生村官中考录的比例；选调生主要从具有 2 年以上基层工作经历的大学生村官及其他到基层工作的高校毕业生中招考"。

实践可知，全国各地乡镇部门虽然缺人，但是编制很少，在现实中有成千上万的大学生村官报考机关职位，相当于过独木桥，而目前招录的比例并不高，而且更多的是针对基层招录，而大学生村官只是其中一部分。

三 扶持自主创业发展存在的问题

调研发现，各省均出现了一些大学生创业的成功案例，但总体不多，多数地方已有政策配套，人财物确实难于真正落实，更多的大学生村官在访谈中针对创业这方面都一致表示苦于资金不足、经验不足、乡村的创业机会相对城市机会更少，也没有相应的创业培训等，所以创业对他们来说都是非常艰难的，也不太可取的一条出路。正如访谈时，某乡镇村官负责人认为，"国家应该给大学生村官专门设一个创业基金，有些村官想干事办个企业，没有启动资金，没有钱干事业，对这些想办事但没有办成事的大学生村官进行大力的扶持"。

四 引导另行选择出路存在的问题

《长效机制意见》提出，"对于聘期考核称职，不再留村工作或不参加公务员招考的，帮助和支持他们另行择业，择业前可免费参加一期职业培训。对于素质能力不适应岗位要求、不能正常开展工作的，或年度考核连续两年不称职的，将予以解聘，引导另行择业。鼓励和引导事业单位、国有企业、非公有制企业等用人单位，优先聘用（招用）具有2年以上农村基层工作经历的大学生村官"。

实践可知，大学生村官这一职业只能作为一个"就业缓冲带"，等2—3年合同期满之后将有更多的大学生村官重新进入就业市场择业。而每年各大高校应届毕业生平均达到500万人以上，2014年已达到729万人，毕业生数量连创新高，就业压力进一步增大。

五 支持继续学习深造存在的问题

《长效机制意见》提出，"聘用期间工作表现良好、考核合格的，报考硕士研究生可享受初试总分加10分和在同等条件下优先录取的优惠政策等"。这一条出路个人认为相对于前面4种出路比较可行合理，因为继续学习，从专科到本科再到硕士等都是基本的需要，是为了能在这个社会上更好的生存，而且相对于其他考生来说，大学生村官可以享受加10分的优惠政策。不过，虽然继续学习深造的出路相对合理，但是在调研期间发现，大部分大学生村官为了将来能够离开农村，基本上大部分时间包括上班工作期间都在复习备考，而忽略了自己本身的工作职责。所以，2—3年服务时期内大学生村官如果纯粹为了考试，这也将会影响到在农村的工作，所以继续学习深造的前提是不影响在农村的工作，要自行调配好时间。

针对这5条出路，中央提出要结合各地实际情况，制订大学生村官有序流动的总体计划，提出切实可行的措施办法；要建立健全竞争择优的工作机制，不能把"出路"都包下来；要引导大学生村官正确认识"五条出路"的发展前景，并根据自己实际情况选择发展方向，切实把"五条出路"条条走通。调研也发现，这些出路并不是坦荡大道，但除了统一安排进入事业单位，剩下的就是考录公务员或者其他单位，如银行系统等，其他分流期满大学生村官的就业方式效果并不明显。长久下去，出路单一的弊端会越来越明显，到时可能会严重地影响到各省大学生村官政策的执行和发展，必须加大力度支持诸如自主创业等分流方式，使大学生村官的出路多元化。

第四节　人才培养方面的问题分析

影响大学生村官作用发挥的一个重要原因是大学生村官自身出现的共性问题，如村官的价值观和认识观问题，农村政策、管理、技能等知识缺乏问题。针对这些问题，国家主要通过教育培训的方式丰富他们的知识、技能以及价值观纠偏等。但教育培训并不系统，效果也往往只能发挥隔靴搔痒的作用。形式上以短平快的突击为主，采取的是"缺什么补什么"的方式；内容上主要是大学生村官典型事迹交流、农村常规知识的普及、岗位要求和工作态度等。总体而言，已有的教育培训取得了一些成效，但几个主要问题都未得到有效解决。一是大学生选择村官岗位依然视其为过渡的跳板，一方面表征为就业压力所迫；另一方面表征为大学生对农村工作的认识观和价值观有所偏误，显然常规的教育培训很难起到价值观纠偏的作用。二是专业不对口问题也无法解决，一方面表现为大学不可能为千差万别的农村对口培养村官，另一方面表现出教育培训没有起到农村管理知识和专业技能系统补课的作用。教育培训的效果不尽如人意，可以归结为大学生村官制度尚属新生事物，教育培训也是时日尚短且未成体系。

另外，通过第五章对大学生村官、村干部的调研数据可知（表5—63、表5—57、表5—58），大学生村官对人才培养的评价为"非常好"的不太多，基本上为"比较好""一般好"。至于培训的机构和培训的地域这两块内容，分别有 3.4% 和 2.2% 的比例选择不好。尤其在培训的机构这项指标，三个群体评价比例比较均衡，相对于其他指标要稍高些。村干部对人才培养的评价要比大学生村官的评价更高，大概有三分之一的村干部选择"非常好"。

一 基本情况

根据 5 省市访谈得知大学生村官全部都受过培训，有省里的、市里的、县镇的或者省外的培训，对受益方面都持肯定的态度，但是针对培训，大学生村官们都有各自的想法和建议，下面结合大学生村官自身对培训的看法归纳如下。

（一）培训的内容

各地大学生村官对应该接受的培训有一个大致的判断，包括价值观、政策、技能、创业、财会、法律等培训，具体情况见各地大学生村官访谈：

北京市的大学生村官 W 和福建省的大学生村官 C：应该针对创业进行固定培训，一方面方便大学生村官知道有哪些政策、资金等资源可以为其所用，另一方面帮助大学生村官在创业知识上进行积累和储备。

北京市大学生村官 S：应该根据村的实际情况来培训，否则就会造成资源浪费。

甘肃省的大学生村官 A：应该组织一些财会和法律方面的培训，因为村里的财务主要靠村文书或者会计，他们的学历不高。

甘肃省的大学生村官 Y：希望能培训医疗保险方面的，这样可以更好地为村里服务。

福建省的大学生村官 H 和江苏省大学生村官 T：培训要因人而异，重点应该是实践方面，要培训动手能力，有更多的实践案例。

福建省大学生村官 W：希望举办各种各类的培训，如开个电子商务培训，另外可以根据村里的实际需要参加培训。

江西省大学生村官 L：应该在思想管理方面多培训，定期由县级单位聚集大学生村官交流经验。

江苏省大学生村官 F：大学生村官在农村工作后，可能思想、管理方面比较闭塞落后，应该进行管理和技能方面的培训，以提高自身的素质。

江苏省大学生村官 T：因为大学生村官合同期满后将要面临着其他职业的选择，所以希望有职业规划的培训。

江苏省大学生村官 W：希望能在账目管理、土地测量测算以及说话的技巧等方面进行培训，这样可以更好地和村民沟通。

江苏省大学生村官 P：除了创业、招商引资方面的培训外，还需要进行励志方面的培训。

（二）培训的方式

各地的大学生村官也提出了不同的培训方式，具体如下：

福建省大学生村官 N 和 W：希望培训可以有选择性，自己选择感兴趣或者对农村发展有利的课程培训，而不是所有的培训都必须参加。

福建省大学生村官 C：培训中不仅仅只是老师说，希望90%的时间能够采取提问、讨论等互动的模式。

江西省大学生村官 Z：长期固定的培训很重要，且培训要分级，如国家级、省级、市级、县级和镇级等。各级培训的内容不要雷同，要有各自的特色。

（三）培训的周期

大学生村官对于培训周期大致都希望建立长期、固定和需要专人负责、专门管理有序的培训方案，具体如下：

北京市大学生村官 W：大学生村官培训应该以月为单位，抽出一天或半天时间培训，并且固定好具体时间。

甘肃省的大学生村官 A 和 Z：半年一次培训比较合适。

甘肃省的大学生村官 X：一年一次培训，每次为期一周最好。

甘肃省大学生村官 Z 和 L：当前的培训比较少，应该每年有更多培训，每次培训周期 2—3 天即可，而且阶段性的培训应该和当前的工作挂钩。

江西省大学生村官 L：一个季度组织一次培训最好，每次时间 1 天左右。

江苏省大学生村官 T：如果是专业性非常强的培训，如会计，培训周期应该最好在 3—6 个月，要脱产学，只有这样才有更多时间思考问题。

（四）培训的机构和地域

5 省市调研发现，大学生村官们都更多地希望省市政府机构部门能给予专门的培训，有些认为县政府机构或者一些农业院校的专家们也能给予培训。大家都一致认为："除了省内的培训外，希望能多出去参观培训，多学习交流其它省外的经验。"

另外我们针对大学生村官是否要培训、培训的形式、培训的内容等进行了问卷调研。

首先在"认为大学生村官是否应该培训"中，5 省市中 100% 的大学生村官都认为应该培训。对于"培训的形式"这一问题，5 省市大学生村官的选择数据如下（见表 6—1）。

表 6—1　　　　　　　　培训的形式（%）

调研省市	招考前培训		岗前培训		到岗培训		离岗就业培训	
	是	否	是	否	是	否	是	否
北京	6.4	13.6	16.6	3.4	15.2	4.8	13.0	7.0
甘肃	2.8	17.2	14.8	5.2	15.2	4.8	2.4	17.6
江西	5.2	14.8	16.0	4.0	19.4	0.6	7.4	12.6
江苏	3.6	16.4	15.8	4.2	16.6	3.4	0.4	19.6
福建	7.0	13.0	18.6	1.4	18.4	1.6	10.6	9.4
合计	25.0	75.0	81.8	18.2	84.8	15.2	33.8	66.2

从表 6—1 中可知，5 省市中更多的大学生村官倾向岗前培训和到岗培训，分别共有 81.8% 和 84.8% 的大学生村官认为应该采用这两种培训形式，而各省在其中的比例基本持平。

表 6—2　　　　　　　　　　培训的内容 （%）

调研省市	思想道德		农村基本情况		农村政策法律		农村经济和管理		种植养殖技术		农村规划		新农村建设		其他	
	是	否	是	否	是	否	是	否	是	否	是	否	是	否	是	否
北京	9.2	10.8	14.8	5.2	15.6	4.4	13.8	6.2	6.8	13.2	9.6	10.4	12.4	7.6	0.6	19.4
甘肃	9.4	10.6	15.2	4.8	15.6	4.4	15.8	4.2	9.6	10.4	10.2	9.8	12.0	8.0	0.6	19.4
江西	12.0	8.0	15.8	4.2	17.4	2.6	16.0	4.0	10.4	9.6	16.0	4.0	20.0	0.0	0.2	19.8
江苏	5.4	14.6	18.6	1.4	19.4	0.6	17.0	3.0	7.6	12.4	5.8	14.2	10.2	9.8	0.0	20.0
福建	13.4	6.6	17.6	2.4	17.2	2.8	17.0	3.0	12.0	8.0	12.8	7.2	18.4	1.6	1.2	18.8
合计	49.4	50.6	82.0	18.0	85.2	14.8	79.6	20.4	46.4	53.6	54.4	45.6	73.0	27.0	2.6	97.4

从表 6—2 可知，5 省市的大学生村官认为培训的内容主要应该包括思想道德、农村基本情况、农村政策法律、农村经济和管理、种植养殖技术、农村规划、新农村建设等，其中 5 省市共有 85.2% 的大学生村官认为培训首要应该是"农村政策法律"培训，其次是"农村基本情况"，共有 82.0%，最后是"农村经济和管理"，共占 79.6%。而在培训内容中大学生村官认为最重要的是"农村基本情况"，5 省市共有 31.2% 的大学生村官选择这一选项，居于首位（见表 6—3）。

表 6—3　　　　　　培训的内容中最重要的一选项 （%）

调研省市	思想道德	农村基本情况	农村政策法律	农村经济和管理	种植养殖技术	农村规划	新农村建设	其他	合计
北京	1.6	7.8	3.4	5.2	0.2	0.2	1.6	0.0	20.0
甘肃	0.8	5.6	4.2	6.6	0.6	0.8	1.4	0.0	20.0
江西	0.4	2.4	5.6	0.4	2.0	0.0	9.0	0.2	20.0
江苏	0.2	10.0	2.6	3.4	0.4	1.6	1.8	0.0	20.0
福建	0.8	5.4	1.6	4.6	0.2	0.4	6.8	0.2	20.0
合计	3.8	31.2	17.4	20.2	3.4	3.0	20.6	0.4	100.0

对于培训机构、定期培训、培训地点是否有必要这些选项，大学生村官问卷调研数据如下（见表6—4）。

表6—4 　　　　　　　下列选项是否有必要（%）

调研省市	专门培训大学生村官的机构					对大学生村官定期培训					有大学生村官固定的培训地点				
	很有必要	比较有必要	一般	没有必要	无所谓	很有必要	比较有必要	一般	没有必要	无所谓	很有必要	比较有必要	一般	没有必要	无所谓
北京	11.6	5.6	1.6	1.0	0.2	11.6	6.8	0.8	0.6	0.2	10.0	6.0	2.4	1.4	0.2
甘肃	15.2	2.6	0.8	1.4	0.0	13.8	5.8	0.4	0.0	0.0	13.4	3.4	2.6	0.6	0.0
江西	15.2	3.6	1.2	0.0	0.0	17.8	2.2	0.0	0.0	0.0	7.2	9.2	3.6	0.0	0.0
江苏	8.2	9.0	1.8	0.0	0.0	7.4	11.2	1.4	0.0	0.0	7.8	8.4	3.8	0.0	0.0
福建	14.4	3.6	2.0	0.0	0.0	16.6	3.4	0.0	0.0	0.0	12.6	4.8	2.2	0.2	0.2
合计	64.6	24.4	7.4	3.4	0.2	67.2	29.4	2.6	0.6	0.2	51.0	31.8	14.6	2.2	0.4

根据表6—4可知，5省市大学生村官对专门培训村官的机构、定期培训、固定的培训地点一致持"很有必要"的看法，分别占64.6%、67.2%、51.0%，比例都超过一半以上。而对于"没有必要"和"无所谓"选项，两项合计在5省市中分别占3.6%、0.8%、2.6%，表明绝大部分大学生村官都认同专门培训村官的机构、定期培训、固定的培训地点的必要性和重要性。

另外，对于大学生村官"认为哪个机构最适合担当大学生村官的专门培训机构"这一问题，问卷数据如下（见表6—5）。

表6—5 　　认为哪个机构最适合担当大学生村官的专门培训机构

调研省市	哪个机构最适合担当大学生村官的专门培训机构（%）				合计（%）
	政府机构	一般大专院校	农业大专院校	其他	
北京	11.8	2.0	5.8	0.4	20.0
甘肃	11.8	1.6	6.4	0.2	20.0
江西	12.4	0.0	6.2	1.4	20.0

续表

调研省市	哪个机构最适合担当大学生村官的专门培训机构（%）				合计（%）
	政府机构	一般大专院校	农业大专院校	其他	
江苏	10.2	4.0	5.8	0.0	20.0
福建	13.8	0.0	6.0	0.2	20.0
合计	60.0	7.6	30.2	2.2	100.0

从表6—5中可知，调研中，5省市中共有60.0%的大学生村官认为政府机构是最适合担当大学生村官的专门培训机构，居于首位；其次是农业大专院校，5省市中共有30.2%的大学生村官选择此项。

二　重要问题

总体而言，培养大学生村官对于县政府而言是新生事物，各省目前都是处于摸着石头过河的阶段，所以也存在很多问题：

一是动力不足。县级政府不会花大力气培养3年期满后流失的大学生村官，如北京市2011年流失率达到10%。县村官办认为无论是在政策上还是在实践层面上，让大学生村官永久留在农村是不现实的。目前大学生村官不仅存在到期流失的问题，还存在中间流失的问题。江西省X县大学生村官也存在流失现象，但是县组织部支持正常流失，如考上公务员和研究生等；但是不允许不正常的流失，如目无纪律，想来就来想走就走等。江苏省R县的大学生村官流失率在25%左右，县组织部认为大学生村官这支队伍是动态的，应该鼓励他们合理流动和有序流动。

二是县级政府的资源有限。要支持经济社会发展的名目很多，仅靠县级的力量来培养大学生村官远远不够。如大学生村官的创业激情不高，积极创业能够成功者屈指可数。原因是：从支持力度看，县级政府难于抽出大量资源支持大学生村官创业。

三是尚未有成型的大学生村官培养体系。在大学生村官培养方式上，各地均未有成型的大学生村官培养体系，多数地方是有什么问题就针对性地补什么课。

小　结

在农村治理方面，总体来看，大学生村官参加村两委的工作在处理村庄重要事务方面还有欠缺。主要原因是制度设计中的政策目标和保障措施不到位。大学生村官参加基层党建工作的成效不显著，主要由于大学生村官能力、经验、威信等不足。大学生村官参与农民合作社工作的成效有限，主要原因是其专业多数不对口以及为农业产品跑销路的经验不足等。

在农村发展方面，（1）大学生村官更多是将国家赋予的职位视为跳板，无心于农村的发展工作，导致大学生村官往往身份被印上国家烙印，但是实际上并没有按照国家的设想去从事相关工作。（2）目前的大学生村官还是虚职，处于有名无权的境地，即使进入村两委，也多数游离于乡村权利之外。（3）从事的工作主要是上传下达等敲边鼓的事情，没有接触到乡村社会发展的核心问题，能力也难于胜任这些工作。

在缓解就业方面，村干部、村民等群体更多地认为大学生村官制度只是构建了一条就业缓冲带。国家制定的五条出路都存在一定问题，需要大学生村官花费很多的时间和精力去准备，如大学生村官选择考公务员和继续学习两条路，只能是在3年过程中埋头苦读，准备参加考试。如果大学生村官选择创业出路，实践表明，当地的配套政策尤其是资金配套方面往往缺失，加之大学生村官年轻经验不足，这条出路可以说缺乏现实土壤。如大学生村官另行选择出路，又往往导致大学生村官无心在农村工作。只有留村继续任职的出路能够留住大学生村官，但是农村生活条件的艰苦和发展机会的缺少，往往让大学生村官大打退堂鼓。

在人才培养方面，大学生村官制度给大学生提供了一个知农村、懂农村的实践机会，对国家持续培养出一批后备干部和大规模城镇化奠定了人才基础。其问题是应该建立一个有针对性的长期培训的制度，包括考虑到培训周期和大学生村官们的工作时间、工作性质、工作任务等各方面。

第七章　大学生村官制度实施的延伸讨论

　　本研究难于概括所有问题，有些问题也难于成章节讨论，且一些众所周知的问题也不为大家重点关注。但从制度长远实施看，就有了探讨的必要。例如，调研发现大学生村官多数时间被借调到基层政府，这是事关大学生村官制度实施的机制性问题。又如，大学生村官制度中缺乏女性视角的关怀，因为农村多为偏远地区，女性工作的确存在现实的问题。再如，大学生村官的再教育的问题，关乎大学生村官的价值观和认识观，以及如何补充大学生对农村政策、管理、技能等知识的理解。本章拟通过这三个问题抛砖引玉，引起关注。

第一节　大学生村官借调情况分析

　　大学生村官多数时间被借调到乡镇或县并不是某个地区的个案，已成为普遍现象。对于这种现象，村干部明显是持反对态度，原因很简单，不能打着为农村服务的幌子引来大学生，但同时又无条件将人借调。但是县乡政府也有充足理由，县乡作为基层政府，其核心工作就是发展农村，借调大学生村官也是为了农村工作的需要。同样的问题问及大学生村官本人，回答也是希望被借调，这样接触农村事物会更加广泛。这些争论也能见诸报端，多是"公说公有理，婆说婆有理"。实际上在调研过程中，可以发现不同的群体有一个基本态度，但是同类群体也会有不同的态度。比如多数村干部不赞成借调，但是也有少数村干部赞成借调，甚至还有村干部持中立的观点。下文将从地方政府官员、村干部和大学生村官的角度来分别探讨这些问题，并试图提出一个解决问题的方法。

一 村干部对借调的态度

从表7—1可知，5省市中共有51.1%的村干部不同意大学生村官借调县镇，有48.9%的村干部支持。具体分析如下。

表7—1　　村干部是否赞同大学生村官被借调到县镇工作（%）

调研省市	赞同	不赞同	合计
北京	6.7	13.3	20.0
甘肃	15.6	4.4	20.0
江西	13.3	6.7	20.0
江苏	6.7	13.3	20.0
福建	6.7	13.3	20.0
合计	48.9	51.1	100.0

（一）多数村干部反对借调

调研得知，超过一半的村干部不赞成大学生村官借调，尤其是北京、江苏、福建三省均有13.3%不赞成借调，主要原因有以下三点：

一是大学生村官应该为村庄服务，对自身也是锻炼。这一职位不应作为职业跳板。

北京市庄村妇女主任，福建省南村书记、主任：均不同意大学生村官借调乡镇，认为政策既然规定大学生村官进村工作，就应该为村里服务。大学生村官应多接触农村、在农村锻炼。

北京市庄村会计：我反对借调。大学生村官被借调到乡镇，说是为村里工作，其实都是在镇里上班。村里忙有时候都指望不上大学生村官。

江苏省古村书记：我不支持借调的原因是希望大学生村官们能多在农村锻炼，否则三年工作如蜻蜓点水，培养人才的目的难于实现。

江苏省古社区主任：应该有个过渡期，过渡期内不赞成借调，与大学生村官名称不相称。

江苏省港村委员、福建省璜村主任：肯定反对。乡镇的工作与农村工作不同，只有在农村工作，学到经验，了解农村风土人情，才有办法胜任，否则将来领导农村、发展农村是起不到作用的。

甘肃省靛村书记、石村副主任、福建省璜村书记：大学生村官应该在基层锻炼，借调就不是锻炼，只是走过场，失去了做大学生村官的意义。

江西省双村书记、江苏省晒村妇女主任：大学生村官任期之内就应该扎扎实实地在农村干，期满之后再被借调。

二是村干部文化水平普遍较低，懂电脑等技术不多，需要大学生村官具体支撑。

北京市庄村会计：村干部年纪较大，根本不懂电脑，大学生村官都在镇里工作，没人帮助村干部使用电脑处理公务。

北京市河村书记：基层政府也几次提出要借调我村的大学生村官，我说绝对不成，村里涉及电脑处理的工作很多，只有大学生村官才能胜任。

三是大学生村官频繁借调基层政府，明显影响到大学生村官在村庄安心工作。

北京市庄村会计：大学生村官经常去镇里开会或借调处理事务，耽误了大学生村官熟悉村庄事务，3年任期很短，频繁借调影响了大学生村官的工作。

北京市庄村妇女主任：大学生村官不能一会儿借调来，一会儿借调去，这样无法干实事。

北京市河村会计：既然是咱们村的大学生村官，现在被借调走了，等于没有给村里派大学生村官，我就不赞成。要是借调走了，镇里把孩子留在那里工作，咱们孩子前途我也认可了，但是你用完了又轰回来。另外借调也行，但是不能长期借调，把村里工作给甩了。

福建省山村书记：个人不支持，因为村里有很多业务需要大学生村官常驻处理。他们刚来对业务也很生疏，被借调到乡镇工作，加大了他们的工作量，多了一份压力。

江西省双村主任：人的精力有限，被借调的话就不能安心村里的发展，更谈不上带动村民致富，而且大学生村官就应该驻村，想真正了解农村，就要亲身接触农村。

（二）部分村干部赞成借调

5省市调研中得知部分村干部赞成借调，主要原因是出于为大学生村官的再就业考虑。访谈中有的村干部告诉我们，大学生村官被借调到县里镇里也是一种锻炼，至少对他们将来期满后的再就业是有帮助的。

北京市河村妇女主任：大学生村官应该借调到县镇锻炼，不能总在村里，这样能更加全面熟悉农村情况，但村里有事肯定要回来帮忙。

北京市河村会计：我们上届的大学生村官很长时间都被借调到镇上了，但是村里的工作他们没有耽误，两头不误，这俩孩子在这方面做得很好。

甘肃省关村书记：支持借调，这对大学生村官是另一种锻炼机会。

江西省中村书记：只要有能力，不管在基层、中层、上层都能办事，都可以发挥才华，不应该只局限于一个地方，所以我支持借调。

江西省杭村主任说：大学生村官只在农村工作，缺乏视野和发展机会，但是借调乡镇或县里能够提供更多机会锻炼。

（三）借调对各项工作的影响（村干部访谈）

从表7—2可知，5省市村干部认为大学生村官借调对农村工作造成"很大影响"的比例为 11.1%，认为"有些影响"的比例为 60.0%，认为"没有影响"的比例为 30% 左右。数据表明，大部分村干部认为大学生村官借调对农村工作会有影响。

表7—2　村干部认为大学生村官长期借调是否对村工作产生影响（%）

调研省市	很大影响	有些影响	基本没有影响	完全没有影响	合计
北京	6.7	8.9	4.4	0.0	20.0
甘肃	4.4	11.1	4.4	0.0	20.0
江西	0.0	6.7	6.7	6.7	20.0
江苏	0.0	13.3	6.7	0.0	20.0
福建	0.0	20.0	0.0	0.0	20.0
合计	11.1	60.0	22.2	6.7	100.0

从表7—3可知，5省市中84.4%的村干部认为接触农村机会减少了，起不到锻炼的作用，28.9%的村干部认为村干部工作难于布置，只有4.4%的村干部认为乡镇的工作和乡村的工作相关系数小，加大了村官的工作量（这些数据是去除表7—2中认为"基本没有影响"和"完全没有影响"的28.9%后的有效百分率）。

表7—3　　有哪些影响（%）

调研省市	接触农村机会大大减少起不到锻炼作用		村干部工作难于布置		乡镇工作与乡村工作相关系数小加大了工作量	
	是	否	是	否	是	否
北京	20.0	0.0	8.9	11.1	2.2	17.8
甘肃	17.8	2.2	8.9	11.1	2.2	17.8
江西	17.8	2.2	2.2	17.8	0.0	20.0
江苏	8.8	11.2	8.9	11.1	0.0	20.0
福建	20.0	0.0	0.0	20.0	0.0	20.0
合计	84.4	15.6	28.9	71.1	4.4	95.6

访谈和调研问卷数据表明：（1）反对借调的村干部，主要考虑到大学生村官借调影响农村工作开展，应建立相应机制协调；（2）同意借调的村干部，主要考虑大学生村官期满择业问题，希望借调能拓宽大学生村官视野和锻炼管理能力。

基于村干部的两种态度，应建立相应的平衡机制，在时间范围和任务强度等方面有一些规定性的文件，既保证农村工作的正常运行，又缓解了县、镇人手短缺的局面，同时还能帮助大学生村官锻炼能力。

二　大学生村官对借调的态度

从表7—4可知，近70%的大学生村官赞同借调到县镇工作，30%左右的大学生村官不赞同借调到县镇工作。

表7—4　　　**是否赞同大学生村官被借调到县镇工作（%）**

调研省市	是否赞同大学生村官被借调到县镇工作		合计
	赞同	不赞同	
北京	14.2	5.8	20.0
甘肃	15.8	4.2	20.0
江西	17.0	3.0	20.0
江苏	7.0	13.0	20.0
福建	13.0	7.0	20.0
合计	67.0	33.0	100.0

（一）多数大学生村官赞同借调

大学生村官赞同借调的原因是，完全在村庄工作，难于整体了解农村，借调县乡镇等基层政府，可帮助了解政府如何规划和管理农村经济社会发展的种种情况。

大学生村官Z：同意借调一段时间。如可能，借调县乡和村庄工作应同时进行，村庄工作属于阶段性，基层政府工作属于常规性，应二者结合，可节省时间，提高效率。

甘肃省大学生村官 A：能借调到乡政府机关且得到认可，收获较之仅在村庄工作更多。事实上，借调到乡镇接触的层面增加了，对再就业和创业均有帮助。

福建省大学生村官 H：大学生村官是"万金油"，只要涉及农村工作，哪里需要就去哪里。仅仅在村庄工作一则学习有限，二则难于从整体考虑村庄发展的事情。

江苏省大学生村官 M：大学生村官不能成为井底之蛙，不仅要看到农村的情况，也要走进基层政府看农村，两者结合，才能真正掌握农村经济社会发展的各项工作脉络。

（二）部分大学生村官反对借调

大学生村官不赞同借调的原因是，借调到县乡尤其是长期借调，不但影响村庄工作的开展，且多项工作容易分心，造成一定的心理压力。

北京市大学生村官 S：大学生村官定岗于农村，借调到乡镇不合适。

甘肃省大学生村官 X、Z：国家设定这个岗位是个特色岗位，借调减少大学生村官了解和获取农村各类信息的机会。不利于村官管理，同在村庄的大学生村官获得借调的机会不等，造成大学生村官之间的不和谐。

江西省大学生村官 L：大学生村官不是乡官县官，应该沉下心到村里工作，为农村的发展出谋划策，做出事迹。大学生村官任期短，锻炼机会有限，我曾经被借调过到镇里大半年，结果村里就顾不了，两头都处理不好。

江西省大学生村官 W：尚未熟悉农村工作就借调到基层政府，耽误了自身学习和锻炼，回来后还要重新学习，刚熟悉工作任期就已满，这不利于大学生村官发展，也对所服务村庄的上级和村民不负责。

江西省大学生村官 Z：大学生村官本来就是国家选聘到村里任职，长期借调就不能称为大学生村官，应担当的职责也没有时间履行，造成主次不分。

江苏省大学生村官 F：借调到乡镇做文员工作不合适，更多的时间应在农村锻炼，为将来工作打基础。

江苏省大学生村官 T、Y：不支持长期借调，支持短期交流，这是一种学习过程，可以学会一些专业问题的处理方法，对村庄工作有帮助。

江苏省大学生村官 T、Z：大学生村官被借调，不仅多了一些工作，而且多数为杂事。但建议村庄工作不忙时，可去基层政府拓宽人脉。

江苏省大学生村官 P：借调有违选派大学生村官的初衷，现在之所以存在这种情况，我认为有两个方面的原因，一是镇上或县里有些部门缺人，需要人手；二是领导和大学生村官及家属考虑将来可以留在基层政府。

（三）借调对各项工作的影响（大学生村官访谈）

从表 7—5 可知，大学生村官认为借调对农村工作有很大影响的比例为 23.4%，认为"有些影响"的比例为 47.4%，认为"没有影响"的比例为 30% 左右。

表 7—5　　　　　　　　　借调是否会影响村工作（%）

调研省市	认为大学生村官长期借调是否对村工作产生影响				合计
	很大影响	有些影响	基本没有影响	完全没有影响	
北京	4.2	8.4	5.6	1.8	20.0
甘肃	3.0	7.2	6.6	3.2	20.0
江西	4.0	9.6	6.4	0.0	20.0
江苏	8.4	10.0	1.6	0.0	20.0
福建	3.8	12.2	2.8	1.2	20.0
合计	23.4	47.4	23.0	6.2	100.0

从表 7—6 可知，5 省市中 63.6% 的大学生村官认为借调后，接触农村机会大大减少，起不到锻炼的作用，50.6% 认为乡镇的工作和乡村的工作相关系数小，加大了工作量，31.6% 认为村干部抵触，夹

在中间（这些数据是去除表7—5中认为"基本没有影响"和"完全没有影响"的29.2%后的有效百分率）。

表7—6 借调有哪些影响（%）

调研省市	接触农村机会大大减少，起不到锻炼作用		村干部抵触，夹在中间		乡镇工作与乡村工作相关系数小，加大了工作量		其他	
	是	否	是	否	是	否	是	否
北京	8.2	9.9	8.5	9.6	11.3	6.8	1.4	16.7
甘肃	9.0	5.9	4.8	10.2	5.6	9.3	1.1	13.8
江西	12.1	7.1	4.0	15.3	8.5	10.7	0.0	19.2
江苏	20.5	5.0	5.0	20.3	11.6	13.8	0.0	25.4
福建	13.8	8.5	9.3	13.0	13.6	8.8	0.8	21.5
合计	63.6	36.4	31.6	68.4	50.6	49.4	3.4	96.6

访谈内容和调研问卷数据表明：（1）赞同借调的大学生村官认为，借调到县镇有利于自身的未来发展，对农村发展也有切实帮助；（2）不赞同借调的大学生村官认为，应按照国家安排，安心为农村服务，积累经验，做出贡献。从大学生村官的角度考虑，借调也是锻炼，但应有一定期限和工作量等限制。大学生村官任期只有2—3年，熟悉村情也不是短时间能够完成，最后一年又需忙于应付各种再就业考试。中途如被县镇截留，在村庄时间太短，方方面面均受影响。

总体来看，一是县乡和农村工作是一个整体，仅仅人在农村，难于做到知农村和懂农村。接触整个系统，大学生村官才能更快地了解农村。二是县乡工作千头万绪，一直以来基层政府人员编制满足不了工作需求，因此，大学生村官就成了基层人力资源的重要补充。三是多数村庄事情并不多且存在阶段性，不需要大学生村官蹲守。建议，大学生村官至少有一年待在村里，管理权力留在村里，让大学生村官安心服务农村，并静下心来了解农村。另外两年管理权力放在县乡，既考虑村庄的需要，又兼顾县乡政府的需要，合理借调，使大学生村官能够多方面接触农村工作，这对于制度运行可能起到润滑剂的作用。

第二节　女性视角下的大学生村官制度分析

关于女性研究最具代表性的流派有三种：自由的女性主义、激进的女性主义和社会主义的女性主义。自由的女性主义提倡理性，向权威的传统质疑，"否认女性在理性和理智方面的能力低于男性；提倡男女两性受同等的理性教育"（罗斯玛丽·帕特南·童，2002：45—55）。激进的女性主义宣称自己的理论"完全没有父权主义的痕迹"（贝蒂·弗里丹，1992：120）。社会主义女性主义认为女性受压迫的根源来自父权社会的意识形态和资本主义的经济模式两个领域。如果从后两者的理论入手研究女大学生村官，其结果可能走入激进之路，但从自由女性主义中男女平等的理论入手，则是本研究的题中之意，如男女有同等的理性能力，两性应当受到同等的教育，以便运用其智慧，为社会做出贡献（罗斯玛丽·帕特南·童，2002：45—55）。女大学生村官作为一个新生群体，对于乡村经济社会发展的贡献同样不可忽视。

从表7—7可知，54.4%的女大学生村官被认为对农村经济发展的作用比较大，超过了男大学生村官。实践中，女大学生村官推动农村经济发展的成功案例举不胜举，如女村官蒋秋玉选择高效农业作为带领村民致富的突破口，以自己的亲身经历来为村民发家致富铺路。在养殖业方面，常州金坛市芦家村大学生村官孟明俊的"长毛兔及宠物兔养殖"项目也获得了充分肯定和高度评价，目前已成立了"金龙兔业创业基地"。在调研过程中访谈大学生村官，江苏女大学生村官T① 讲述的创

---

① 江苏女大学生村官T的创业故事：2009年8月，她创办了一个养殖和销售南通的特色产品——崂山鸡、干鸭的养殖场，创业的过程中遇到了很多的瓶颈和困难，通过组织部和其他部门扶持大学生村官的政策，这些政策帮助大学生村官很好地把企业发展起来。比如说，组织部搞的省农产品展销会，把她们的产品带到南京去，在这样一个全省的展销会现场上，把大学生村官的产品推广出去。这种形式非常好，而且在展销会上发现专门设有一个大学生村官的展位，很多人第一个来的就是大学生村官的展厅，因为社会上很多人都想来了解大学生村官创了什么业，做了什么等，当时大学生村官的产品非常好销售，基本上第一天她们的产品都销售出去了。那次总共有3—4天的展销会，所以第二天她们都要补货……大学生村官通过展销会、代理商等途径千方百计销售这些产品，极大地带动了当地老百姓的积极性。另外，还有一些团委的创业大赛、全省或者其他地方的创业比赛，这些活动也都是有利于大学生村官创业的。

业故事更能说明女大学生村官对农村的贡献。

表7—7 对农村经济发展的作用（%）

调研省市	性别	非常大	比较大	一般大	基本没作用	合计
北京	男	2.4	2.4	9.1	3.6	17.5
	女	0.4	8.5	11.4	2.3	22.6
甘肃	男	7.1	13.5	2.3	0.5	23.4
	女	3.2	8.1	4.8	0.4	16.5
江西	男	2.3	3.6	16.7	0.0	22.6
	女	0.0	10.0	7.3	0.0	17.3
江苏	男	5.2	9.0	5.6	0.0	19.8
	女	2.9	12.1	5.2	0.0	20.2
福建	男	1.2	9.2	6.0	0.3	16.7
	女	0.8	15.7	6.0	0.9	23.4
合计	男	18.2	37.7	39.7	4.4	100.0
	女	7.3	54.4	34.7	3.6	100.0

　　从表7—8可知，在是否促进农村社会发展方面，男女大学生村官的数据基本持平，分别是89.7%和88.7%。主要是加强村民医疗保健服务、提高村民社会保障水平、完善村民自治制度、协助抓好计划生育工作、调解村民间的纠纷、提高村信息化水平、维护社会治安等，而在这些指标中"提高农村信息化水平"最为普遍，大部分女大学生村官都选择了这一项，说明女大学生村官在村里主要是做以文字为主的工作。对农村社会发展发挥作用的案例，北京Y县的优秀女大学生村官L为村里西瓜搭平台，通过《走进科学》这个节目对村里的西瓜做了大量宣传；而Y大学生村官为了更好地联系镇村两级工作，宣传党的方针政策，更好地服务于社会主义新农村建设，坚持撰写村报并发放到户，让更多的村民了解新的信息（骆江玲，2014：185）。

表 7—8　　　　　　　　是否促进农村社会发展（%）

调研省市	性别	无	有	合计
北京	男	4.4	13.1	17.5
	女	6.9	15.7	22.6
甘肃	男	2.0	21.4	23.4
	女	0.8	15.7	16.5
江西	男	1.6	21.0	22.6
	女	1.6	15.7	17.3
江苏	男	2.3	17.5	19.8
	女	1.2	19.0	20.2
福建	男	0.0	16.7	16.7
	女	0.8	22.6	23.4
合计	男	10.3	89.7	100.0
	女	11.3	88.7	100.0

女大学生村官在乡村文化建设方面也发挥了巨大的作用。从表7—9可知，大部分大学生村官都组织了村民培训，其中5省市女大学生村官共有66.9%，超过男大学生村官62.7%。大学生村官在农村文化发展方面所做工作有很大的成效，如组织村民培训电脑知识，给村民讲法律方面的知识，给村民上关于果树方面的技术课等。而各省相比较，江苏省和福建省的女大学生村官比较突出，选择发挥了"重要作用"的分别占了13.3%和10.2%。而在5省市总数比例中女大学生村官发挥"重要作用"的比例与男大学生村官的该项比例基本持平，分别占了35.5%和38.8%（此数据是根据大学生村官组织了村民培训的比例数据统计的。骆江玲，2014：185）。

表 7—9　　　　　　　　组织村民培训（%）

调研省市	性别	到本村以来您是否组织了村民培训			在这些培训活动中您发挥的作用有多大			合计
		无	有	合计	关键作用	重要作用	辅助作用	
北京	男	7.6	9.9	17.5	1.9	6.2	7.5	15.6
	女	10.9	11.7	22.6	0.6	4.2	12.7	17.5

续表

调研省市	性别	到本村以来您是否组织了村民培训			在这些培训活动中您发挥的作用有多大			合计
		无	有	合计	关键作用	重要作用	辅助作用	
甘肃	男	8.3	15.1	23.4	5.0	11.3	7.5	23.8
	女	3.7	12.8	16.5	1.3	7.2	10.8	19.3
江西	男	12.7	9.9	22.6	1.3	0.0	15.0	16.3
	女	10.0	7.3	17.3	0.0	0.6	10.2	10.8
江苏	男	2.7	17.1	19.8	2.5	15.0	9.4	26.9
	女	4.1	16.1	20.2	1.8	13.3	9.0	24.1
福建	男	6.0	10.7	16.7	1.7	6.3	9.4	17.4
	女	4.4	19.0	23.4	1.2	10.2	16.9	28.3
合计	男	37.3	62.7	100.0	12.4	38.8	48.8	100.0
	女	33.1	66.9	100.0	4.9	35.5	59.6	100.0

　　从表7—10可知，5省市大学生村官大部分都组织过村里的文化体育娱乐活动，男女数据总体来说基本持平，在总数据中女大学生村官稍高于男大学生村官的比例，有77.4%。而访谈中得知女性相对在文化这方面更强些，而男性偏向于体育方面（骆江玲，2014：185）。另外大学生村官在组织这些活动中也发挥很大的作用，如男女大学生村官超过半数认为自身在这些活动中发挥了"关键作用"或"重要作用"，其中女大学生村官在"关键作用"和"重要作用"两项数据中与男大学生村官相差不大（此数据是根据大学生村官组织过村里的文化体育娱乐活动的比例数据统计的）。结合江苏女大学生村官M的案例来看，可进一步发现女大学生村官在文化建设上所独有的女性特征。

表7—10　　　　　　　　　村民文化体育活动（%）

省市	性别	到本村您是否组织过文体娱活动			在组织这些活动中您发挥的作用有多大			合计
		无	有	合计	关键作用	重要作用	辅助作用	
北京	男	5.2	12.3	17.5	1.0	5.8	9.5	16.3
	女	7.3	15.3	22.6	1.1	5.2	13.6	19.9

省市	性别	到本村您是否组织过文体娱活动			在组织这些活动中您发挥的作用有多大			合计
		无	有	合计	关键作用	重要作用	辅助作用	
甘肃	男	5.6	17.8	23.4	5.3	12.1	6.3	23.7
	女	6.4	10.1	16.5	1.1	6.8	5.2	13.1
江西	男	10.3	12.3	22.6	0.0	6.8	9.5	16.3
	女	6.5	10.8	17.3	0.0	6.8	7.3	14.1
江苏	男	2.7	17.1	19.8	3.1	15.3	4.2	22.6
	女	0.4	19.8	20.2	3.1	14.1	7.9	25.1
福建	男	0.8	15.9	16.7	3.2	11.6	6.3	21.1
	女	2.0	21.4	23.4	3.6	14.7	9.5	27.8
合计	男	24.6	75.4	100.0	12.6	51.6	35.8	100.0
	女	22.6	77.4	100.0	8.9	47.6	43.5	100.0

江苏女大学生村官 M 的案例："我已经做村官快 5 年了，个人认为首先要融入农村，因此创办了一个周末大会堂，通过这个课堂贴近老百姓，现已经成为品牌工程。内容非常丰富，如针对留守儿童涉及一些家庭教育的课程，开展一些趣味活动。2012 年周末大会堂成为江苏省'希望来吧'建设基地，投入资金 3 万元，这有利于周末大会堂更加有序的发展。现在已经募集了很多志愿者加入到这个课堂，否则单凭个人力量难以为继。周末大会堂已在整个镇全面铺开，12 个村全面建设了周末大会堂，成为当地推进乡村文化建设的典范。"

数据和案例表明，在农村文化建设方面，女大学生村官的耐心、坚持等一些特质得到了充分发挥，在一些培训等组织活动方面的能力、才艺甚至超越了男大学生村官。

总体来看，大学生村官制度中缺乏女性视角的设计，导致地方政府弹性对待甚至忽视性别的管理。建议，制度设计应充分考虑女性视角，并以制度形式规定，各地的政策配套上应根据地方特点和女性特点设计女大学生村官的管理模式。

第三节　大学生村官再教育体系分析

2009年，我们曾在北京M县收回了100份有效大学生村官问卷，从2012年开始，又通过北京、甘肃、江西、江苏和福建5省市的实地调研研究大学生村官，进行了问卷调查和对相关群体的深度访谈，得出的结论发现大学生村官自身的问题主要归结为以下两点：一是大学生选择村官的驱动因素与村官岗位的要求不符，这是价值观和认识观问题；二是农村管理知识和专业技术不符合农村需要导致的心理落差，这是知识贮备问题。

当村官的驱动因素与当前大学生就业难的社会原因紧密相连，如果大学生毕业后未能谋得一份好差事，这也是退而求其次的不错选择，一方面可以缓解就业的直接冲击，另一方面可以作为跳板另谋出路。但是这种思想对于大学生村官制度发挥作用有大害。这种普遍现象会导致大学生村官无心在农村工作，最终结果导致制度失效，甚至失败；专业技术不对口会使大学生村官心里盘旋着难以应付农村工作的情绪，导致大学生村官的积极性消退，进而导致制度失效。

从这两方面的问题看，仅靠大学生自身短时间补充完善非常之难，如有外力帮助可能会缩短时间、事半功倍。这两个问题解决的核心：一是在价值观和认识观上帮助大学生清楚认识到通过努力在广阔农村也可以建功立业，实现人生价值。二是在知识缺口上帮助大学生认识到工作和过去学习上的联系，并实实在在地帮助他们补上一些农村管理和农业技术上的课程。

2009年中组部负责人就《关于建立选聘高校毕业生到村任职工作长效机制的意见》（以下简称《长效机制意见》）答记者问时也提出，"加强对大学生村官的培训，对帮助他们尽快适应农村环境，进入工作角色起到十分重要的作用"①。国家已经指出了一些方式，但是目前看，执行效果并不佳，需要系统设计再教育路径。从整个社会角度来看，再教育对不同群体进入社会后再适应社会发挥了重要作用，大学生毕业后在农村工作出现思想和知识上的问题也需要有一定的外力帮助解决，显然，再教育是不可或缺的途径之一。下面将以再教育的概念、理论和实践为基础，讨论再教育解决大学生村官问题的可能。

一　"再教育"概念解析及启示

再教育在国外被称为终身教育（Lifelong learning），这是一个广义的称谓，意指入职之后所接受的相对稳定的教育方式（Markella Boudioni，2007：157 - 169）。在此基础上，国内外机构和学者所作定义主要围绕再教育群体、再教育时间、再教育内容和再教育目的四个方面展开，但是不同的定义有不同的侧重。

表 7—11   再教育的定义

联合国教科文组织	再教育是已脱离正规教育、已参加工作和负有成人责任的人群所接受的教育。是某一特殊领域内更新或补充知识，或者新领域内探求知识和技术
美国	再教育是在正规学历教育之后开展，使成年人不断获得有关自身职业的新知识和技能，同时增长对其他职业了解的教学方式（Berkowitz，2010）
俄罗斯	再教育是人们为获得和完善自身的知识结构、技能和技巧，在教学机构通过自学途径进行的系统的、有目的的教学活动（Berkowitz，2010）

---

① 《长效机制意见》规定，各地要把大学生村官纳入整个干部教育培训规划，建立健全岗位培训制度，制定年度培训计划。市、县两级组织实施好培训工作。每位大学生村官都要进行岗前培训。每年至少安排一次岗位培训，累计时间不少于 7 天。在培训内容上，突出政治理论和思想道德教育、党的路线方针政策、涉农法律法规、市场经济知识和农村经营管理知识等方面内容。在培训渠道上，依托各级党校、行政学院、高等学校、干部学院、团校等进行培训。在培训方式上，采取优秀大学生村官介绍体会、乡村干部传授经验、组织大学生村官实地考察学习等方式。另外，教育、科技、农业、人力资源和社会保障、扶贫等部门也要积极组织进行专项培训。高等学校也要结合大学生村官特点和工作需要，开展继续教育和研究生同等学历教育。

英国	再教育应该和能力挂钩，注重能力培养。认为再教育能使入职人群能力增强，不断适应社会的需要（W. R. 邓恩等，1996）
中国	再教育是指凡从事与科技有关的教研、设计、生产和管理的专业人员，为适应科技发展，不断对知识进行补充和更新的教学方式（克鲁诺·哈曼特，2006）
《世界成人教育概论》	再教育是高等教育后的在职教育。再教育是高等教育的初始教育延伸、补充和发展
《教育大辞典》	再教育是对已获得高等学历教育和一定专业技术职称的在职人员进行的教学形式，使受教育者不断更新知识结构和提升创新能力，是学历教育的延伸

综上所述（表7—11），不同的国家、机构和专家对再教育定义存在差异，例如，联合国教科文组织等定义接受再教育群体的范围是全覆盖概念，而教育大辞典中的接受再教育群体的范围仅限于专业技术人员。再教育的时间和目的大致统一，都是指在正规教育后入职，为了适应职业的需要接受的培训教育。内容的结构大致可以分为思想和技术两个方面的内容，但由于岗位的要求不一样，培训的思想和技术内容也不一样。

本书认同再教育群体范围的全覆盖概念，认为只要入职人群有需要，就可以通过再教育解决或者部分解决问题。因此，本书提出大学生村官再教育的定义：大学生在脱离正规学历教育后，为适应大学生村官岗位和社会的需要，所接受的思想教育、管理技术和农业技术等培训，以此全面提升大学生村官对农村工作的认识观和价值观，是对大学生村官进行知识更新、补充、拓展和能力提升的一种高层次的教育形式（骆江玲，2014：26）。

二 "再教育"针对群体及效果

再教育在国内外所涉群体很广，包括老师、护士、图书管理员、西部农村青年、公务人员、企业管理者等。从综述的内容和社会实践的效果看，再教育已成为解决入职群体在工作岗位中碰到问题或者为了适应新岗位需要的一种有效途径。例如，日本护士的再教育是由于护士是一个特殊的服务行业，思想上没有深刻的认识很容易产生医患矛盾，技术上不专业容易造成医疗事故，因此再教育一方面能提高护士全心全意为患者服务的意识，另一方面使护士能胜任专业的医疗护理工作（王连荣，1997：43）。又如，中国的图书管理员再教育是因为图书管理技术随着时代的要求越来越高，同时为了适应新一代读者的需要而进行的教育，因此图书管理员再教育一方面加快图书管理现代化的进程，另一方面能满足新一代读者的需要（李彦杰，2007），具体如表7—12、表7—13所示。

表7—12　　　　　　　　　　　**国外再教育群体**

群体	再教育原因	再教育内容	再教育方式	再教育效果
护士（孟利敏，2006）（日本）	特服行业人员需要深刻认识和专业的技术	敬业和全心全意为病人服务的思想教育；业务教育和考核	日本护士前辈的事迹报告会；专业课程	树立全心全意为患者服务的精神；使护士能胜任医疗护理工作
高校老师（穆晓霞，2010：86 - 87）（美国）	教学质量问题是导致美国国际竞争力下降的根源	通过教师中心，老师修教育硕博学分，授学位，开展师德、思想、专业培训等	校内学分课程、校外服务以及远程教育等	再教育成为高校教师提升专业水平的一种稳定方式
西占区（张沛，2002：92 - 99）（德国）	缺乏西方的民主传统	用西方的民主传统去影响、改变德国人的思维和生活方式	改革纳粹教育体制、通过各种途径宣传西方价值观和道德观等	德国人民对德国的历史文化传统进行了深刻的反思，为德国向新体制的蜕变奠定了思想基拙
经理（丸山敏雄，中国知网）（美国）	道德缺失	用伦理学进行道德教育	听报告，开讨论会	经理们的决策有所改观，更加关注社会
图书馆馆员（李吉子，中国知网）（韩国）	现代图书馆需要高水平、高素质的专业队伍	针对馆员进行图书馆学课程教育	设置图书馆馆员教育培训科。定期上课和交流	提高了图书馆馆员服务意识和业务能力

资料来源：根据文献资料整理所得。

表7—13　　　　　　　　　　　国内再教育群体

群体	再教育原因	再教育内容	再教育方式	再教育效果
农村青年（赵虎，2005：13－16）	青年素质的高低直接影响到西部农村经济社会发展进程	建设学习型农村，帮助青年提升道德情操和文化知识	知识更新；思想教育；技术培训	农村青年思想境界和文化技能得到提高
企业家（庞明强，2000：67－70）	难以适应变幻莫测的国内外市场，缺乏能够顺应时代的企业家	品德、专业知识和领导能力	资质培训，岗位培训，"高层次化"教育等，如开设研究生课程班	培养了企业家人才，提高了整体管理素质，为我国经济振兴提供了重要因素
警察（和玉恋，2001：63－65）	国家现代化、新技术革命以及现代化信息社会的需要	政治、业务素质和文化水平、职业道德、专业课程等	请相关专家作报告，下到基层挂职锻炼。	全面提高公安队伍整体素质，使其更好地适应新形势
会计（郭素敏，2002：20）	社会和科技发展要求会计知识更新	强化专业职能素质、职业道德和商业素质	专门的会计再教育课程，或者会计知识培训班	使会计更好地适应新时期知识经济对会计提出的挑战

资料来源：根据文献资料整理所得。

从表7—12、表7—13可知，再教育的方式既可以为踏入社会的人提供知识技能补充，同时也可以灌输和强调职业所需的价值观，或者两者可在再教育培训过程中同时强化，这取决于工作中的需要。因此，国内外再教育的经验告诉我们大学生村官出现的价值观问题和知识技能的缺乏可以通过再教育方式得到一定程度的解决（骆江玲，2014：26—27）。

入职群体解决自身问题主要有两种途径，一是通过自我学习、自我认识，属于自我纠错途径；二是通过外部的教育培训帮助学习、提高认识，属于外部纠错途径。再教育属于外部补充、调整和纠错形式。实践中，这两者往往是互相补充不可分割的整体，只是在不同阶段采用方式的主次不一。所以入职群体适应岗位问题不可能完全通过再教育解决，只能通过再教育帮助或部分解决。因此，在肯定再教育是解决大学生村官自身问题的重要途径之外，还要结合大学生村官自我纠错的主观能动性。

三 拟构建的大学生村官再教育体系的框架

大学生村官再教育是一个复杂的问题，要想调动各方力量，协同帮助大学生村官解决问题需要精心制定原则、内容和构建体系。本书试图提出一些有益于大学生村官再教育的内容，但囿于水平，只能抛砖引玉从原则、内容和体系上提出一些思考。

（一）大学生村官再教育的三个原则

1. 德育与智力相结合原则

当前面临市场经济的社会转型，经济效益和功利效益逐渐成为个体选择的最重要因素。大学生村官作为一种职业在经济上的比较效益或者综合比较效益相对较低，这不仅影响了大学生进入这个职业，同时也影响大学生村官退出这个职业。这就是大学生选择村官的一个主要原因，而不是出于支撑农村发展的动机所在。因此，再教育要从德育角度和智力相结合来提升大学生的认识观和价值观。

2. 知识更新与发展能力相结合原则

大学生村官再教育的内容要在高等教育基础上，更加注重农村社会知识、农村管理知识和农村技术的教育培训。另外，农村基层工作虽然中央有统一政策，但是各地千差万别，在实现农村发展的大目标情况下，需要农村管理者具备创新意识和创新能力。

3. 学习与应用相结合原则

大学生村官再教育的教学内容是"以问题为中心"，一是针对在职岗位、技术任务的具体需要和本人的专业知识缺陷来决定补充内容；二是必须适应当前的技术、经济和社会发展水平，不能脱离实际；三是必须讲究社会效益和经济效益，不能离开效益做文章；四是学习知识不仅要考虑当前的需要，还必须考虑未来工作发展的需要。

（二）大学生村官再教育的主要内容

大学生村官再教育必须有针对性地编制相关教材，共性内容可包括思想教育、农村的整体情况、大学生村官制度的演变和概况、农村管理知识、农村技术知识等内容；差异性内容是指不同地区根据情况编制相关教材，可以包括县农村的整体情况、农村管理知识、县农村涉及的专业技术等。除此之外，还应涉及心理学、语言学、社会学、法律等知识。

1. 思想再教育

在思想方面，应该采取一系列的措施加强对大学生村官的思想教育，防止村官出现"身在曹营心在汉"和"临阵脱逃"的现象。（1）在施行教育内容上，加大宣传力度，督促大学生村官干一行、爱一行、专一行。（2）在职业道德上，教育大学生村官们不要被物欲所左右，尽职尽责在农村工作。（3）在事业心方面，通过宣传优秀大学生村官的成功事迹和经验等方法，引导大学生村官做好本职工作等。

2. 职业再教育

（1）农村管理知识教育。农村是一个复杂的社会，乡村本身具有特殊的权利体系和文化结构等村庄因素，因此，大学生村官作为外来者这个角色很难被村民接受，要想在农村建立威信是难上加难（骆江玲等，2013：50）。所以，不深入其中难于解剖或揭露问题的所在，很难有效开展农村管理工作，这对空降农村的大学生是一个重大挑战。针对此，应着重解读农村社会的复杂宗族派系，了解乡村特有的权利体系和村民文化，并传授一些帮助大学生村官深入农村社会的好方法。比如，可以聘请高校专业教师或者政府官员为大学生村官剖析农村社会结构和权利结构。另外大学生村官要对社会主义新农村建设的价值和意义具有一定程度的认识和把握。

（2）农村实用技术教育。农村的发展主要依赖于农业的发展，大农业的概念包括农林牧副渔等，同时也涉及很多专业技术。农民在日常生活和劳作中，已经掌握了一些专业技术，但是在现代技术日新月异的今天，由于风险和思想保守等原因不容易改变。大学生村官掌握农村实用技术不仅在工作上可以增加兴趣，而且可以以专家的身份和农民进行沟通。

（三）大学生村官再教育体系的设想

从全国看，大学生村官的培训工作主要放在市县两级，教育、科技、农业、人力资源和社会保障、扶贫等部门自上而下辅之以专项培训，培训内容是思想政治教育、农村管理和农村技能知识，培训渠道主要依托各级党校、行政学院、高等学校、干部学院、团校等进行培训，培训方式采取优秀大学生村官介绍体会、乡村干部传授经验、组织大学生村官实地考察学习等。但是，如何把这些部门力量协同起来，形成一个稳定支持并长期实行的大学生村官再教育体系，下面将通过分析拟构建出一个大学生村官再教育体系的框架。

建议将大学生村官再教育分为三个层次：一是在国家层面上，由组织部、农业部、人力资源和社会保障部等国家部委牵头组织全国范围内的大学生村官进行经验交流；二是省、市、县、乡的大学生村官负责人和村干部的培训和交流工作，以省为单位，由专门的教育机构负责，主要内容包括政策、管理培训和经验交流等。三是以市为单位，实行固定师资开班培训，主要内容包括思想、政策、管理和技能等培训。培训机构应利用好农业大学和党校力量，并辅之以一些社会培训机构，形成多层次、多元机构支撑的大学生村官再教育体系。

以国家、省、市为单位构建的三个层次的大学生村官再教育体系既能体现政策上传下达的统一性以及一些共性要求，同时又能满足不同地方的差异性要求，三个层次互为补充，环环相扣。开展大学生村官的再教育培训，收缩到市层面上既可以照顾到各地的差异性，又可以考虑到交通上的成本以及时间上的可能；开展大学生村官负责人和村干部的培训主要是管理和政策上的培训，差异性小，而且在省层面上开展经验交流具有实践意义；国家层面既可以定期或者不定期地举办大型大学生村官交流会，又可以实现典型管理、案例等推广，并完善政策，成为大学生村官再教育体系的重要补充。

大学生村官再教育应该分阶段进行渐进式教育，包括招考前教育、入职前教育、入职后教育、续职教育四个阶段（骆江玲，2014：28—29）。招考前教育指的是使参加报考的大学生了解农村现状和发展情况，以及大学生村官制度等培训教育，提供给大学生分析判断，并做出明智选择的一些现实素材；入职前教育是指已经被录取的大学生为了适应村官岗位而接受的更为深层的农村情况、思想和管理上的教育；入职后教育是指在已经入职村官的大学生在接触农村管理的实践中，有针对性地设计思想、管理和技术上的课程，帮助其解决自身的不适应性问题；续职教育是指大学生村官在期满3年继续留在农村任职的人员，这时候应该作为党的农村后备干部进行级别更高的培训。目前来看，再教育模式主要放在前面三个环节上，做到环环相扣。

第八章　大学生村官制度的相关性与差异性分析

第四章从行动者入手，探讨了不同层级的运行逻辑及问题。第五章和第六章，从农村治理、农村发展，缓解就业和人才培养四个方面，探讨了大学生村官制度的实效及问题。整体看，这些已经对大学生村官制度运行的各方面有一些或深或浅的分析。但实践看，大学生村官的性别、年龄、学历、学科门类等内容影响了大学生村官制度的运行实效，基于此，拟通过相关性分析，研究上述关系。另外，各省因环境和条件不同，执行大学生村官制度不仅存在共性内容，还存在各自经验和其他差异性内容，本章将从这两方面进行探讨。

第一节　大学生村官制度实施的相关性分析

研究数据：数据主要来源于北京、甘肃、江西、江苏、福建5个省的6个县、11个乡镇和21个村庄的大学生村官的调研数据（由于一些数据未能直接获得以及采集数据的有限性，难于直接分析目标参数和研究参数之间的相关性），如农村发展中的经济发展子参数主要通过招商引资、开拓市场等参数体现。

研究方法：以SPSS软件为基础，应用双变量分析各参数的相关性，即对两个变量之间的相关程度进行分析，用于描述两个变量间联系的密切程度。具体操作是把数据导入SPSS统计软件进行相关性分析，计算 Pearson 相关系数①，即 R 值。

研究内容：主要以性别、年龄、文化程度、学科门类、家庭所在地、所在村的富裕水平、大学生村官任职期间所住地点、大学生村官进村两委、大学生村官被借调等为目标参数，研究与农村治理、农村发展及其子参数之间的相关性以及其他参数之间的相关性（见表8—1）。

表8—1　　　　　　　　　　Pearson 相关性内容概况

类型	主要内容		
目标参数	性别、年龄、文化程度、学科门类、家庭所在地、大学生村官所在村的富裕水平、大学生村官任职期间所住地点、大学生村官进村两委、大学生村官被借调等		
相关性分析	农村治理	农村发展	其他参数
	1. 基层党建 2. 进村两委 3. 农民合作社	1. 经济发展（招商引资、开拓市场） 2. 社会发展（组织村民培训、组织文化体育娱乐活动） 3. 文化发展（保护生态环境）	1. 借调方面 2. 上班期间所住地点 3. 是否融入社区 4. 家人对选择此职业态度 5. 自身对大学生村官生活和工作的评价

注：在农村发展中，经济发展子参数主要通过招商引资、开拓市场体现，社会发展主要通过组织村民培训、组织文化体育娱乐活动等参数体现，文化发展主要通过保护生态环境体现。

一　大学生村官性别的相关性分析

在5省市大学生村官问卷调研中，男性占50.4%，女性占49.6%（第一章表1—4），其中，北京和福建的女性比例比男性大约高出3%，甘肃和江西的男性比例比女性大约高出3%，江苏男性和女性的比例持平。产生这样的情况大致有两方面的原因：一是发达地

① 注：显著水平，即 P 值，表格中 ＊＊表示 P < 0.01，为相关性高度显著；＊表示 0.01 < P < 0.05，为相关性显著。p = 0.001，为很高的显著水平，p = 0.5 或者 p > 0.1，相关程度不明显甚至不相关。而 Pearson 相关系数中，R > 0 代表两个变量正相关，R < 0 代表两个变量负相关。|R| 大于等于 0.8 时认为两变量间高度相关，|R| 大于等于 0.5 小于 0.8 时认为两变量中度相关，|R| 大于等于 0.3 小于 0.5 时认为两变量低度相关，|R| 小于 0.3 说明相关程度很弱，即弱相关。

区的女性在其他就业方面比男性更难，选择大学生村官的基数在调研地区相对要大于男性；二是欠发达地区经济和工作条件等限制，男性比女性在从事大学生村官的工作意愿上更强烈一些。

下文将以性别为目标参数，研究大学生村官的性别与对农村治理、农村发展及其他方面作用等参数的相关性。

（一）大学生村官性别与农村治理的相关性分析

从表8—2中可知，大学生村官的性别与其对农村治理的作用的相关性高度显著。

表8—2　　　　　　　　　Pearson 相关性分析

		性别	对农村治理的作用
性别	Pearson 相关性	1.000	0.150（＊＊）
	显著性（双侧）		0.001
	N	500	500
对农村治理的作用	Pearson 相关性	0.150（＊＊）	1.000
	显著性（双侧）	0.001	
	N	500	500

从表8—3可知，大学生村官的性别与其对参加基层党建和村两委工作的贡献这两个子参数的相关性显著，与对参加农民合作社工作的贡献相关程度很弱，即弱相关。

表8—3　　　　　　　各参数间的 Pearson 相关性分析

农村治理		基层党建	进村两委	农民合作社
性别	Pearson 相关系数	0.092（＊）	0.098（＊）	0.082
	显著性概率 sig	0.041	0.029	0.068
	样本数	500	500	500

（二）大学生村官性别与农村发展的相关性分析

从表8—4可知，大学生村官性别与对农村发展贡献的相关性很弱，属于弱相关。

表8—4   Pearson **相关性分析**

		性别	对农村发展的作用
性别	Pearson 相关性	1.000	0.030
	显著性（双侧）		0.499
	N	500	500
对农村发展的作用	Pearson 相关性	0.030	1.000
	显著性（双侧）	0.499	
	N	500	500

从表8—5可知，大学生村官性别与招商引资、开拓市场、保护生态环境等均相关性不显著，即很弱的负相关；与组织村民培训、组织村里的文化体育娱乐活动是弱相关。

表8—5   **各参数间的 Pearson 相关性分析**

		农村经济发展		农村文化发展		农村社会发展
		招商引资	开拓市场	组织村民培训	组织文化体育娱乐活动	保护生态环境
性别	Pearson 相关系数	− 0.078	− 0.048	0.044	0.024	− 0.058
	显著性概率 sig	0.081	0.281	0.322	0.595	0.194
	样本数	500	500	500	500	500

（三）大学生村官性别与其他参数的相关性分析

为进一步了解大学生村官性别是否对其借调、上班期间所住地点、是否融入社区、家人对选择此职业的态度以及自身对大学生村官生活和工作的评价的关系，选择了以下几项参数进行相关性分析。从表8—6可知，大学生村官的性别与所住地点相关性显著；与借调乡镇或县里工作、家人对选择村官职业态度、对村官生活和工作评价存在很弱的负相关；与融入社区的相关性很弱，为弱相关。

表8—6　　　　　　　各参数间的 Pearson 相关性分析

		借调乡镇或县里工作	上班期间所住地点	融入社区	家人对此职业态度	对村官生活和工作评价
性别	Pearson 相关系数	− 0. 075	0. 098（＊）	0. 003	− 0. 027	− 0. 003
	显著性概率 sig	0. 093	0. 029	0. 954	0. 552	0. 951
	样本数	500	500	500	500	500

二　大学生村官年龄的相关性分析

从第一章表1—5可知，大学生村官年龄主要分布在21—33岁，其中又主要以24—26岁为主，占65.8％，超过半数，数据表明大学生村官处于精力充沛阶段。

下文将以年龄为目标参数，研究大学生村官的年龄与对农村治理、农村发展及其他方面等参数的相关性。

（一）大学生村官年龄与农村治理的相关性分析

从表8—7中可知，大学生村官的年龄与对农村治理贡献的相关性很弱，即弱相关。

表8—7　　　　　　　　　Pearson 相关性分析

		年龄	对农村治理的作用
年龄	Pearson 相关性	1. 000	− 0. 078
	显著性（双侧）		0. 083
	N	500	500
对农村治理的作用	Pearson 相关性	− 0. 078	1. 000
	显著性（双侧）	0. 083	
	N	500	500

从表8—8中可知，在农村治理当中，大学生村官年龄与对基层党建和农民合作社工作贡献的这两个子参数相关性高度显著，但是为高度显著的负相关；与进村两委的相关性很弱，即很弱的负相关。

表8—8   各参数间的 Pearson 相关性分析

农村治理		基层党建	进村两委	农民合作社
年龄	Pearson 相关系数	−0.179（＊＊）	−0.030	−0.136（＊＊）
	显著性概率 sig	0.000	0.497	0.002
	样本数	500	500	500

（二）大学生村官年龄与农村发展的相关性分析

从表8—9中可知，大学生村官的年龄与对农村发展贡献的相关性高度显著，但是为高度显著的负相关。即年龄越大，对农村发展的作用越小，这是由于大学生村官随着年龄的增长，更多考虑自身问题，比如婚姻问题、生育问题、出路问题等，所以缺乏心思扎根农村工作，这在调研期间访谈大学生村官群体时也得到了更多的印证。

表8—9   Pearson 相关性分析

		年龄	对农村发展的作用
年龄	Pearson 相关性	1.000	−0.123（＊＊）
	显著性（双侧）		0.006
	N	500	500
对农村发展的作用	Pearson 相关性	−0.123（＊＊）	1.000
	显著性（双侧）	0.006	
	N	500	500

从表8—10中各参数的相关性计算结果可以得出，大学生村官的年龄与招商引资、开拓市场、组织村民培训、组织村里的文化体育娱乐活动、保护生态环境等均高度显著，其中与开拓市场的相关性显著达到了最高。部分说明大学生村官的年龄大小对农村发展贡献的大小有明显影响。

表 8—10　　　　　　　各参数间的 Pearson 相关性分析

		农村经济		农村文化		农村社会
		招商引资	开拓市场	组织村民培训	组织文化体育娱乐活动	保护生态环境
年龄	Pearson 相关系数	0.179（＊＊）	0.154（＊＊）	0.229（＊＊）	0.267（＊＊）	0.205（＊＊）
	显著性概率 sig	0.000	0.001	0.000	0.000	0.000
	样本数	500	500	500	500	500

（三）大学生村官年龄与其他参数的相关性分析

为进一步了解大学生村官性别是否对大学生村官借调、是否融入社区、家人对选择此职业的态度以及自身对大学生村官生活和工作的评价的关系，进行目标参数与以下几项参数的相关性分析（下面统一参数指标）。从表 8—11 可知，大学生村官年龄与借调乡镇或县里工作、融入社区相关性高度显著；与对大学生村官生活和工作评价的相关性高度显著，为高度显著的负相关；与家人对选择大学生村官职业的态度的相关性显著，为显著负相关。从分析结果可知，大学生村官年龄与这几项参数有一定的相关性，意味着大学生村官年龄大小或多或少对这几项参数有影响。

表 8—11　　　　　　　各参数间的 Pearson 相关性分析

		借调乡镇或县里工作	融入社区	家人对选择此职业态度	对村官生活和工作评价
年龄	Pearson 相关系数	0.177（＊＊）	0.223（＊＊）	−0.111（＊）	−0.161（＊＊）
	显著性概率 sig	0.000	0.000	0.013	0.000
	样本数	500	500	500	500

三　大学生村官文化程度的相关性分析

从第一章表 1—6 可知，大学生村官的文化程度中本科生占92.4%，是大学生村官的主力；硕士只占2.2%，表明大学生村官学历还是以本科生为主，高学历相对比较少（在北京调研地点听闻有博士大学生村官，但是调研中未遇见博士大学生村官）。

下文将以大学生村官的文化程度为目标参数，研究与对农村治理、农村发展及其他方面作用等参数的相关性。

（一）大学生村官文化程度与农村治理的相关性分析

从表8—12可知，大学生村官的文化程度与对农村治理贡献的相关性很弱，即弱相关。

表8—12 　　　　　　　　　　　Pearson **相关性分析**

		文化程度	对农村治理的作用
文化程度	Pearson 相关性	1.000	－ 0.014
	显著性（双侧）		0.759
	N	500	500
对农村治理的作用	Pearson 相关性	－ 0.014	1.000
	显著性（双侧）	0.759	
	N	500	500

从表8—13可知，在农村治理当中，大学生村官的文化程度与对基层党建和农民合作社工作贡献的这两个参数的相关性很弱。与对村两委工作贡献的相关性也很弱，即很弱的负相关。

表8—13 　　　　　　　　**各参数间的** Pearson **相关性分析**

农村治理		基层党建	进村两委	农民合作社
文化程度	Pearson 相关系数	0.054	－ 0.074	0.072
	显著性概率 sig	0.231	0.100	0.107
	样本数	500	500	500

（二）大学生村官文化程度与农村发展的相关性分析

从表8—14可知，大学生村官文化程度与对农村发展贡献相关性很弱，且为很弱的负相关。

表 8—14　　　　　　　　　Pearson **相关性分析**

		文化程度	对农村发展的作用
文化程度	Pearson 相关性	1.000	− 0.037
	显著性（双侧）		0.404
	N	500	500
对农村发展的作用	Pearson 相关性	− 0.037	1.000
	显著性（双侧）	0.404	
	N	500	500

从表 8—15 可知，大学生村官的文化程度与对招商引资、开拓市场的贡献相关性很弱，为弱相关；与对组织村民培训、保护生态环境贡献等均相关性很弱，为很弱的负相关；与组织村里的文化体育娱乐活动的相关性显著，为显著负相关。

表 8—15　　　　　　**各参数间的 Pearson 相关性分析**

		农村经济		农村文化		农村社会
		招商引资	开拓市场	组织村民培训	组织文化体育娱乐活动	保护生态环境
文化程度	Pearson 相关系数	0.019	0.011	− 0.056	− 0.099（﹡）	− 0.060
	显著性概率 sig	0.674	0.810	0.215	0.026	0.179
	样本数	500	500	500	500	500

（三）大学生村官文化程度与其他参数的相关性分析

从表 8—16 可知，大学生村官文化程度与借调乡镇或县里工作、融入社区的相关性很弱，即弱相关；与家人对选择大学生村官职业的态度的相关性显著，为显著负相关；与对大学生村官生活和工作评价的相关性很弱，为很弱的负相关。

表8—16　　　　　　　　　各参数间的 Pearson 相关性分析

		借调乡镇或县里工作	融入社区	家人对选择此职业态度	对村官生活和工作评价
文化程度	Pearson 相关系数	0.004	0.038	−0.098（＊）	−0.040
	显著性概率 sig	0.923	0.399	0.029	0.368
	样本数	500	500	500	500

从以上分析数据可知，大学生村官的文化程度与这些参数基本上没有什么相关性，所以也就意味着并不是大学生村官的学历越高（如硕士、博士等），对农村治理和农村发展及其他方面的贡献就越大。

四　大学生村官学科门类的相关性分析

从第一章表1—7可知，5省市中大学生村官的专业所涉学科门类较多。其中经济学和管理学分别为16.8%和16.6%；法学所占比例为13.4%；工学所占比例为11.0%；而农学所占比例只有7.2%。学科比例在一定程度上反映出农村对管理人才的需求，而对农村科技的诉求并不高。

（一）大学生村官学科门类与农村治理的相关性分析

从表8—17可知，大学生村官的学科门类与农村治理相关性很弱，即很弱的负相关。

表8—17　　　　　　　　　Pearson 相关性分析

		学科门类	对农村治理的作用
学科门类	Pearson 相关性	1.000	−0.070
	显著性（双侧）		0.119
	N	500	500
对农村治理的作用	Pearson 相关性	−0.070	1.000
	显著性（双侧）	0.119	
	N	500	500

从表8—18可知，在农村治理当中，大学生村官的学科门类与对基层党建、村两委工作的贡献相关性很弱，即弱相关；与对农民合作社工作贡献的相关性显著。

表8—18　　　　　　　各参数间的 Pearson 相关性分析

农村治理		基层党建	进村两委	农民合作社
学科门类	Pearson 相关系数	0.022	0.053	0.112（＊）
	显著性概率 sig	0.616	0.240	0.012
	样本数	500	500	500

（二）大学生村官学科门类与农村发展的相关性分析

从表8—19可知，大学生村官的学科门类与对农村发展贡献的相关性很弱，为很弱的负相关。

表8—19　　　　　　　　　　Pearson 相关性分析

		学科门类	对农村发展的作用
学科门类	Pearson 相关性	1.000	−0.016
	显著性（双侧）		0.716
	N	500	500
对农村发展的作用	Pearson 相关性	−0.016	1.000
	显著性（双侧）	0.716	
	N	500	500

从表8—20中各参数的相关性计算结果可以得出，大学生村官的学科门类与招商引资、组织村里的文化体育娱乐活动的相关性很弱，为很弱的负相关；与开拓市场、组织村民培训、保护生态环境等相关性很弱。

表 8—20　　　　　　　　各参数间的 Pearson 相关性分析

		农村经济		农村社会		农村发展
		招商引资	开拓市场	组织村民培训	组织文化体育娱乐活动	保护生态环境
学科门类	Pearson 相关系数	−0.021	0.070	0.031	−0.024	0.009
	显著性概率 sig	0.636	0.116	0.483	0.592	0.848
	样本数	500	500	500	500	500

（三）大学生村官学科门类与其他参数的相关性分析

从表 8—21 可知，大学生村官的学科门类与借调乡镇或县里工作相关性显著，为显著的负相关；与融入社区相关性很弱；与家人对选择大学生村官职业的态度、对大学生村官生活和工作评价的相关性很弱，为很弱的负相关。

表 8—21　　　　　　　　各参数间的 Pearson 相关性分析

		借调乡镇或县里工作	融入社区	家人对选择此职业态度	对村官生活和工作评价
学科门类	Pearson 相关系数	−0.096（＊）	0.059	−0.085	−0.068
	显著性概率 sig	0.031	0.185	0.057	0.130
	样本数	500	500	500	500

以上分析数据表明，大学生村官的学科门类与上述参数基本上没有相关性，同时证明大学生村官的学科门类对农村治理和农村发展贡献的影响不明显。数据与调研有一些出入，调研发现，大学生村官的专业符合村庄需求且能发挥作用，有利于调动其积极性。

五　大学生村官家庭所在地的相关性分析

从第一章表 1—8 可知，5 省市调研的大学生村官中 49.8% 来自农村，部分说明出身农村的大学生村官更能接受毕业后回到农村工作和生活的现实；完全来自城市的比例仅占 9.6%，部分说明出身城市的大学生村官无心于农村的发展。

（一）大学生村官家庭所在地与农村治理的相关性分析

从表8—22可知，大学生村官的家庭所在地与对农村治理贡献的相关性很弱。

表8—22　　　　　　　　　　**Pearson 相关性分析**

		家庭所在地	对农村治理的作用
家庭所在地	Pearson 相关性	1.000	0.003
	显著性（双侧）		0.938
	N	500	500
对农村治理的作用	Pearson 相关性	0.003	1.000
	显著性（双侧）	0.938	
	N	500	500

从表8—23可知，在农村治理中，大学生村官的家庭所在地与对基层党建工作贡献的显著性水平很高；与对村两委工作贡献的相关性为弱相关；与对农民合作社工作贡献的相关性很弱，为很弱的负相关。

表8—23　　　　　　　**各参数间的 Pearson 相关性分析**

农村治理		基层党建	进村两委	农民合作社
家庭所在地	Pearson 相关系数	-0.142（**）	0.074	-0.059
	显著性概率 sig	0.001	0.099	0.191
	样本数	500	500	500

（二）大学生村官家庭所在地与农村发展的相关性分析

从表8—24可知，大学生村官的家庭所在地与对农村发展贡献的相关性很弱。

从表8—25可知，大学生村官的家庭所在地与招商引资、开拓市场的相关性很弱，为很弱的负相关；与组织村民培训、组织村里的文化体育娱乐活动相关性高度显著；与保护生态环境相关性很弱，即弱相关。在 5 省市大学生村官问卷调研中显示，各省都趋向于来自本省的高校毕业生，意味着大学生村官有一定程度的本地化趋势，进一步表明来自本土化农村家庭的大学生村官更易于带领村民组织一些活动，相对来说也容易与本地村庄群体沟通和交流。

表 8—24 Pearson 相关性分析

		家庭所在地	对农村发展的作用
家庭所在地	Pearson 相关性	1.000	0.009
	显著性（双侧）		0.837
	N	500	500
对农村发展的作用	Pearson 相关性	0.009	1.000
	显著性（双侧）	0.837	
	N	500	500

表 8—25 各参数间的 Pearson 相关性分析

		农村经济		农村文化		农村社会
		招商引资	开拓市场	组织村民培训	组织文化体育娱乐活动	保护生态环境
家庭所在地	Pearson 相关系数	−0.010	−0.002	0.145（＊＊）	0.149（＊＊）	0.034
	显著性概率 sig	0.819	0.959	0.001	0.001	0.453
	样本数	500	500	500	500	500

（三）大学生村官家庭所在地与其他参数的相关性分析

从表 8—26 可知，大学生村官的家庭所在地与借调乡镇或县里工作的相关性很弱；与融入社区、家人对选择大学生村官职业的态度的相关性很弱，为很弱的负相关；与对大学生村官生活和工作评价的相关性显著，为显著的负相关。

表8—26　　　　　　　　　各参数间的 Pearson 相关性分析

家庭所在地		借调乡镇或县里工作	融入社区	家人对选择此职业态度	对村官生活和工作评价
	Pearson 相关系数	0.016	−0.014	−0.007	−0.113（＊）
	显著性概率 sig	0.727	0.763	0.873	0.012
	样本数	500	500	500	500

以上分析数据表明，大学生村官的家庭所在地与对农村治理、农村发展的贡献相关性很弱。实际上，调研发现本地的大学生村官在责任心、资源调配、适应性等方面强于外地的大学生村官。另外，大学生村官的家庭所在地与对基层党建、农村文化发展工作贡献等参数相关性显著，与其他参数基本上没有相关性或者相关性很弱。因此，在基层党建、农村的文化发展方面应更多地招聘当地的大学生村官。

六　大学生村官所在村富裕水平相关性分析

从第一章表1—9可知，5省市调研的大学生村官中，58.8%在中等村里上班。33.2%在贫困村里上班，8.0%在富裕村里上班。

（一）大学生村官所在村的富裕水平与农村治理的相关性分析

从表8—27可知，大学生村官所在村的富裕水平与对农村治理贡献的相关性很弱，即很弱的负相关。

表8—27　　　　　　　　　Pearson 相关性分析

		所在村的富裕水平	对农村治理的作用
所在村的富裕水平	Pearson 相关性	1.000	−0.078
	显著性（双侧）		0.080
	N	500	500
对农村治理的作用	Pearson 相关性	−0.078	1.000
	显著性（双侧）	0.080	
	N	500	500

从表 8—28 可知，在农村治理当中，大学生村官所在村的富裕水平与对基层党建、村两委工作贡献的相关性均显著，其中，与对村两委工作贡献为显著的负相关。与对农民合作社工作贡献的相关性很弱，为很弱的负相关。

表 8—28 **各参数间的 Pearson 相关性分析**

农村治理		基层党建	进村两委	农民合作社
所在村的富裕水平	Pearson 相关系数	0.129（＊＊）	− 0.238（＊＊）	− 0.040
	显著性概率 sig	0.004	0.000	0.376
	样本数	500	500	500

（二）大学生村官所在村的富裕水平与农村发展的相关性分析

从表 8—29 可知，大学生村官所在村的富裕水平与对农村发展工作贡献的相关性很弱，即很弱的负相关。

表 8—29 Pearson **相关性分析**

		所在村的富裕水平	对农村发展的作用
所在村的富裕水平	Pearson 相关性	1.000	− 0.086
	显著性（双侧）		0.056
	N	500	500
对农村发展的作用	Pearson 相关性	− 0.086	1.000
	显著性（双侧）	0.056	
	N	500	500

从表 8—30 可知，大学生村官所在村的富裕水平与招商引资、开拓市场、组织村里的文化体育娱乐活动相关性很弱，为很弱的负相关；与组织村民培训相关性高度显著；与保护生态环境相关性显著，为显著的负相关。

表 8—30　　　　　　　　**各参数间的 Pearson 相关性分析**

		农村经济		农村文化		农村社会
		招商引资	开拓市场	组织村民培训	组织文化体育娱乐活动	保护生态环境
所在村的富裕水平	Pearson 相关系数	-0.006	-0.004	-0.182（＊＊）	-0.042	-0.096（＊）
	显著性概率 sig	0.894	0.931	0.000	0.349	0.032
	样本数	500	500	500	500	500

（三）大学生村官所在村的富裕水平与其他参数的相关性分析

从表 8—31 可知，大学生村官所在村的富裕水平与借调乡镇或县里工作相关性高度显著；与融入社区、家人对选择大学生村官职业的态度、对大学生村官生活和工作评价的相关性很弱。

表 8—31　　　　　　　　**各参数间的 Pearson 相关性分析**

		借调乡镇或县里工作	融入社区	家人对选择此职业态度	对村官生活和工作评价
所在村的富裕水平	Pearson 相关系数	-0.163（＊＊）	0.017	0.024	0.010
	显著性概率 sig	0.000	0.701	0.596	0.823
	样本数	500	500	500	500

以上分析数据表明，大学生村官所在村的富裕水平与农村的基层党建、进村两委、组织村民培训、保护生态环境、借调乡镇或者县里工作等参数相关性显著，说明大学生村官所在村的经济水平条件在某些方面对农村发展贡献有一定影响。

七　大学生村官任职期间所住地点的相关性分析

从表 8—32 可知，5 省市调研的大学生村官在任职期间有 54.6% 的比例住在乡镇政府，其中江西省占 16.0%，居于首位；其次是甘肃省、福建省，分别占 14.2% 和 10.2%。而只有 21.6% 的比例是住在本村，其中江西省和甘肃省均为2.8%。主要是由于各省农村的经济条件原因，江西省和甘肃省农村的经济条件相对来说比较差，加上考虑到大学生村官的安全问题则更多被安排到乡镇居住。

表8—32　　　　　　　大学生村官任职期间所住地点（%）

调研省市	您所住地点					合计
	本村	跨村	镇政府	县城	其他	
北京	3.6	1.2	8.4	4.2	2.6	20.0
甘肃	2.8	1.0	14.2	1.4	0.6	20.0
江西	2.8	0.4	16.0	0.8	0.0	20.0
江苏	5.0	6.4	5.8	2.8	0.0	20.0
福建	7.4	0.6	10.2	0.6	1.2	20.0
合计	21.6	9.6	54.6	9.8	4.4	100.0

（一）大学生村官任职期间所住地点与农村治理的相关性分析

从表8—33可知，大学生村官任职期间所住地点与农村治理相关性高度显著。

表8—33　　　　　　　Pearson 相关性分析

		任职期间所住地点	对农村治理的作用
任职期间所住地点	Pearson 相关性	1.000	0.128（**）
	显著性（双侧）		0.004
	N	500	500
对农村治理的作用	Pearson 相关性	0.128（**）	1.000
	显著性（双侧）	0.004	
	N	500	500

从表8—34可知，在农村治理当中，大学生村官任职期间所住地点与对基层党建、进村两委、农民合作社工作贡献的相关性均显著。

表 8—34　　　　　　　各参数间的 Pearson 相关性分析

农村治理		基层党建	进村两委	农民合作社
任职期间所住地点	Pearson 相关系数	0.114（＊）	0.096（＊）	0.114（＊）
	显著性概率 sig	0.011	0.032	0.011
	样本数	500	500	500

（二）大学生村官任职期间所住地点与农村发展的相关性分析

从表 8—35 可知，大学生村官任职期间所住地点与对农村发展贡献的相关性很弱。

表 8—35　　　　　　　Pearson 相关性分析

		任职期间所住地点	对农村发展的作用
任职期间所住地点	Pearson 相关性	1.000	0.087
	显著性（双侧）		0.051
	N	500	500
对农村发展的作用	Pearson 相关性	0.087	1.000
	显著性（双侧）	0.051	
	N	500	500

从表 8—36 可知，大学生村官任职期间所住地点与招商引资相关性高度显著，为高度显著的负相关；与开拓市场、组织村民培训、保护生态环境的相关性很弱，为很弱的负相关；与组织村里的文化体育娱乐活动的相关性很弱。

表 8—36　　　　　　各参数间的 Pearson 相关性分析

		农村经济		农村文化		农村社会
		招商引资	开拓市场	组织村民培训	组织文化体育娱乐活动	保护生态环境
任职期间所住地点	Pearson 相关系数	−0.125（＊＊）	−0.069	−0.025	0.030	−0.069
	显著性概率 sig	0.005	0.121	0.584	0.509	0.122
	样本数	500	500	500	500	500

（三）大学生村官任职期间所住地点与其他参数的相关性分析

从表8—37可知，大学生村官任职期间所住地点与借调乡镇或县里工作相关性不明显，为较弱的负相关；与融入社区、家人对选择大学生村官职业的态度、对大学生村官生活和工作评价的相关性均显著，其中与融入社区为显著的负相关。

表8—37　　　　　　　　各参数间的 Pearson 相关性分析

		借调乡镇或县里工作	融入社区	家人对选择此职业态度	对村官生活和工作评价
任职期间所住地点	Pearson 相关系数	−0.087	−0.090（＊）	0.114（＊）	0.105（＊）
	显著性概率 sig	0.052	0.044	0.011	0.019
	样本数	500	500	500	500

以上分析数据表明，大学生村官任职期间所住地点与对农村治理贡献的相关性显著，其中与对基层党建、村两委、农民合作社工作的贡献均有显著的相关性。另外对融入社区、家人对选择此职业的看法、自身对大学生村官生活工作的评价均有显著的相关性。说明大学生村官在农村任职期间，他们所住的地点对于这些参数具有一定的影响。

八　大学生村官进村两委的相关性分析

从第五章表5—14可知，5省市中共有36.6%的大学生村官进入了村两委，有63.4%的大学生村官没有进入村两委。这说明地方政府对大学生村官进村两委的政策执行没有到位。

（一）大学生村官进村两委与农村治理的相关性分析

从表8—38可知，大学生村官进村两委与农村治理相关性高度显著。

从表8—39可知，在农村治理当中，大学生村官进入村两委与对基层党建、农民合作社工作贡献的相关性均是高度显著。

表8—38 Pearson 相关性分析

		进村两委	对农村治理的作用
进村两委	Pearson 相关性	1.000	0.277（＊＊）
	显著性（双侧）		0.000
	N	500	500
对农村治理的作用	Pearson 相关性	0.277（＊＊）	1.000
	显著性（双侧）	0.000	
	N	500	500

表8—39 各参数间的 Pearson 相关性分析

		基层党建	农民合作社
大学生村官进村两委	Pearson 相关系数	0.231（＊＊）	0.344（＊＊）
	显著性概率 sig	0.000	0.000
	样本数	500	500

（二）大学生村官进村两委与农村发展的相关性分析

从表8—40可知，大学生村官进村两委与对农村发展贡献的相关性高度显著。

表8—40 Pearson 相关性分析

		进村两委	对农村发展的作用
进村两委	Pearson 相关性	1.000	0.208（＊＊）
	显著性（双侧）		0.000
	N	500	500
对农村发展的作用	Pearson 相关性	0.208（＊＊）	1.000
	显著性（双侧）	0.000	
	N	500	500

从表8—41可知，大学生村官进村两委与招商引资、开拓市场、组织村民培训、组织村里的文化体育娱乐活动、保护生态环境的相关

性高度显著，为高度显著的负相关。

表 8—41   各参数间的 Pearson 相关性分析

		农村经济		农村文化		农村社会
		招商引资	开拓市场	组织村民培训	组织文化体育娱乐活动	保护生态环境
大学生村官进村两委	Pearson 相关系数	−0.240（＊＊）	−0.155（＊＊）	−0.117（＊＊）	−0.129（＊＊）	−0.147（＊＊）
	显著性概率 sig	0.000	0.000	0.009	0.004	0.001
	样本数	500	500	500	500	500

（三）大学生村官进村两委与其他参数的相关性分析

从表 8—42 可知，大学生村官进村两委与借调乡镇或县里工作相关性不明显，为弱相关；与融入社区、对大学生村官生活和工作评价的相关性均高度显著，其中与融入社区为高度显著的负相关；与家人对选择大学生村官职业的态度的相关性显著。

表 8—42   各参数间的 Pearson 相关性分析

		借调乡镇或县里工作	融入社区	家人对选择此职业态度	对村官生活和工作评价
大学生村官进村两委	Pearson 相关系数	0.012	−0.174（＊＊）	0.096（＊）	0.148（＊＊）
	显著性概率 sig	0.784	0.000	0.032	0.001
	样本数	500	500	500	500

以上分析数据表明，大学生村官进村两委与对农村治理贡献的相关性高度显著，其中与对基层党建、农民合作社工作的贡献均有高度显著的相关性；与农村发展的相关性高度显著；另外对融入社区、自身对大学生村官生活工作的评价均有高度显著的相关性。说明大学生村官在农村任职期间进入村两委对于农村治理、农村发展来说是很重要的一个因素，也可以更好地融入社区中，而且对本身的职业和生活

都有一个高度的评价，也能够更加积极地投入到工作中去。

九　大学生村官借调的相关性分析

从第七章表7—4大学生村官问卷调研中可知，5省市中大学生村官赞同借调的共占67.0%，不赞成的占33.0%。赞成借调的主要原因一是认为借调肯定是对自己的一个锻炼机会；二是可以认识更多的人。而不赞成借调的主要原因是认为借调或多或少地会影响到在村里的本职工作。

（一）大学生村官借调与农村治理的相关性分析

从表8—43可知，大学生村官借调与农村治理相关性很弱，为很弱的负相关。

表8—43　　　　　　　　　Pearson 相关性分析

		借调	对农村治理的作用
借调	Pearson 相关性	1.000	−0.058
	显著性（双侧）		0.198
	N	500	500
对农村治理的作用	Pearson 相关性	−0.058	1.000
	显著性（双侧）	0.198	
	N	500	500

从表8—44可知，在农村治理当中，大学生村官借调与对基层党建的贡献的相关性高度显著，为显著的负相关；与对进村两委、农民合作社工作贡献的相关性很弱，其中与农民合作社为弱的负相关。

表8—44　　　　　　　各参数间的 Pearson 相关性分析

农村治理		基层党建	进村两委	农民合作社
大学生村官借调	Pearson 相关系数	−0.166（＊＊）	0.012	−0.075
	显著性概率 sig	0.000	0.784	0.093
	样本数	500	500	500

（二）大学生村官借调与农村发展的相关性分析

从表8—45可知，大学生村官借调与对农村发展贡献的相关性很弱，为弱的负相关。

表8—45　　　　　　　　　　Pearson 相关性分析

		借调	对农村发展的作用
借调	Pearson 相关性	1.000	−0.020
	显著性（双侧）		0.659
	N	500	500
对农村发展的作用	Pearson 相关性	−0.020	1.000
	显著性（双侧）	0.659	
	N	500	500

从表8—46可知，大学生村官借调与招商引资、组织村里的文化体育娱乐活动的相关性高度显著；与开拓市场、组织村民培训的相关性显著；与保护生态环境的相关性很弱。

表8—46　　　　　　　　各参数间的 Pearson 相关性分析

		农村经济		农村文化		农村社会
		招商引资	开拓市场	组织村民培训	组织文化体育娱乐活动	保护生态环境
大学生村官借调	Pearson 相关系数	0.196（＊＊）	0.099（＊）	0.099（＊）	0.130（＊＊）	0.038
	显著性概率 sig	0.000	0.027	0.027	0.004	0.395
	样本数	500	500	500	500	500

（三）大学生村官借调与其他参数的相关性分析

从表8—47可知，大学生村官借调与融入社区、家人对选择大学生村官职业的态度、对大学生村官生活和工作评价的相关性均很弱，其中与对大学生村官生活和工作的评价为弱的负相关。

表 8—47 各参数间的 Pearson 相关性分析

		融入社区	家人对选择此职业态度	对村官生活和工作评价
大学生村官借调	Pearson 相关系数	0.031	0.002	-0.005
	显著性概率 sig	0.489	0.963	0.907
	样本数	500	500	500

数据表明，大学生村官借调与对农村治理贡献的相关性不明显，与对基层党建贡献具有高度显著的负相关性；与农村发展的整体相关性不明显，但是与招商引资、开拓市场、组织村民培训、组织文化体育娱乐活动均具有显著相关性；与融入社区等其他参数的相关性不明显，说明大学生村官是否融入村里不是被借调影响，而是与自身能力相关。另外大学生村官在农村任职期间被借调到乡镇或者县里对村里的具体工作有利有弊，比如借调之后能够传递更多的信息（包括经济、文化等）到所在的村里，也有利于村里的发展。但是借调也会影响村里的具体工作，所以对于大学生村官被借调一事要有具体的时间和条件，前提是不影响村里工作。

第二节　大学生村官制度实施的差异性分析

5 省市的调研结果表明：各地实施大学生村官制度有一定共性，包括制度本身、县乡层面、村庄层面和大学生村官自身的问题等（在第四章已有叙述）。同时，也存在一定的差异性，如招聘人才、管理模式、进村两委、所发挥的作用、大学生村官创业支持、工资待遇、选择大学生村官职业的需求、农村大学生村官的数量、各省解决再就业的方式等方面，具体如下。

一 大学生村官招聘存在差异

（一）具体差异

招聘对象的学校和学历存在差异。根据中央的相关要求①，各地根据不同情况探索了分类招考的方法。在性别比例调控、根据实际需要设定选聘专业、规定不同类别的高校占比等方面存在差异。例如，河北实行"三考合一"，将大学生村官、选调生、公务员考试合并，一个标准进人，为选好人用好人打下了基础。调研的 5 省市在招聘模式方面各有特色，存在差异。例如，"985"学校大学生免除笔试②，提前实习后双向选择等，具体如下。

北京市：在《2013 年选聘应届高校毕业生到村任职工作公告中》规定京外"985 工程"高校应届毕业生不再进行笔试，直接参加面试。

甘肃省：省层级制定严格标准，统一选聘，根据各市需求，分配至市。各市组织考试选拔，根据各县需求，分配至县。各县不参与选聘，根据村庄需求，直接安排大学生村官进村。

江西省：强调数量，江西省大学生村官每年增长数量可观，2008 年选聘到村任职的高校毕业生 562 名，2009 年 560 名，2010 年 1302 名，2011 年 1447 名，2012 年 3000 名，2013 年 3000 名。

江苏省：省委组织部统一选聘大学生村官。招聘有两种渠道，一是普招，与其他省份一致，采取选聘、笔试和面试的程序招聘；二是特招，即针对"985 院校"招生，免除笔试，大学生实习 1 个月后，用人村庄和大学生村官实行双向选择。

---

① 中组部《关于做好 2011 年大学生村官选聘工作的通知》要求，进一步改进和完善大学生村官选聘方式，切实把有志到农村干事创业、综合素质比较高的高校毕业生选聘到大学生村官队伍中来。在选聘方式的完善方面，《通知》明确要求"改变简单地以考取人的选聘方式"，鼓励各地"主动加强与高等院校的沟通联系"，以便将考察环节前置，充分发挥高校在识别和推荐人才上的独特优势。

② 结果表明：招收名牌大学或高学历的大学生为村官较难，江苏省 N 市于 2013 年面对"985"高校招收 20 名大学生村官，但只有 4 人留下实习。福建省 X 区计划 2013 年招聘研究生为大学生村官，但没有招到一个。

福建省：X 区在省统一选聘大学生村官的基础上，提出"双向选择，促人适其岗"。2013 年年初，制定下发《XX 乡镇拟安排大学生村官候选村基本情况表》，对村情、选派理由、人选类型等，进行前期的调查摸底。在大学生村官参加初任培训时，组织填写《大学生村官到村任职意向表》，要求每位大学生村官根据个人意愿和特长，自愿选报拟任职村类型，同时规定要在有关栏目内填写选报理由、个人性格特征特长以及是否服从组织安排等。区委组织部对两种类型的表格进行综合比对，结合双方需求，提出大学生村官任职村安排方案，努力提高人岗相适度。

大学生村官数量存在差异。截至本研究调研完成时，从各地招聘大学生村官数量看，北京基本上达到一村 2 名大学生村官，其余四省远未达到这个标准。其中，甘肃、江西由于财政较为困难，虽有类似计划，但实现一村一名的指标也是困难重重。各地存在大学生村官数量差异，各地的村庄也存在差异，一些村庄已有 2 名甚至 3 名，一些村庄仅有一名、甚至没有。如江西省 H 镇有 11 个村，1 个居委会，其中只有 4 个村有大学生村官，还有 7 个村没有。

（二）差异分析

5 省市招聘差异体现在不同方面，造成的原因具体如下。

一是发达地区倾向于招收名牌学校和高学历的大学生，并相应制定了倾斜政策。原因：一是发达地区与欠发达地区的经济影响，发达地区如北京、江苏等地希望招收素质好、品质佳的大学生，所以更倾向于直接从名牌大学和高学历的大学生中招聘大学生村官，出发点是名牌大学和高学历能够减少或部分减少招聘人才的劣质性；欠发达地区也有此考虑，但吸引品牌大学和高学历的物质及其他条件难于满足优秀大学毕业生的需要。

二是大学生村官、选调生、公务员考试"三位合一"或者双向招聘、先实习后选择等选聘模式方面的差异，其原因是各地情况存在差异，如三位合一主要目的是将大学生村官定位为后备干部的蓄水池，双向选择主要目的是大学生村官的条件和意愿能够与其服务地的需求和条件匹配。但是，各地的招聘模式随着中央政策的调整和各地情况的变化而不断地发生变化。

三是各地大学生村官数量存在差异，主要发生在发达地区和欠发达地区之间，其原因主要是发达地区如北京、江苏等地高校云集、毕业生众多且机遇较多，欠发达地区如甘肃等地高校较少、毕业生较少，吸引外地大学生进入的条件不具备。发达地区的大学生村官甚至成为热门竞争的职业，可优中择优，利于制度的推进；欠发达地区由于有志于该职业的大学生数量较少，多数只能有一是一，不利于制度的推进。

二 大学生村官工资待遇存在差异

（一）具体差异

从表8—48可知，大学生村官的生活补助（即工资）主要由中央、省、市、县按比例分配，现主要以2013年大学生村官本科生工资为例，具体如下。

表8—48　　　　5省市大学生村官（本科生）2013年工资表　　　（单位：元）

地区	第一年（每月工资）	第二年（每月工资）	第三年（每月工资）
北京市Y县	3800	4300	4800
甘肃省L县、W县	2981	2981	2981
江西省X县	1917	1917	—
江苏省R县	3928	3928	3928
福建省X区	2837	2837	—

注：数据来源于各县组织部，其中北京市大学生村官工资来源于网上。

北京市：Y县大学生村官的工资是由市∶县=1∶1配套。Y县大学生村官的工资第一年每月3800元，第二年每月4300元，第三年每月4800元。

甘肃省：大学生村官工资由中央∶省∶市∶县=4∶1∶0∶X配套。其中，每一个大学生村官每年中央拨款20000元，省财政配套5000元，市一级不配套。按照甘肃省规定，大学生村官的工资不低于当地乡镇新录用的公务员转正定级后的工资，不足由县财政补贴。如甘肃省 L 县和 W 县大学生村官本科生的工资始终保持在每月 2981 元，也就是说 L 县和 W 县大学生村官的工资 3 年合同期内每月 3000 元左右，研究生比本科生稍高 200 元左右。

江西省：大学生工资由中央：省：市：县 = 15：5：2：1 配套。江西省的大学生村官 3 年合同期内，全省统一每年工资。例如，2013 年全省大学生村官的年收入统一为 23000 元。

江苏省：按照省规定，大学生村官的工资标准与当地所在县事业人员编制一样，每年省下拨 18000 元，不足部分由县财政补贴，市财政不配套。R 县大学生村官 3 年合同期内每年工资为 47136 元，每月为 3928 元，本科生和研究生工资一样。

福建省：中央、省、市、县没有固定的比例。大学生村官的工资不低于当地乡镇新录用的公务员转正定级后的工资。市、县配套比例根据省里配套实行最优配套。如福建省 X 区 2013—2014 年本科生大学生村官每月工资是 2837 元，研究生每月工资是 3223 元，2 年合同期内每月工资均等。

（二）差异分析

各地大学生村官的工资待遇等差异，主要的原因有以下几点：

一是各地的经济条件、消费水平、地理位置及大学生村官期满后出路的机遇不同导致。

二是各地享受的国家政策不同和财政拨款比例不同，各地根据国家财政的数额配套也不同，发达地区的拨款和配套数额一般多于欠发达地区。

三是各地大学生村官工资待遇多是参照乡镇等基层政府公务员的工资待遇进行核定，显然，发达地区基层政府的工资待遇要高于欠发达地区的工资待遇。

四是发达地区招聘的大学生村官的背景优于欠发达地区，如学历和学校知名度，基于这些考量招聘的大学生村官，假设其素质和贡献会高于不具备这些背景条件的大学生村官，实际上从相关性分析看，高学历和名牌大学毕业生的贡献未必高于普通学校的本科生或大专生

（参照上节大学生村官学历的相关性分析）。

三　大学生村官创业支持存在差异

从创业的具体情况可知，由于各省经济条件存在差异，支持大学生村官创业的措施也存在差异。北京、江苏、福建的经济相对发达，大学生村官创业情况和态势较好，江西、甘肃的经济相对落后，大学生村官创业的情况较差，案例也比较少。

（一）具体差异

北京市：大学生村官 H 创建蔬菜大棚，从产到销都服务，主要种植白薯，如今白薯变"金薯"，农民的腰包也在变鼓，并且在全国大会上谈创业的经验。另外大学生村官 X，镇里出资支持他创业，逐渐创建了 11 个大棚，每个大棚镇里支持 500 元，并通过各种方式进行宣传。

江苏省：首先，在经济上大力扶持。例如，某县委出台了《关于推进大学生村官创业实施意见》，建立了 5000 万元的大学生村官创业基金，500 万元贴息基金和 200 万元担保基金，目前累计向 75 名大学生村官发放创业扶持贷款 365 万元，贴息 33 万元。其次，开辟大学生村官创业绿色通道，联合团委、信用联社颁发大学生村官创业绿卡，凭卡每人每年可申请信用贷款 5 万—15 万元，贷款利率下浮 20%。最后，加强创业指导。建立了 20 个大学生村官创业示范基地，20 名非公企业业主与 20 名大学生村官结对共建，邀请有关专家讲授创业经验、贷款政策以及操作流程，深入创业点进行指导。[1]

福建省：大学生村官 C 在 2012 年 3 月，经过多方走访调查与协商，与村民联合投资创建一个结合农作物种植业与蜜蜂养殖业的基地——蜜蜂葡萄授粉实验基地（见第五章第四节案例4）。大学生村

---

[1]　目前，全县有 113 名大学生村干部创办领办项目 118 个，总投资 6128 万元，吸纳就业人数 2938 人，带动 657 户农户脱贫致富，形成了"村官 + 大户 + 贫困户""村官 + 专家 + 基地""村官 + 合作社"等创业模式，其中大学生村官 F 带头创办了塑料模具公司，大学生村官 W 成立了金尊金银花专业合作社，并分别荣获南通市大学生村官创业项目一、二等奖。

官 W 创建淘宝街，把村里的一些产品通过淘宝网的营销方式卖到全国各地，改变了农村传统的产品销售模式（见第五章第四节案例5）。

（二）差异分析

发达地区创业情况较好，欠发达地区创业情况不容乐观的主要原因，具体有以下几点。

一是发达地区经济条件较好，大学生村官创业最大的难题之一就是"有想法，没有钱"，发达地区的省市政府和基层政府有能力从财政中拨钱支持大学生村官创业；欠发达地区财政已经难于满足地方发展，从地方财政中抽一笔专款专门支持大学生村官创业的可能性较小。

二是发达地区尤其是江苏地区，其创业环境和创业氛围远远优于甘肃等欠发达地区，地方本身注重创业对经济发展的拉升，配套及相应支持政策也较为完善。

三是村庄的富裕程度对大学生村官创业有一定影响，富裕的村庄有适合创业的产业资源等，如江西调研地为畜牧养殖地，适合具有农业背景的大学生村官创业。另外，根据相关性数据分析，大学生村官所在村的富裕水平与组织村民培训相关性高度显著。说明经济水平条件越高的村庄，村民接受培训的意识也更强，这对大学生村官在村庄创业也有一定的帮助，因为村民更能被大学生村官所带动从而使得他们更有得到实惠的感觉。

四是发达地区招聘的本地大学生村官往往具有创业的资源，欠发达地区招聘的本地大学生村官资源太少，如江苏大学生村官 F 创建了塑料模具公司，其父亲已经是当地的企业家，家庭的经济条件非常好，有更多的资金支持大学生村官 F 的创业。

四　大学生选择当村官的目的存在差异

（一）具体差异

根据表8—49可知，不同地区大学生选择当村官的目的有所不同。例如，解决户口问题的现象在北京很突出，北京有3.0%的大学生村官选择解决户口，高于其他省份。到基层锻炼、积累社会经验这两项，各省大学生村官选择的比例较高，其中江西省比较突出，调研中几乎所有的大学生村官都将其视为当大学生村官的首要目的。因为专业对口，选择村官职业的大学生在甘肃较多，其他省份的大学生村官未选择将此项作为首要目的。

表8—49　　　　5省市选择当大学生村官的首要目的（％）

调研省市	解决就业	工资待遇好	解决户口	考研加分	考公务员优先录取	专业对口	基层锻炼积累经验	为新农村建设贡献力量	合计
北京	5.6	0.4	3.0	0.6	1.2	0.0	8.4	0.8	20.0
甘肃	3.4	1.2	0.0	0.2	3.2	0.8	9.2	2.0	20.0
江西	0.0	0.0	0.0	0.0	0.0	0.0	19.6	0.4	20.0
江苏	6.0	0.4	0.2	0.4	1.0	0.0	10.4	1.6	20.0
福建	4.4	0.0	0.2	0.2	2.4	0.0	12.4	0.4	20.0
合计	19.4	2.0	3.4	1.4	7.8	0.8	60.0	5.2	100.0

（二）差异分析

大学生村官选择考研、考公务员等是普遍目的。在任职期间，一方面能够得到乡村锻炼，作为考公务员的一个基本条件；另一方面有足够的时间复习相应功课。此外，一些选择村官职业的大学生瞄准户口的主要原因是，发达地区如北京的户口含金量远高于欠发达地区，其中蕴含着很多福利待遇，如买房买车、孩子上学等，欠发达地区的户口基本上没有蕴含这些福利待遇。

五　大学生村官就业方式存在差异

各省的大学生村官就业方式除依据国家制定的法规外，往往会根据本省经济状况制定相应规定，如江西省主要是针对女大学生村官招聘社区工作人员（相关性数据也表明，大学生村官的性别与其对农村治理的作用的相关性高度显著）。甘肃作为西部偏远地区，将大学生村官作为补充基层政府的后备力量，将2013年以前合同期满的大学生村官全部转为事业编。

（一）具体差异

从解决大学生村官再就业的方式看，各地存在一些差异，具体如下。

北京市：一是对合同期满的优秀大学生村官，采用定向招录期满10%—15%的比例和乡镇安排这两种事业编制方式。二是将表现优秀且具有发展潜力的大学生村官列为后备干部培养，条件成熟的，通过一定程序选拔到各类基层领导岗位。三是对所有期满大学生村官，适时组织供需见面、双向选择招聘洽谈会。

江西省：一是在省公务员考录和事业单位招考计划中，开放10%—15%的比例面向期满合格的大学生村官；二是在期满合格的大学生村官中，定期公开选拔县（市、区）、乡镇（街道）副科级领导干部，以及招聘社区工作人员（主要是女大学生村官）。

甘肃省：根据2013年省里的文件，在2010—2013年合同期满后的大学生村官全部转为事业编制。

（二）差异分析

大学生村官期满后再就业的差异主要体现在，基层政府是否安排相应岗位吸纳一定数量的期满大学生村官。调研情况表明：发达地区基层政府的岗位设置已满，每年能够在公务员中列招的数量也不多，要求拿出多数岗位对期满大学生村官开放较难；欠发达地区基层政府的吸引力不足，基层人员流动相对大于发达地区，大学生村官制度成为欠发达地区基层政府后备干部的蓄水池，多数如甘肃地区能够拿出一定的岗位吸纳期满合格的大学生村官。

小　　结

相关性数据分析表明：（1）性别：大学生村官的性别与其对农村治理的作用的相关性高度显著；与对农村发展贡献的相关性很弱；与所住地点相关性显著；与借调乡镇或县里工作的相关性很弱；与融入社区的相关性很弱。（2）年龄：大学生村官的年龄与对农村治理贡献的相关性很弱，与对农村发展贡献呈高度显著的负相关；与借调乡镇或县里工作、融入社区相关性高度显著。（3）文化程度：大学生村官的文化程度与对农村治理贡献的相关性很弱；与对农村发展贡献相关性很弱，其中与组织村里的文化体育娱乐活动的相关性呈显著的负相关；与借调乡镇或县里工作、融入社区的相关性很弱。（4）学科门类：大学生村官的学科门类与农村治理相关性很弱；与对农村发展贡献的相关性很弱；与借调乡镇或县里工作相关性显著；与融入社区相关性很弱。（5）家庭所在地：大学生村官的家庭所在地与对农村治理贡献的相关性很弱；与对农村发展贡献的相关性很弱，其中与组织村民培训、组织村里的文化体育娱乐活动相关性高度显著；与借调乡镇或县里工作、融入社区相关性很弱。（6）所在村富裕水平：大学生村官所在村的富裕水平与对农村治理贡献的相关性很弱，其中，与对基层党建、村两委工作贡献的相关性均显著；与对农村发展工作贡献的相关性很弱，其中，与组织村民培训相关性高度显著；与借调乡镇或县里工作相关性高度显著；与融入社区相关性很弱。（7）任职期间所住地点：大学生村官任职期间所住地点与农村治理相关性高度显著；与对农村发展贡献的相关性很弱；与借调乡镇或县里工作相关性很弱；与融入社区的相关性显著。（8）进村两委：大学生村官进村两委与农村治理相关性高度显著，其中，与对基层党建、农民合作社工作贡献的相关性均是高度显著；与对农村发展贡献的相关性高度显著；与借调乡镇或县里工作相关性很弱；与融入社区的相关性高度显著。（9）借调：大学生村官借调与农村治理相关性很弱；与对农村发展贡献的相关性很弱，其中，与招商引资、组织村里的文化体育娱乐活动的相关性高度显著；与开拓市场、组织村民培训的相关性显著；与融入社区的相关性很弱。

主要差异性问题如下：大学生村官招聘存在差异；大学生村官工资待遇存在差异；大学生村官创业支持存在差异；大学生选择当村官的目的存在差异；各地解决大学生村官再就业方式存在差异。

第九章　主要结论与建议

大学生村官制度于 2008 年正式在全国范围实施，截至本研究调研结束时已经完成了第一个五年的实施周期，目前是第二个大学生村官五年计划的实施阶段，过去制度部署实施的效果和影响、问题和不足等，都将为制度的下一步实施提供有益借鉴。在系统地梳理文献和实地调研基础上，本研究得出的结论和提出建议具体如下。

第一节　主要结论

一　总体上促进了乡村经济社会的发展

从过去五年的实施效果看，大学生村官制度对农村政治、经济、社会、环境等方面发展的作用不显著，与制度设计的初衷还存在一定差距，但是，大学生村官在文化建设方面发挥了重要作用，组织各种培训和文艺活动等成了大学生村官的一项重要工作。从人才培养看，存在大学生村官真正有心农村发展的并不多、大学生村官的培养体系存在缺失、构建农村人才蓄水池的机制也未建立起来等问题。从缓解就业看，大学生村官制度招收的大学生村官总量占整个大学生村官就业的总量比例很小，且 2—3 年一个周期后多数大学生村官将重新流入就业大军，客观而言，大学生村官制度能够对少部分大学生起到一个就业缓冲作用。

（一）对农村经济社会发展贡献不大

调研结果表明，省、县和乡镇政府干部、村干部、村民等制度主体认为大学生村官对农村经济社会发展的直接作用不明显。原因非常复杂：有国家农村发展的战略背景如城乡二元制度的制约作用；有制度本身的因素如帮助大学生村官融入乡村的路径不清晰和授权的方式及授多大权力还不明确；有来自基层政府的因素如频繁借调大学生村官导致其在乡村工作时间较短；有来自乡村的因素如难于融入的宗族派系社会结构网络和村干部组成的权利结构网络；有来自大学生村官自身的因素如年轻经验能力不足等。

对经济社会发展的总体效果不显著并不代表毫无所用，事实证明，大学生村官在经济方面表现出了能动性如开拓市场、引进技术、组织产品展销、加强广告宣传、建立网站网页等。社会方面表现出的能动性如促进农村生态环境建设、协助抓好计划生育工作等，这些都得到了制度各方主体的一些认可。

（二）对农村人才培养效果不太显著

目前，大学生村官制度在人才培养方面的效果并不显著，且对各地政府而言是一项新生事物，均处在摸着石头过河的阶段，原因：一是基层政府内在动力不足，县乡政府不愿意花大力气培养3年期满后流失的大学生村官；二是县乡政府的资源有限，要支持经济社会发展的名目很多，很难分出资源培养大学生村官；三是在大学生村官培养方式上，各地均未有成型的大学生村官培养体系，多数地方是有什么问题就针对性地补什么课；四是大学生村官培训主要依赖基层官员、村干部等的传帮带作用以及实践中大学生村官的领悟能力。换言之，县乡基层政府是大学生村官培训的主体，其人力、物力、财力都难于承担大学生村官系统培训。

（三）对农村文化发展效果较为显著

大学生村官对农村文化发展起到了一定的促进作用，原因是入村为官的大学生中有不少多才多艺的文艺青年，最不济也掌握一些现代化的知识，如电脑操作；与城市相对应，乡村是一块文化贫瘠地，基层政府也缺乏文艺人才尤其是很多乡镇政府甚至缺乏文化建制化，两者一拍即合成就了大学生村官在乡村文化方面的业绩。事实证明，大学生村官在组织村民的文体娱乐活动、培训村民尤其是村中留守儿童、提高村庄的信息化水平等方面都发挥了非常重要的作用，有些村庄组织的文艺活动逐渐形成固定的模式，成了地方经典而被推广及县市甚至省，有些文艺培训班不仅为政府所关注甚至引起社会广泛关注，而提高村庄信息化水平则是最常见的行为。但是，对乡村文化发展的重要作用不等于起到关键作用，组织文化各项活动需要名分、授权以及一定的经费支持。

（四）对就业起到了缓冲带的作用

大学生村官制度不可能完全和彻底解决大学生的就业问题，是一条"就业缓冲带"。原因：一是需要就业的大学生和社会待业者基数庞大，二是3年后多数大学生将重新进入庞大的就业大军。大学生通过大学生村官任期的"缓冲"，一方面可以通过考试进入国家安排的各个序列，另一方面可在任期继续充电进入人才市场。实践证明，大学生村官期满之后何去何从不仅是社会关注的焦点，也是制度完善的关键点。从国家制订的五条出路计划来看，如果选择考公务员和继续学习两条路，只能是在2—3年过程中埋头苦读，准备参加考试；选择创业出路，当地的配套政策尤其是资金配套方面往往缺失，加之大学生村官年轻经验不足，这条出路可以说缺乏现实土壤；大学生村官另行选择出路，又往往导致大学生村官无心在农村工作。只有留村继续任职的出路能够留住大学生村官，但是农村生活条件的艰苦和发展机会的缺少，往往让大学生村官大打退堂鼓。

二　未进一步固化国家在乡村的权力

大学生村官制度自颁布实施以来，对于该制度是否影响国家与乡村社会的关系以及不同制度主体处于何种定位的探讨从来没有停止过，多数观点认为大学生村官制度颁布一个重要的目的是进一步固化国家在乡村社会的权利，简言之，就是通过制度加强对乡村的管控。但是本研究发现，随着大学生村官制度的进一步推行和完善，并没有发现该制度进一步固化了国家在乡村社会的权利。原因：一是普遍看大学生村官更多的是将国家赋予的该职位视为跳板，无心于农村的发展工作，导致大学生村官往往身份被印上国家烙印，但是实际上并没有按照国家的设想去从事相关工作；二是目前的大学生村官还是虚职，处于有名无权的境地，即使进入村两委，也多数游离于乡村权利之外；三是从事的工作主要是上传下达等敲边鼓的事情，没有接触到乡村社会发展的核心问题，能力也难于胜任这些工作。因此，由于大学生村官能力的因素，可以得出目前大学生村官制度还无法使国家权利在乡村进一步固化的结论。

三 基层政府受益于大学生村官制度

从政策执行的反馈情况看，大学生村官政策并没有完全遵循组织部门设定的路径来执行，不过在执行过程中起到了另外的一些效果，即大学生村官的到来，在一定程度上使得基层政府改变了乡村的管理模式，大学生村官起到了基层政府和乡村之间的枢纽作用；解决了乡镇体制改革后基层政府的用人难题，为乡镇基层政府的运作提供了便利；打破了村庄之间的隔离。同时，也有利于大学生村官熟悉乡镇工作特点，这也是另外一种意义上的基层锻炼。换句话说，乡镇政府是大学生村官政策的主要受益主体，成为大学生村官政策的最大获益者。同时，大学生村官本人也得到了适度的锻炼。

（一）大学生村官制度弥补了基层政府人手不足

自古以来，农村的治理主要依赖于乡村超稳定的社会结构，所以古有皇权不下县的治理说法。之后，国家权利逐渐开始渗透入乡村，尤其是新中国成立后。这种发展趋势导致基层政府的工作开始不断膨胀，上接各层级政府和相关部门，下要处理各类基层事务及乡村的经济社会发展问题，因此，基层政府一直受人手短缺的掣肘，解决这个问题既不能扩大基层政府的现有规模，又找不到合适的人才替补。可以说，大学生村官制度实施以来，非常有效地缓解了这一问题。实践表明，基层政府官员均一致表示，终止大学生村官制度将重新使他们陷入疲于应付的局面。

（二）大学生村官制度一定程度上打破了乡镇之间和村庄之间的隔离

自古至今，多数村庄之间的联系并没有因为地缘关系变得密切，甚至更多是竞争关系，这源于农业社会的特性，如对水资源的需求往往会导致村庄之间出现不和谐的现象。另外，一个乡镇村庄之间的联系要远远大于乡镇外的两个村庄之间的联系，原因是缺乏纽带。大学生村官制度实施以来，这种现象有所改善，通过大学生村官本身及其业务的相互交织，同乡镇之间的村庄和两个乡镇之间的村庄联系有所加强。实践证明：大学生村官经常组织同乡镇或不同乡镇之间村庄共同举行活动，如农村青年卡拉 OK 比赛、跨村组建秧歌队伍以及其他各项娱乐比赛，甚至定期组织开展各村的村民和大学生村官联谊联欢等，这是一个联系各村庄的活动机制。另外，大学生村官也产生了很多自组织，比如说大学生村官党支部、爱好协会等，大学生村官之间的互通有无，加强了各村的信息传播。

四　大学生村官难于融入乡村

调研中发现大学生村官制度和乡村的结合还需要进一步的磨合，主要原因如下：一是地方政府等（外生因素）和村干部构成的权力结构，像"一扇门"一样将大学生村官隔离在农村场域外，直接影响其发挥能动作用。在实践中，一方面表现为大学生村官服务对象仅指向村干部，另一方面大学生村官工作范围多限于村两委办公地，结果就是大学生村官制度在实践中表征为"脱离农民群体谈服务农村"；二是村干部、村精英、村民等（宗族派系和血缘亲属等内生因素）关系在村庄场域形成的社会结构，像"一道网"一样排斥外来的大学生村官，间接影响其能动作用发挥。在实践中，一方面表现为大学生村官对复杂关系难于把握，另一方面表现为村民不信任外来者能处理好乡村事务。

（一）大学生村官存在依附性

依附是强弱双方关系的一种表现形式，权力是制造依附的背后因素。对于大学生村官来说，依附绝非坏事，相反正是因为存在依附，在乡村才会有落脚之地，才会有发展之机。但依附从根上挖潜最后还会走到村庄的自身逻辑和不同行动者的异质性上来，差序格局决定了村庄的人际体系自成格局，浑然一体，空降外来人既无血缘勾连又无防身法宝，排斥在情理之中。不同行动者的异质性决定了不同行动者的需求差异，大学生村官又无七十二变的分身术，自然无法同时满足村干部和村民矛盾双方的需求，依附性就深刻地证明这一点。

（二）乡村秩序排斥大学生村官

国家以其无所不在的身影嵌入社会的各个领域并发挥作用，但无所不在并不意味无所不能（Goran Hyden，2006）。与此同时，乡村社会以其不同于国家的独特逻辑嵌入乡村秩序中发挥作用，因此，两种逻辑的交织在乡村场域中产生出国家与社会之间的契合、并立、分离三种状态。一种状态可能只出现在一件事情中，也可能三种状态体现在一件事情发生的不同阶段中。大学生村官制度在乡村表达过程的三种状态都有体现，但总体来说，限制表达的一个重要原因是村庄逻辑和国家逻辑之间的异质性，通俗说，即国家推进和村庄接纳大学生村官的目的不同。

国家认为大学生村官进入村庄能够促进村庄的发展，而村庄复杂的社会结构和不同行动者的思维世界差异却决定了大学生村官被排斥的结果，出现这样的结果主要原因包括，一是村庄复杂的社会结构。村庄的宗族派系势力实际是传统血缘关系的体现，每一个人以自我为中心都可以得到一个类似于费孝通先生所描述具有亲疏远近关系的差序格局，与中心位置的人存在血缘关系都能在其中找到自己的位置。深入调研过程中处处可觉察到村干部处理村务的方式往往通过非正式方式就轻易解决，这就是乡村的理，即乡村逻辑。正因为此，大学生村官作为一个与村庄没有任何血缘联系的外来者突然空降于乡村场域只能受到排斥，因为大学生村官在村庄的差序格局中无法为自己定位，而乡村秩序的运转很大程度依赖于这张血缘网络。二是村庄不同行动者思维世界的差异性。大学生村官作为知识的化身和知识的传播使者这一点被乡村所有行动者认可，这在调研中也可求证。另外，村干部是乡村的政治掌权者，也是大学生村官的直接上司，他们根据制度理解大学生村官的角色就是电脑写作员、跑腿等，造成了他们的依附性。谈村民的实惠似乎与其淳朴有悖，实际并非如此，村民对大学生村官表现出来的淡漠和两者之间的离散关系并不仅仅根源于村民的实惠观，村干部与村民之间的复杂关系才是大学生村官成为"夹心饼干"，甚至成为村民指责对象的根源。如果可以反过来，不同行动者都支持大学生村官，难道还会有这些现象存在吗？因此，乡村的逻辑在村庄的舞台一次次演绎出大学生村官很难真正融入以及被排斥等现象。

五　大学生村官职位更多的只是职业跳板

5 省市调研中发现大部分大学生村官都无心于农村发展，或多或少地存在多种原因，如把大学生村官职业当作跳板，认为工资低，将来的出路没有保障，还有些个人问题如恋爱等，下面主要从两方面来叙述。

（一）期满后的出路保障不足

国家针对大学生村官期满后的出路问题制定了 5 条出路，5 条出路虽然全面总结出了大学生村官再就业的途径，但是每一条路都需要 2—3 年，在农村任职的大学生村官需要花费很多精力去准备。如大学生村官选择考公务员和继续学习两条路，只能在任职过程中埋头苦读，准备参加考试。如大学生村官选择创业出路，实践表明，当地的配套政策尤其是资金配套方面往往缺失，加之大学生村官年轻经验不足，这条出路可以说缺乏现实土壤。再如大学生村官另行选择出路，又往往导致大学生村官无心在农村工作。只有留村继续任职的出路能够留住大学生村官，但是农村生活条件的艰苦和发展机会的缺少，往往让大学生村官大打退堂鼓。

（二）大学生村官是职业跳板

目前有心农村发展的大学生做村官的还不多，更多的是将这份职业作为跳板。大学生村官自身和体制性因素是导致大学生视村官职业为跳板的主观和客观原因。从制度分析，一是制度明确规定大学生村官的任职期只有 2—3 年，这对于复杂的农村社会可能只是融入时间，也决定了大学生村官 2—3 年任期效果只能是蜻蜓点水、浮于表面，本来就无法安心的大学生村官自然表现得心浮气躁，尤其是最后一年；二是制度对大学生村官工作职责模糊化处理，使大学生村官无法准确定位，换言之，岗位描述的模糊性导致大学生村官一直处于目标缺失和盲目摸索的状态，因此，合同期满是大学生村官任期的结束，同样也意味着无目标的摸索结束；三是大学生村官制度中蕴含着吸引大学生村官进入村庄的种种"好处"，"好处"是政策引导的符号，同样也是大学生村官逐利的方向，一旦任期满无利可图时，大学生村官自然是"欣然退出"。

第二节 建议

一 注重与农村发展的其他制度相衔接

农村发展是一个系统工程，单独任何一项制度或政策都无法解决这个系统工程，这已经是共识。目前，从研究结果看，大学生村官制度与其他农村发展制度的衔接和配合不足，其中的原因在于不同制度和政策分属于不同的部门管理和执行，这种部门割裂现象一定程度上导致了大学生村官制度成为众多农村发展政策队列中的孤立一员，如农村扶贫政策有资金注入到乡村，完全可以和大学生村官创业勾连，又如农村技术推广缺乏人才甚至到了缺人的地步，如此之多的大学生村官完全可以分流一部分补充农技推广队伍等，类似于此的衔接不足举不胜举。在接下来大学生村官制度实施中，建议充分梳理不同的农村发展政策，将大学生村官制度与其他制度统筹考虑，系统布局，这样不但可以充分发挥大学生村官在农村发展的作用，而且有助于其他系列的农村发展制度发挥作用。

二 为大学生村官创设条件，助推农村发展

在农村经济发展方面，建议在后续大学生村官制度实施中，弱化大学生村官与农村经济社会发展的强关联，定位为辅助农村经济社会发展的一支新生力量较为妥帖，一方面贴近大学生村官的实际情况，另一方面减少大学生村官本身所背负的社会舆论压力。

在农村人才培养方面，首先，地方政府配套资源主要以省市为主，发达地区可根据情况适当下移到县进行一定的资源配套，乡镇不再配套资源，以减少基层政府的压力，尤其是西部和偏远地区基层政府的压力。其次，结合中央政策中提到的大学生村官可自愿流动但培养出一批知农村懂农村的人才队伍出来的相关政策，地方政府应该建

立以"留"为核心，以"流"为机制的农村人才培养体系，并设置关于流动限制性的条件，如签订服务协议期限可根据当地情况限制在3—5年，超出3年正常服务期限，给予更高的福利待遇或者留任当地的条件，这样既留住了优秀的人才，也实现了队伍的动态调整和合理流动。再次，可考虑发达地区的县乡政府部门留出一定的编制吸纳期满后有志于服务基层或农村的大学生村官，偏远地区至少在县级政府部门留出一定的编制。期满有志于留在农村成为两委委员并经村庄认可同意留下的大学生村官，国家应提高工资水平和给予相应的福利待遇，并在制度设计上给予一定的上升空间。对于出现大学生村官任职期间流失的现象，应给予制度关注并及时遏制，如目无纪律，想来就来想走就走等。最后，要从中央政府到基层政府建立一个自上而下的培训体系，既充分利用基层政府的实践培训功能，又要有一支建制化的专门机构和队伍，从德才兼备的角度系统地培训大学生村官。

在农村文化发展方面，将大学生村官定位为乡村文化发展的一支主力军进行培养，一方面弥补基层和乡村的文化人才缺乏的现象，另一方面充分发挥大学生村官普遍所具备的该项能力，做到两全其美。另外，政府部门还需要在经费、人员配备和场地等方面给予配套支持。

在缓解就业方面，随着大学生群体的扩大，这个群体的就业问题已经不能小觑，应该在国家层面顶层设计中提出一个系统的大学生村官的再就业工程，一方面要考虑让大学生村官至少是在2—3年任期内能安心扎根农村工作，另一方面在国家人才需求中加大对大学生村官的需求口子，关键是考虑进一步进入就业市场的大学生村官，这一群体占基数比例非常高。

三　完善大学生村官制度与程序

大学生村官制度总体来说还需要进一步的规范，这样才能更好地保证制度的有效运行。具体建议如下。

（一）人才招聘应严格把关

为精确甄选出愿意服务于农村发展的优秀大学生，政府部门必须从源头思考，通过严格预选大学生村官、强调大学生村官的户籍来源和专业要求、提高考试门槛以及加强岗前培训等方面来完善大学生村官甄选制度。

第一，严格预选大学生村官。即招聘上严把关。首先，提前实习。即大学生毕业之前，有志愿作为村官的大学生可进村实习半年左右，一是让大学生村官提前了解乡村，二是大学生村官可以做出下一步决定。其次，解决"村官错配"问题。农村党支部书记、职能部门科级干部应该与大学生进行"手拉手"活动，学校根据需要输送人才，当地根据需要培养人才，为将来走向农村的工作岗位奠定基础。

第二，强调大学生村官的户籍来源和专业要求。增加本土化大学生村官比例，实践表明外地大学生村官身定心难安，本地大学生村官不仅对本地环境熟悉，而且心安程度远高于非本地户籍的大学生村官，且语言沟通方面不存在问题。所以大学生村官招聘按照本地生源和外地生源一定比例进行操作，尽量本土化。① 另外，大学生村官的专业对口较为重要。② 因为，大学生村官专业不对口不仅造成人才的浪费，而且他们会有怀才不遇的心理，这就导致目前大学生村官出现"来的不需要，学的用不上"的矛盾。基于此，招聘大学生村官尽量优先考虑涉农方面的大学生。

第三，加强岗前培训。岗前培训的主要功能是帮助大学生村官温习农村的基本情况，为其在工作之前对农村有一个基本印象，所以，岗前培训同样是预选大学生村官中的一项不可或缺的环节。大学生村官上岗前，各乡镇不定期、有针对性地对村党支部书记助理、村委会主任助理进行相关培训。岗前培训内容以党在农村的路线方针、政

---

① 虽然相关性数据分析大学生村官的所在地与农村治理、农村发展的相关性很弱，但是调研发现本土化的大学生村官在责任心、资源调配、适应性等方面强于非本土化的大学生村官。

② 相关性数据分析大学生村官的学科门类与农村治理和农村发展的相关性很弱，但是调研访谈中发现大学生村官的专业应该要符合当地村庄的需求，这样才能调动当地的积极性。

策、法律、法规、市场经济知识、实用技能和工作方法为重点，采取集中学习、经验交流、实地考察、以会代训等形式分类进行培训。

（二）设岗定责与强化培养

合理设岗定责。大学生村官下村 3 个月后，基层政府和村两委应根据他们的学历专长和性格特点，合理安排工作岗位，明确大学生村官在村负责分管的工作，每名大学生村官至少独立分管一条线的工作，让他们直接参与具体工作，在处理村务中提高能力、树立威望。分工情况必须报乡（镇）党委和县委组织部审核备案，县委组织部要以红头文件的形式下发通知督促乡（镇）党委、村党支部完成对大学生村官工作的分配，并进行不定期的检查指导。

加强培养。在培训周期方面，应加强大学生村官在职期间的培训工作，仅有任职前一个星期的岗前培训远远满足不了农村实际工作的需要。如每隔半年至一年各县的组织部门应组织大学生村官进行系统的工作培训，而这种培训应贴近大学生村官的实际工作。在培训方式方面，事先一定要做好统计安排，如根据各大学生村官专业需求、个人兴趣爱好、特长等学习相关的知识等，在每位大学生村官需要的培训内容不太一致的前提下，一定要科学分类分批培训。培训的形式可以是集中式的讲座授课，可以是"老"大学生村官的现身说法，也可以是企业或农场的实践观摩等。

（三）适度赋权，可采取实习村书记制度

大学生村官在村庄中目前的角色是村支书或村主任助理，名为官，实为兵。各界包括大学生村官本身都认为这是尴尬而无法作为的角色，要发挥作用根本无从谈起。但盲目赋权同样会出问题。但是如何赋权、赋多大权是关键的重点。

第一，明晰内容。大学生村官应该负责一面，职责分期调整，重要性逐渐提高。负责一面指大学生村官进入村庄时，应该给予一项专门工作，而不仅仅是跑腿打字等，例如可以负责文化建设、基层党建等工作，并协助经济社会发展等。职责分期调整指大学生村官在任期内应该全面熟悉农村的事务性工作，而不是一项工作到底，最后片面地了解农村。重要性逐渐提高指随着大学生村官对农村的熟悉度和能力的提高，承担工作可以逐渐由轻向重转移。

第二，适度赋权。国家应在制度上明确大学生村官的角色，基层政府应在村庄大力宣传大学生村官的角色，村庄两委应该具体安排一些村庄事务。但是赋权不宜过大，不应超过村支书和村主任的权限。

第三，实习书记制度。实习书记制度是调研期间发现的江苏省的一个特色，如果条件成熟，可以普遍推广。即尝试让大学生村官在下村一年熟悉村情的前提下，在村任半年至一年的实习书记，其中，老书记帮带一把，乡镇领导指导一程，让大学生村官能够独立地决策、处理村民事务，给大学生村官们一个锻炼自身能力的机会。如实习期间做得好，群众认可度高，组织满意，可以在做通老书记、主任思想工作的情况下，让大学生村官直接担任村支书，如果实习期间做得不好可以及时纠正，然后视情况而定。总而言之，要给大学生村官压点担子，大胆使用，给他们一个锻炼、展示能力的舞台，让他们真正参与到农村治理和发展中来。

（四）大学生村官制度的考核应进一步完善

建议从全面考核转到质量控制，而且考核也要制定一些核心标准，如从基层政府的角度，是否起到联系农村和基层政府的枢纽作用，是否弥补人手不足而且工作得到认可。从村庄的角度，是否和村民打成一片，得到村民认可，是否完成了村委的一些文件流转、政策上传下达和村书记等布置的任务，得到村干部等认可。还可以在绩效考核方面考虑一下大学生村官是否对乡村文化建设等方面起到一定的作用。

四　健全大学生村官制度的运行机制

（一）理顺借调机制

建议大学生村官至少有 1 年待在村里，管理权力留在村里，让大学生村官安心服务农村，并静下心来了解农村。另外 1—2 年管理权力放在县乡，既考虑村庄的需要，又兼顾县乡政府的需要，合理借调，使大学生村官能够多方面接触农村工作，这对于制度运行可能会是一个润滑剂。

（二）增加女性视角

认真研究女性在乡村的性别相关问题，在相关制度上有所体现，避免基层对制度理解和实践出现自由裁量权，并弹性设计对女性大学生村官的安排。在地方制度设计中可以适当考虑女性耐心、细心、文艺等优点，充分发挥女性大学生村官的特有优势，为农村发展建功立业。同时要着重宣传女性大学生村官的特殊贡献，让社会充分地了解和认可。在工作、生活上，应根据女性特点更多地给予女大学生村官特殊照顾。

（三）建立再教育体系

建议在国家、省级和市级三个层次建立各有侧重、互相弥补的大学生村官再教育体系，国家层面侧重组织全国范围内的大学生村官进行经验交流；省层面侧重政策、管理培训和经验交流等，市层面实行固定师资开班，侧重思想、政策、管理和技能等培训。培训机构应利用好农业大学和各级党校的力量，并辅之以一些社会培训机构，形成多层次、多元机构支撑的大学生村官再教育体系。

结束语

一项事业，呼唤出一项决策的酝酿与形成；

一项决策，让一个群体就此诞生；

一个群体，在关爱和锤炼中成为品牌；

这个品牌，让华夏无数双眼睛充满期待——愿所有大学生村官健康成长，愿各地大学生村官再创佳绩！

附　　录

附录1　大学生村官问卷

尊敬的大学生村官：

您好！为了更好地了解大学生村官的工作情况，对相关政策提出改善建议，我们设计了此份问卷。问卷仅作数据统计分析用，我们会严格为您保密。请根据自己的实际情况填写此份问卷，对您对我们研究工作的支持表示非常诚挚的感谢！

课题组名称：国家社科基金大学生村官制度和问题研究课题组

填表时间：　　年　月　日

填表说明：

一　在不做特殊说明的情况下，每道题皆为单项选择；

二　请在相应的空格填写内容或在相应的选项上画"√"。

1. 您对大学生村官政策的总体看法？（可多选）

①为农村引进人才，加快农村发展

②能治理农村（村民自治、党建等）

③缓解大学生就业压力

④给大学生一个到基层锻炼、发挥能力的机会

⑤搞形式主义

⑥人才浪费

⑦其他（请注明）＿＿＿＿＿＿＿

2. 在您看来，大学生选择做村官在以下几方面的优势如何？（请根据您的判断给每个方面打分，最低"0"分，最高"5"分。"0"分表示完全没有优势，"5"分表示非常有优势）

类别	得分
专业技术知识丰富	
信息渠道多	
头脑灵活，思维活跃	
年轻精力充沛，有活力	
政策理解到位	
法律知识丰富	
有解决"三农"问题的热情	

3. 您认为大学生村官政策在新农村建设中是否发挥了作用：

①十分有作用　②比较有作用　③有一些作用　④基本没作用　⑤完全没作用

4. 请根据您在村里工作遇到困难的情况，在每个方面相应的空格内打"√"

	完全没困难	有一点困难	困难较大	困难非常大
没有权利				
不能融入当地社区				
所学专业不适应村官工作的要求				
村官政策变化				
工作思路不被村民和村干部接受				
生活条件艰苦				
待遇太低				
缺乏经验				
缺乏外部支持				

5. 请根据您在村里工作的顾虑情况，在每个方面相应的空格内打"√"

	完全没顾虑	有一点顾虑	顾虑较大	顾虑非常大
村官期满后的去处				
优惠政策的落实				
任期满回到城市不适应				
影响在城市工作经验和资历的积累				
任职期间能否发挥作用				

6. 请根据您对大学生村官期满流出三农领域的原因理解，在每个方面相应的空格内打"√"

	最主要原因	较主要原因	次要原因	不是原因
选择村官是就业形势所逼				
农村工作难于开展				
待遇太差				
农村条件艰苦				
农村工作只是基层锻炼，主要为下个工作岗位积累资本				
离开三农领域也能为三农服务				

7. 您对大学生村官管理部门有何建议？（可多选）

①加强上岗前的培训　②加强上岗培训　③多关心大学生村官的生活　④明确大学生村官业绩考核指标和标准　⑤加强毕业院校与所在村里的联系　⑥其他（请注明）：＿＿＿＿＿＿

8. 在您看来，大学生村官对农村以下几方面的作用如何（请根据您的判断给每个方面打分，最低"0"分，最高"5"分。"0"分表示作用为零，"5"分表示作用非常大）

	打分			打分
村庄经济发展		村庄日常工作		
村庄社会发展		调解村庄矛盾		
基层治理		参与村庄发展规划		
村民素质提高				

9. 您选择当村官的原因？（可多选）

首要原因？（单选）＿＿＿＿＿＿

①其他工作不好找，先就业再说　②村官工资高待遇好　③解决户口　④考研加分　⑤考公务员优先录取　⑥专业对口　⑦到基层锻炼、积累社会经验　⑧为解决"三农问题"和建设新农村贡献力量　⑨其他（请注明）：＿＿＿＿＿＿

10. 您是否希望成为新农村建设中的人才？

①是　②否

10.1 如果选择是，您希望成为新农村建设中哪种人才：

①农村经济管理人才　②农村技术人才　③带领村民致富的人才　④教育人才　⑤医护人才　⑥综合人才　⑦其他（请注明）：＿＿＿＿＿

10.2 为成为您心目中的新农村建设人才，您做过哪些方面的努力：

①专业学习　②社会培训　③实践积累　④向人请教　⑤自学　⑥其他（请注明）：＿＿＿＿＿

11. 您认为村官是否应该培训？

①应该　②不应该

11.1 如果应该培训，请问培训的形式应该包括哪些？

①招考前培训　②岗前培训　③到岗培训　④离岗就业培训

11.2 培训的内容应该包括哪些？最重要的是哪个？

①思想道德　②农村基本情况　③农村政策法律　④农村经济和管理　⑤种植养殖技术　⑥农村规划　⑦新农村建设　⑧其他（请注明）：＿＿＿＿＿

12. 您在村官任期内参加过多少次培训？（如记不清具体次数，可估算一下，如果没参加过培训直接填写第13题）

12.1 如果参加过培训，培训的内容主要包括：

①思想道德　②农村基本情况　③农村政策法律　④农村经济和管理　⑤种植养殖技术　⑥农村规划　⑦新农村建设　⑧其他（请注明）：＿＿＿＿＿

12.2 培训机构有哪些？（可多选）

最主要的是哪个？（单选）＿＿＿＿＿

①大学院校　②乡镇政府机构　③县政府机构　④市政府机构　⑤省政府机构　⑥其他（请注明）：＿＿＿＿＿

12.3 您对目前所接受的培训的评价？

①非常专业　②比较专业　③一般　④不专业

13. 请根据您的认识在相应的空格内打"√"

	很有必要	比较有必要	一般	没必要	无所谓
专门培训村官的机构					
对村官定期培训					
有村官固定的培训地点					

14. 您认为哪个机构最适合担当大学生村官的专门培训机构？

①政府机构　②一般大专院校　③农业大专院校　④其他（请注明）：＿＿＿＿

15. 在大学生村官任期内，您是否得到过一些外部支持？

①有　②没有

15.1 如果选择有，请问得到过哪些外部支持？

①毕业学院　②企业帮助　③政府机构的帮助　④村两委的帮助　⑤村民帮助　⑥其他（请注明）：＿＿＿＿＿＿

15.2 在以下哪些方面得到过支持（在相应的空格内打"√"）

	是	否
资金支持		
人力支持		
智力支持		
提供便利		

16. 您在村里的日常工作是什么？（可多选）

①参与决策　②文秘　③公关交际应酬　④发展生产　⑤组织文化娱乐活动⑥知识技能培训　⑦调解纠纷　⑧村级就业协管　⑨村级发展规划　⑩基层党建⑪其他（请注明）：＿＿＿＿＿＿

17. 您认为大学生村官对农村治理起到多大作用？

①非常大　②比较大　③一般大　④基本没有作用

17.1 您认为大学生村官对促进民主管理起到多大作用？

①非常大　②比较大　③一般大　④基本没有作用

17.2 您认为大学生村官对推动农村公共物品建设起到多大作用？

①非常大　②比较大　③一般大　④基本没有作用

17.3 您认为大学生村官对培育村民的自治组织作用如何？

①非常大　②比较大　③一般大　④基本没有作用

17.4 您认为大学生村官对处理群体性事件作用如何？

①非常大　②比较大　③一般大　④基本没有作用

18. 您是否了解村民自治的相关法规政策？

①十分了解　②比较了解　③了解一些　④不太了解　⑤不了解

18.1 您是否参与过本村关于村民自治的一些事情？

①主动参加并积极活动　②经常参与　③偶尔参与　④从未参与

18.2 如果"18.1题"选择①或②或③，主要参与哪些方面的工作？

①宣传政策　②制作和发放选票　③回收选票　④组织选举大会　⑤其他

（请注明）：_____

19. 您是否了解村庄党建的相关法规政策？

①十分了解　②比较了解　③了解一些　④不太了解　⑤不了解

19.1 您是否参与过本村关于基层党建的一些事情？

①主动参加并积极活动　②经常参与　③偶尔参与　④从未参与

19.2 如果"19.1题"选择①或②或③，主要是哪些方面的工作？

①宣传政策　②组织活动　③建立档案　④发动群众　⑤其他（请注明）：

_____

20. 您对村官进入村两委的政策是否了解：

①十分了解　②比较了解　③了解一些　④不太了解　⑤不了解

20.1 您所在的村庄是否开展这项工作：

①是　②否

20.2 如果开展这项工作，您是否参与其中：

①是　②否

20.3 您是否已加入村两委？担任什么职务？

①是　②否

20.4 如果已加入村两委，请问和您以前相比有什么变化？最大的变化？

①有实权　②有名分　③经常参与村重要事情讨论　④村民认可　⑤其他

（请注明）：_____

21. 您是否了解农民合作社的相关政策法规：

①十分了解　②比较了解　③了解一些　④不太了解　⑤不了解

21.1 您是否参与过农民合作社的相关工作：

①主动参加并积极活动　②经常参与　③偶尔参与　④从未参与

21.2 如果"21.1题"选择①或②或③，主要是哪些方面的工作？

①宣传政策　②组织活动　③发动群众　④合作社主要工作人员　⑤其他

（请注明）：_____

22. 您是否处理过农村的社会矛盾：

①经常处理　②偶尔处理　③从未处理

22.1 如果处理过，请问您是以什么形式处理：

①单独处理　②协助村干部　③其他（请注明）：_____

23. 您认为大学生村官对农村发展起到多大作用？

①非常大　②比较大　③一般大　④基本没有作用

23.1 您认为大学生村官对农村文化发展的作用如何？

①非常大　②比较大　③一般大　④基本没有作用

23.2 您认为大学生村官对农村经济发展的作用如何?

①非常大　②比较大　③一般大　④基本没有作用

23.3 您认为大学生村官对农村社会发展的作用如何?

①非常大　②比较大　③一般大　④基本没有作用

24. 您来村里以后是否为本村招来商家投资?

（1）无（2）有　如果有，请您继续回答：

24.1 在招商中您发挥的作用有多大?

①关键作用　②重要作用　③辅助作用　④说不清

25. 您来村里以后是否为本村招来各级政府的项目?

（1）无（2）有　如果有，请您继续回答：

25.1 在招来政府项目中您发挥的作用有多大?

①关键作用　②重要作用　③辅助作用　④说不清

26. 您来村里以后是否帮助引进了技术?

（1）无（2）有　如果有，请您继续回答：

26.1 在引进这些技术过程中您发挥的作用有多大?

①关键作用　②重要作用　③辅助作用　④说不清

27. 您来村里以后是否帮助开拓市场?

（1）无（2）有　如果有，请您继续回答：

27.1 主要内容有哪些:

①组织参加产品展览展销　②寻找商家洽谈合同，建立完善营销网络　③促进商标注册及营销和保护　④帮助开展产品认证　⑤加强广告宣传，建立网站网页　⑥其他

28. 到本村以来您是否组织了村民培训

（1）无（2）有　如果有，请您继续回答：

28.1 在这些培训活动中您发挥的作用有多大?

①关键作用　②重要作用　③辅助作用　④说不清

29. 到本村以来您组织过村里的文化体育娱乐活动吗?

（1）无（2）有　如果有，请您继续回答：

29.1 在组织这些活动中您发挥的作用有多大?

①关键作用　②重要作用　③辅助作用　④说不清

30. 您来村里以后在帮助村民促进社会发展方面做了哪些工作?

（1）无（2）有　如果有，请您继续回答：

30.1 主要内容有哪些：

①加强村民医疗保健服务　②提高村民社会保障水平　③完善村民自治制度 ④协助抓好计划生育工作　⑤调解村民之间的纠纷　⑥提高村里信息化水平 ⑦维护社会治安　⑧其他

31. 您来村里以后在保护生态环境方面做了哪些工作？

（1）无（2）有 如果有，请您继续回答：

31.1 主要内容有哪些：

①村庄绿化　②村里环境卫生管理　③监督企业三废排放　④监管生活污水 排放处理　⑤帮助管理村里食品卫生　⑥其他

32. 您是否赞同大学生村官被借调到乡镇或者县里工作？

①赞同　②不赞同

32.1 您认为大学生长期借调到乡镇或者县对您的工作是否会产生影响？

①很大影响　②有些影响　③基本没有影响　④完全没有影响

32.2 如果"32.1题"选择①或者②，请问有哪些影响？

①接触农村机会大大减少，起不到锻炼作用　②村干部抵触，夹在中间 ③乡镇工作与乡村工作相关系数小，加大了工作量　④其他（请注明）：_____ ___

33. 您住在哪里？

①本村　②跨村居住　③乡镇政府　④县城　⑤其他

34. 您与村干部和村民的相处情况

34.1 是否在村干部家里吃过饭？①经常　②偶尔　③没有

34.2 是否在村民家里吃过饭？①经常　②偶尔　③没有

34.3 是否与村干部聊天？①经常聊天　②偶尔聊天　③不聊天

34.4 是否经常与村民聊天？①经常聊天　②偶尔聊天　③不聊天

34.5 村民有问题和困难是否找您？①经常　②偶尔　③没有

34.6 您来村里以后是否调解村民纠纷？①经常　②偶尔　③没有

35. 您认为您真正融入社区中了吗？

①没有融入　②融入一点　③融入了

36. 大学生村官期满后，您有什么样的打算：

①目前还没有打算　②留村任职　③考公务员　④创业　⑤继续深造　⑥另 行择业　⑦其他（请注明）：_____

36.1 如果上述打算没有实现，您会不会后悔当初村官的选择：

①后悔　②不后悔

37. 家人和朋友对您选择当大学生村官的态度怎样？

①非常支持　②支持　③没有明确态度　④反对　⑤强烈反对　⑥意见不一

38. 您对做村官的生活和工作情况的评价：

①非常满意　②比较满意　③一般　④不太满意　⑤很不满意

39. 您认为大学生村官制度对缓解就业有作用吗？

①有作用　②没有作用　如果认为有，请您继续回答：

39.1 您认为缓解就业的形式如何？

①非常好　②比较好　③一般好　④不好

39.2 您认为缓解就业的时间如何？

①非常好　②比较好　③一般好　④不好

39.3 您认为缓解就业的条件如何？

①非常好　②比较好　③一般好　④不好

40. 您认为大学生村官制度对人才培养有作用吗？

①有作用　②没有作用　如果认为有，请您继续回答：

40.1 您认为培训的内容如何？

①非常好　②比较好　③一般好　④不好

40.2 您认为培训的方式如何？

①非常好　②比较好　③一般好　④不好

40.3 您认为培训的周期如何？

①非常好　②比较好　③一般好　④不好

40.4 您认为培训的机构如何？

①非常好　②比较好　③一般好　④不好

40.5 您认为培训的地域如何？

①非常好　②比较好　③一般好　④不好

基本情况

1. 您的性别：①男　②女

2. 您的年龄是_____岁

3. 文化程度：①大专　②本科　③硕士　④博士

4. 毕业院校：_____

5. 学科门类：①哲学　②经济学　③法学　④教育学　⑤文学　⑥历史学
⑦理学　⑧工学　⑨农学　⑩医学管理学　⑪其他

6. 具体专业：_____

7. 生源地：省（直辖市、自治区）

8. 家庭所在地属于：①农村　②乡镇　③县城　④城市

9. 政治面貌：①中共党员　②共青团员　③无党派　④其他党派

10. 您哪年开始担任村官的？（请写清年份）：_____

11. 您在村里担任的主要职务？①村支书助理　②村主任助理　③其他（请注明）：_____

12. 您所在村在本市乡村中的富裕水平：①富裕　②中等　③贫困

附录2　村民问卷

尊敬的村民：

您好！为了更好地了解大学生村官的工作情况，对相关政策提出改善建议，我们设计了此份问卷。问卷仅作数据统计分析用，我们会严格为您保密。请根据自己的实际情况填写此问卷，对您对我们研究工作的支持表示非常诚挚的感谢！

课题组名称：国家社科基金大学生村官制度和问题研究课题组

填表时间：　年　月　日

填表说明：

一　在不做特殊说明的情况下，每道题皆为单项选择；

二　请在相应的空格填写内容或在相应的选项上画"√"。

1. 您对大学生村官政策的了解程度：

①十分了解　②比较了解　③一般　④不了解　⑤说不清

2. 您认为大学生村官政策对农村发展是否发挥了作用：

①十分有作用　②比较有作用　③有一些作用　④没有作用　⑤不清楚

3. 您认为大学生到农村是否能被锻炼成人才？

①是　②否

4. 您是否了解大学生村官的选拔程序：

①十分了解　②比较了解　③一般　④不清楚

5. 您认为选拔进村的大学生村官是农村需要的人才吗？

①是　②否

6. 您知道大学生村官在村庄待几年吗？

①知道　②不知道

7. 您认为大学生村官在农村锻炼_____才能更好地培养锻炼村官：

①2 年　②3 年　③4 年　④5 年　⑤6 年　⑥6 年以上

8. 您认为大学生村官是否具备参与村庄管理的能力：

①是　②否

9. 您认为村官在村庄工作遇到的最大困难是什么？

①村民不信任　②村庄派系复杂　③村官没有权利　④村官年轻，没经验

10. 您认为大学生村官对农村发展起到多大作用？

①非常大　②比较大　③一般大　④基本没有作用

10.1 您认为大学生村官对农村文化发展的作用如何？

①非常大　②比较大　③一般大　④基本没有作用

10.2 您认为大学生村官对农村经济发展的作用如何？

①非常大　②比较大　③一般大　④基本没有作用

10.3 您认为大学生村官对农村社会发展的作用如何？

①非常大　②比较大　③一般大　④基本没有作用

11. 您认为大学生村官在村庄招商引资中发挥的作用有多大？

①十分有作用　②比较有作用　③有一些作用　④没有作用

12. 您认为大学生村官对村庄引进技术发挥的作用有多大？

①十分有作用　②比较有作用　③有一些作用　④没有作用

13. 您认为大学生村官帮助村庄农产品开拓市场发挥的作用有多大？

①十分有作用　②比较有作用　③有一些作用　④没有作用

14. 您认为大学生村官帮助村庄进行村民培训发挥的作用有多大？

①十分有作用　②比较有作用　③有一些作用　④没有作用

15. 您认为大学生村官帮助村庄组织文化体育娱乐活动发挥的作用有多大？

①十分有作用　②比较有作用　③有一些作用　④没有作用

16. 您认为大学生村官来村里以后在以下方面的作用如何？

16.1 加强村民医疗保健服务：

①十分有作用　②比较有作用　③有一些作用　④没有作用

16.2 提高村民社会保障水平：

①十分有作用　②比较有作用　③有一些作用　④没有作用

16.3 协助抓好计划生育工作：

①十分有作用　②比较有作用　③有一些作用　④没有作用

16.4 调解村民之间的纠纷：

①十分有作用　②比较有作用　③有一些作用　④没有作用

16.5 提高村里信息化水平：

①十分有作用　②比较有作用　③有一些作用　④没有作用

16.6 维护社会治安：

①十分有作用　②比较有作用　③有一些作用　④没有作用

17. 您认为大学生村官来村里以后在保护生态环境方面发挥了多大作用？

①十分有作用　②比较有作用　③有一些作用　④没有作用

18. 您认为大学生村官对农村治理起到多大作用？

①非常大　②比较大　③一般大　④基本没有作用

18.1 您认为大学生村官对促进民主管理起到多大作用？

①非常大　②比较大　③一般大　④基本没有作用

18.2 您认为大学生村官对推动农村公共物品建设起到多大作用？

①非常大　②比较大　③一般大　④基本没有作用

18.3 您认为大学生村官对培育村民的自治组织作用如何？

①非常大　②比较大　③一般大　④基本没有作用

18.4 您认为大学生村官对处理群体性事件作用如何？

①非常大　②比较大　③一般大　④基本没有作用

19. 您认为大学生村官来村里以后在基层党建方面发挥了多大作用？

①十分有作用　②比较有作用　③有一些作用　④没有作用

20. 您认为大学生村官来村里以后在农民合作社方面发挥了多大作用？

①十分有作用　②比较有作用　③有一些作用　④没有作用

21. 您是否赞成大学生村官进入村两委？

①十分赞成　②比较赞成　③不赞成　④无所谓

22. 您是否赞成大学生村官被借调到县乡镇工作？

①十分赞成　②比较赞成　③不赞成　④无所谓

23. 您认识您村的大学生村官吗？

①都认识　②有的认识，有的不认识　③都不认识

24. 您曾经找过村官帮忙办事吗？

①找过　②没有找过

25. 您是否与村里的大学生村官开展过交流：

①没有交流　②偶尔交流　③经常交流

26. 您在与大学生村官的接触过程中，是否产生过矛盾：

①从未产生矛盾　②偶尔产生矛盾　③经常产生矛盾

27. 您认为大学生当村官有哪些优势？（可多选）

①专业技术知识丰富　②信息渠道多　③头脑灵活，思维活跃　④年轻精力

充沛，有活力　⑤政策理解到位　⑥法律知识丰富　⑦有解决"三农"问题的热情　⑧其他（请注明）：_____

28. 您认为大学生当村官有哪些不足？（可多选）

①社会经验不足　②对农村社会关系不了解　③过于理想主义　④缺乏吃苦精神　⑤与村民交流有困难　⑥其他（请注明）：_____

29. 您对大学生村官在您村工作情况的评价：

①非常满意　②比较满意　③一般　④不太满意　⑤很不满意

30. 您是否赞成大学生村官期满继续留在村庄工作？

①赞成　②不赞成　③无所谓

31. 您认为大学生村官制度对缓解就业有作用吗？

①有作用　②没有作用　如果认为有，请您继续回答：

31. 1 您认为缓解就业的形式如何？

①非常好　②比较好　③一般好　④不好

31. 2 您认为缓解就业的时间如何？

①非常好　②比较好　③一般好　④不好

31. 3 您认为缓解就业的条件如何？

①非常好　②比较好　③一般好　④不好

基本情况

1. 您的性别：①男　②女

2. 您的年龄：①25 岁及以下　②26—35 岁　③36—45 岁　④46—55 岁⑤56 岁以上

3. 您的文化程度：_____

①没上过学　②小学　③初中　④高中或中专　⑤大学及以上

4. 您从事的主要职业：（单选）

①务农　②民俗旅游　③做买卖　④搞运输　⑤外出打工　⑥兼业（多种职业）　⑦其他（请注明）：_____

附录 3　村干部问卷

尊敬的村干部：

您好！为了更好地了解大学生村官的工作情况，对相关政策提出改善建议，我们设计了此份问卷。问卷仅作数据统计分析用，我们会严格为您保密。请根据自己的实际情况填写此份问卷，对您对我们研究工作的支持表示非常诚挚的感谢！

课题组名称：国家社科基金大学生村官制度和问题研究课题组

填表时间：　年　月　日

填表说明：

一　在不做特殊说明的情况下，每道题皆为单项选择；

二　请在相应的空格填写内容或在相应的选项上画"√"。

1. 您对大学生村官政策的总体看法？（可多选）

①为农村引进人才，加快农村发展　②农村治理（村民自治、党建等）③缓解大学生就业压力　④给大学生一个到基层锻炼、发挥能力的机会　⑤搞形式主义　⑥人才浪费　⑦其他（请注明）：_____

2. 您认为大学生选择村官有哪些优势？（可多选）

①专业技术知识丰富　②信息渠道多　③头脑灵活，思维活跃　④年轻精力充沛，有活力　⑤政策理解到位　⑥法律知识丰富　⑦有解决"三农"问题的热情　⑧其他（请注明）：_____

3. 您认为大学生村官政策在新农村建设中是否发挥了作用：

①十分有作用　②比较有作用　③有一些作用　④基本没作用　⑤完全没作用

3.1 如果有作用，最大的作用是哪方面（单选）？

①村庄经济发展　②村庄社会发展　③基层治理　④村民素质提高　⑤村庄日常工作　⑥调解村庄矛盾　⑦参与村庄发展规划　⑧其他（请注明）：_____

4. 您认为大学生村官在村里工作遇到的困难是什么？（多选）

最大的困难是什么？（单选）_____

①没有权利　②不能融入当地社区　③自己所学专业不适应村官工作的要求④村官政策变化　⑤工作思路不被村民和村干部接受　⑥生活条件艰苦　⑦待遇太低　⑧缺乏经验　⑨缺乏外部支持　⑩其他（请注明）：_____

5. 您认为当村官的顾虑是什么？（可多选）

最大的顾虑是什么？（单选）_____

①村官期满后的去处　②优惠政策的落实　③任期满回到城市不适应　④影响在城市工作经验和资历的积累　⑤任职期间能否发挥作用　⑥其他（请注明）：_____

6. 您认为大学生村官期满流出三农领域的原因？（多选）

首要原因？（单选）_____

①选择村官是就业形势所逼 ②村官对于大学生就是跳板 ③农村工作只是一种基层锻炼，为下一份工作积累资本 ④农村没有职位 ⑤农村工作难于开展 ⑥农村条件艰苦 ⑦工作福利待遇太差 ⑧农村缺乏发展机会 ⑨离开三农领域也能为三农服务 ⑩其他（请注明）：_____

7. 您对大学生村官管理部门有何建议？（可多选）

①加强上岗前的培训 ②加强上岗后的培训 ③多关心大学生村官的生活 ④明确大学生村官业绩考核指标和标准 ⑤加强毕业院校与所在村的联系 ⑥其他（请注明）：_____

8. 您认为大学生当村官的首要目的：（单选）

①为三农服务 ②基层锻炼，积累经验 ③发挥特长 ④缓解就业 ⑤解决户口 ⑥一时冲动 ⑦其他（请注明）：_____

9. 您认为选拔出来的大学生村官是否符合农村人才需要：

①符合 ②不符合

9.1 如果不符合是什么原因？（单选）

①城里孩子适应不了农村环境 ②专业不对口 ③大学生将村官看做跳板 ④大学生不好找工作，只能选择村官 ⑤当村官是为了解决户口 ⑥其他（请注明）：_____

10. 您希望大学生村官期满后留在农村工作吗？

①希望 ②不希望 ③无所谓 选择①，请继续回答10.1；选择②，请继续回答10.2：

10.1 为什么希望大学生村官期满后留在农村？（单选）

①农村发展需要高素质人才 ②能够帮助村干部更好地做好工作 ③大学生村官在任期内取得了作用 ④其他（请注明）：_____

10.2 为什么不希望大学生村官期满后留在农村？（单选）

①只有熟悉本村情况的本村人才能管理好农村 ②没有能力和经验帮助村干部分担工作 ③大学生村官在任期内对农村发展没有作用 ④其他（请注明）：_____

11. 您认为大学生村官工作期限多长合适？

①2年 ②3年 ③4年 ④5年 ⑤6年 ⑥6年以上

12. 您认为大学生村官在农村的三年锻炼能否成为农村需要的人才？

①是 ②否

13. 您是否支持大学生村官在农村创业？

①支持　②不支持

13.1 如果支持，为什么？（多选）

最主要原因？（单选）＿＿＿＿＿＿＿＿

①国家有政策支持　②农村有很多资源可以开发　③大学生村官年轻有闯劲④大学生村官有知识　⑤其他（请注明）：＿＿＿＿＿＿＿＿

13.2 如果不支持，为什么？（多选）

最主要原因？（单选）＿＿＿＿＿＿＿＿

①国家政策支持力度不大　②农村经济条件差，缺乏发展机会　③大学生村官没有物质条件，难于创业　④大学生村官太年轻，很难驾驭创业　⑤其他（请注明）：＿＿＿＿＿＿＿＿

14. 大学生村官在村中负责的工作有哪些？（多选）

最主要工作？（单选）＿＿＿＿＿＿＿＿

①技术培训及推广　②农产品市场开发　③党建及精神文明建设　④司法和法律顾问　⑤招商引资　⑥行政管理　⑦村级发展规划　⑧畜牧养殖协会的管理⑨什么事都做　⑩其他（请注明）：＿＿＿＿＿＿＿＿

15. 您认为大学生村官对农村治理起到多大作用？

①非常大　②比较大　③一般大　④基本没有作用

15.1 您认为大学生村官对促进民主管理起到多大作用？

①非常大　②比较大　③一般大　④基本没有作用

15.2 您认为大学生村官对推动农村公共物品建设起到多大作用？

①非常大　②比较大　③一般大　④基本没有作用

15.3 您认为大学生村官对培育村民的自治组织作用如何？

①非常大　②比较大　③一般大　④基本没有作用

15.4 您认为大学生村官对处理群体性事件作用如何？

①非常大　②比较大　③一般大　④基本没有作用

16. 您是否支持年轻的大学生村官竞选村两委？

①支持　②不支持

16.1 如果支持，为什么？（单选）

①符合国家政策　②大学生村官入选村两委能够更好发挥作用　③能够分担村干部的工作重担　④其他（请注明）：＿＿＿＿＿＿＿＿

16.2 如果不支持，为什么？（单选）

①这种政策不符合农村情况　②大学生进入两委不能发挥实质性作用　③不

能帮助村干部分担重要工作　④村两委的工作应该由村庄上的人承担　⑤其他（请注明）：_____

17. 您是如何看待大学生村官参与到农村基层党建工作中的：（单选）

①大学生村官本身是对农村基层党建的补充　②大学生村官促进基层党建工作更加规范化　③大学生村官善于发动群众，参与党建工作　④其他（请注明）：_____

18. 大学生村官是否参与到村庄的农民合作社的工作中？

①是　②否　如果回答是，请继续答题：

18.1 主要参与农民合作社哪些工作？

①按照法律制定农民合作社的相关文件　②为合作社生产的产品制定销售方案　③为合作社生产的产品跑销路　④为合作社产品发布广告　⑤对合作社的农民宣传新政策　⑥其他（请注明）：_____

19. 您认为大学生村官是否有能力处理农村的社会矛盾：

①是　②否　如果回答否，请继续答题：

19.1 为什么没有能力处理？（单选）

①农村社会关系复杂，只有本村干部有能力处理　②大学生村官很少接触村民，很难处理农村社会矛盾　③大学生村官太年轻，没有经验处理农产品市场开发　④大学生村官在村庄没有权利和威望，村民不信任　⑤其他（请注明）：_____

20. 您是否赞同大学生村官被借调到乡镇或者县里工作？

①赞同　②不赞同

20.1 您认为大学生长期借调到乡镇或者县对您的工作是否会产生影响？

①很大影响　②有些影响　③基本没有影响　④完全没有影响

20.2 如果"20.1题"选择①或者②，请问有哪些影响？

①接触农村机会大大减少，起不到锻炼作用　②村干部工作难于布置　③乡镇工作与乡村工作相关系数小，加大了工作量　④其他（请注明）：_____

21. 您认为大学生村官对农村发展起到多大作用？

①非常大　②比较大　③一般大　④基本没有作用

21.1 您认为大学生村官对农村文化发展的作用如何？

①非常大　②比较大　③一般大　④基本没有作用

21.2 您认为大学生村官对农村经济发展的作用如何？

①非常大　②比较大　③一般大　④基本没有作用

21.3 您认为大学生村官对农村社会发展的作用如何？

①非常大 ②比较大 ③一般大 ④基本没有作用

22. 您认为大学生村官来村里以后是否为本村招来商家投资？

（1）无（2）有 如果有，请您继续回答：

22.1 在招商中发挥的作用有多大？

①关键作用 ②重要作用 ③辅助作用 ④说不清

23. 您认为大学生村官来村里以后是否为本村招来各级政府的项目？

（1）无（2）有 如果有，请您继续回答：

23.1 在招来政府项目中发挥的作用有多大？

①关键作用 ②重要作用 ③辅助作用 ④说不清

24. 您认为大学生村官来村里以后是否帮助引进了技术？

（1）无（2）有 如果有，请您继续回答：

24.1 在引进这些技术过程中发挥的作用有多大？

①关键作用 ②重要作用 ③辅助作用 ④说不清

25. 您认为大学生村官来村里以后是否帮助开拓市场？

（1）无（2）有 如果有，请您继续回答：

25.1 主要内容有哪些：

①组织参加产品展览展销 ②寻找商家洽谈合同，建立完善营销网络 ③促进商标注册及营销和保护 ④帮助开展产品认证 ⑤加强广告宣传，建立网站网页 ⑥其他

26. 您认为大学生村官到本村以后是否组织了村民培训？

（1）无（2）有 如果有，请您继续回答：

26.1 在这些培训活动中发挥的作用有多大？

①关键作用 ②重要作用 ③辅助作用 ④说不清

27. 您认为大学生村官到本村以后是否组织过村里的文化体育娱乐活动？

（1）无（2）有 如果有，请您继续回答：

27.1 在组织这些活动中发挥的作用有多大？

①关键作用 ②重要作用 ③辅助作用 ④说不清

28. 您认为大学生村官来村里以后在是否帮助过村民促进社会发展方面的工作？

（1）无（2）有 如果有，请您继续回答：

28.1 主要内容有哪些：

①加强村民医疗保健服务 ②提高村民社会保障水平 ③完善村民自治制度 ④协助抓好计划生育工作 ⑤调解村民之间的纠纷 ⑥提高村里信息化水平

⑦维护农村社会治安　⑧其他

29. 您认为大学生村官来村里以后是否在保护生态环境方面做了工作？

（1）无（2）有　如果有，请您继续回答：

29.1 主要内容有哪些：

①村庄绿化　②村里环境卫生管理　③监督企业三废排放　④监管生活污水排放处理　⑤帮助管理村里食品卫生　⑥其他

30. 大学生村官和村庄信息化建设的关系是什么？

①十分重要　②比较重要　③一般　④没关系　如果回答前面三个答案，请继续：

30.1 您是如何看待他们的关系：（单选）

①组织和培训村干部的电脑知识　②强化村委会的信息化处理能力　③组织和培训村民的电脑知识　④其他（请注明）：＿＿＿＿＿＿

31. 大学生村官是否为村庄带来了新思想：

①是　②否　如果选择是，请继续回答：

31.1 有哪些方面？最主要方面？

①经济发展　②社会发展　③村庄规划　④制度建设　⑤其他（请注明）：

＿＿＿＿

32. 您认为大学生村官制度对缓解就业有作用吗？

①有作用　②没有作用　如果认为有，请您继续回答：

32.1 您认为缓解就业的形式如何？

①非常好　②比较好　③一般好　④不好

32.2 您认为缓解就业的时间如何？

①非常好　②比较好　③一般好　④不好

32.3 您认为缓解就业的条件如何？

①非常好　②比较好　③一般好　④不好

33. 您是如何理解大学生村官政策对就业的帮助：（单选）

①是帮助就业的有效方法　②只能部分缓解就业，作用不大　③大学生任期满后还要回到再就业岗位上，村官岗位只是个缓冲带　④其他（请注明）：＿＿＿

＿＿＿＿

34. 您认为大学生村官制度对人才培养有作用吗？

①有作用　②没有作用　如果认为有，请您继续回答：

34.1 您认为培训的内容如何？

①非常好　②比较好　③一般好　④不好

34.2 您认为培训的方式如何？

①非常好　②比较好　③一般好　④不好

34.3 您认为培训的周期如何？

①非常好　②比较好　③一般好　④不好

34.4 您认为培训的机构如何？

①非常好　②比较好　③一般好　④不好

34.5 您认为培训的地域如何？

①非常好　②比较好　③一般好　④不好

35. 您遇到工作上的问题时会找大学生村官商量吗？

①经常　②偶尔　③从未有过

36. 大学生村官与你们村干部在工作上配合得如何？

①很好　②好　③一般　④差　⑤很差

37. 您认为大学生村官与村民的关系如何？

①很好　②好　③一般　④差　⑤很差

38. 您对大学生的工作态度评价如何？

①很好　②好　③一般　④差　⑤很差

39. 您对大学生村官的福利待遇评价如何？

①很好　②好　③一般　④差　⑤很差

40. 您对大学生在村庄的生活评价如何？

①很好　②好　③一般　④差　⑤很差

基本情况

1. 您的性别：①男　②女；

2. 您的年龄：①20—30　②31—40　③41—50　④51 以上

3. 您的政治面貌：①中共党员　②共青团员　③民主党派　④群众

4. 您在村委会中担任的职务：①村支部书记　②村主任　③村会计　④妇女主任　⑤村委员

附录4　县委组织部访谈提纲

我们研究的方向是大学生村官制度，已经获得国家社科基金的支持和立项。调研内容以村官状况、人才培养、农村治理、农村发展和解决就业作为重点。县组织部作为大学生村官政策具体执行部门，其政策运行经验不仅对于我们项目研究的方向具有指引性，而且为政策建议提供了实践可能。因此，我们就大学生村官政策的相关问题对您进行一次访谈。感谢您抽出宝贵时间配合我们！

一　宏观问题

1. 大学生村官政策对农村发展目前是否起到作用，或者在将来能够发挥作用，请您结合我县的具体情况谈谈对大学生村官政策的总体看法。

2. 目前，对"初出炉的大学生村官"大致有三种看法：一是期望高，二是不看好，三是走着看。请您结合我县的情况谈谈对大学生村官的总体看法。

3. 人才培养、农村治理、农村发展和缓解就业是大学生村官政策的四个发力方向。请您总体谈谈我县大学生村官政策实施在这四个方面的实践效果。除此之外，是否还有其他方面的效果。

4. 大学生村官政策实施以来出现了一些问题，问题集结在村官本身、村官难于融入村庄等问题上。请您结合我县的情况谈谈大学生村官政策面临和可能面临的主要问题。

5. 目前社会上有各种形式的大学生村官社团组织存在，包括村官党支部等，我们县是否有这种现象呢，请对这个问题谈谈。

二　人才培养

1. 请问我县对于培养大学生村官有哪些计划，具体有哪些，如何执行？

2. 从全国来看，大学生村官到期流失的现象严重，我们县是否存在这样的情况，如果存在，是否有计划解决这个问题？

3. 大学生村官在村庄没名分、没力量，成为政策难于发力的一个重要因素，我县针对此是否有一些计划？

4. 对大学生村官合同期满后的出路之一：创业，您是如何看待大学生村官创业，尤其是农村创业？我县是否有一些措施支持大学生村官创业？

5. 人才培养必须有完善的培养教育机制，我县针对大学生村官有哪些培训教育措施？在教育培养方面有什么建议？您对国家实行大学生村官继续教育是否有建议？

三　农村治理

1. 大学生村官政策对"村庄治理"是否会有帮助？您认为这是不是一种将

村庄治理纳入到国家管理中的方法？

2. 大学生村官融入复杂的农村非常难，我县是否采取过措施帮助大学生村官融入农村？

3. 村级的党组织出现了较普遍的老化和涣散的现象，甚至一些村庄的党支部出现了"七个老人，八颗牙"的情况，大学生村官进入村庄对基层党建会有什么帮助吗？请结合我县的情况谈谈这个问题，具体的设计和操作有哪些？

4. 目前有引导村官入两委的政策，这种制度考虑是否能够有助于村庄治理？请您结合我县情况谈谈这个问题。

5. 农民合作社是针对如何将原子化的农民组织起来和实现现代农业的一种制度设计，县委组织部是否有计划建立大学生村官和农民合作社之间的关系，如果有，具体有哪些？

6. 请您谈谈对大学生村官借调到乡镇或者县工作的看法。

四　农村发展

1. 中央对大学生村官的作用定位是政策解读、信息传播和科技宣传等，您是如何看待这个几个方面？我县是如何帮助村官实现这几方面的作用？除此之外，是否还有其他方面的作用？

2. 目前大学生村官政策对促进农村发展的效果似乎不尽如人意，请您谈谈我县的整体情况，并结合您的经验对大学生村官政策的未来做一个判断。

3. 少数一些地方，大学生村官开始发挥作用，甚至有些发挥着重要作用，这些个案怎么发掘示范才能起到作用，我县又是怎么发掘典型并推广的？

4. 少数大学生村官能否对人才极其缺乏的农村起到人才输血的作用？您是怎么看待这个问题？

五　缓解就业

1. 请您谈谈大学生村官作为就业缓冲带的说法？

2. 我县的大学生村官是否有扩大计划？

六　其他

1. 我县是否有一些典型管理模式，或者在某些方面做得非常突出的事情，或者有些典型村官事迹。

2. 请你提供一些大学生村官政策的材料，例如人才培养、农村治理、社会发展、解决就业等政策本身的材料以及这几方面的案例或者调研报告等。

3. 县里是否有一些村官活动，我们将积极参加。

4. 我们的项目能否和该县的一些项目联系起来。

5. 最后请把大学生村官政策中的人才培养、农村发展、农村治理、缓解就业四部分按照您认为的重要程度排序。

附录5　乡镇部门访谈提纲

我们研究的方向是大学生村官制度，已经获得国家社科基金的支持和立项。调研内容以村官状况、人才培养、农村治理、农村发展和解决就业作为重点。乡镇部门作为大学生村官政策执行的基层组织，也是直接接触和管理村官的基层部门，其政策运行经验对于我们评价政策和政策建议具有很大的帮助。因此，我们就大学生村官政策的相关问题进行一次深入访谈。谢谢您抽出宝贵时间配合我们的访谈。

一　宏观问题

1. 大学生村官政策执行至今，对农村发展是否有重要作用，如果有，主要有哪些方面？如果没有，为什么？

2. 目前，对"初出炉的大学生村官"大致也有三种看法：一是期望高，二是不看好，三是走着看。请您结合我们乡镇的情况谈谈对大学生村官的总体看法。

3. 大学生村官政策实施以来出现了一些问题，问题很多。请您结合我们乡镇的情况谈谈大学生村官政策面临和可能面临的主要问题。

4. 目前社会上有各种形式的大学生村官社团组织存在，包括村官党支部等，我们乡镇是否有这种现象呢，请对这个问题谈谈。

二　人才培养

1. 农村是人才洼地，这是制约农村发展的重要因素，大学生村官作为农村人才补充是否能对农村发展起到作用（目前作用不大，大部分大学生村官的专业与三农发展不沾边且大部分大学生村官进入农村后都在从事着不太重要的工作）。请您谈谈这个问题。

2. 总体来看，大学生村官期满流出三农范围的占大多数。我们乡镇是否存在这个情况，是否有计划解决这个问题，如果有，具体计划是什么？

3. 大学生村官在村庄没名分、没力量，影响政策发挥作用，乡镇部门长期和村庄打交道，请您谈谈如何能够帮助大学生村官增长实力？

4. 人才培养必须有完善的培养教育机制，我们乡镇是否有大学生村官培训，如果有，具体有哪些？您对大学生村官的教育培训有什么建议？您对大学生村官实行再教育有什么建议？

三　农村治理

1. 大学生村官政策对"村庄治理"是否会有帮助？您认为这是不是一种将村庄治理纳入国家管理中的方法？

2. 大学生村官融入复杂的农村非常难，我们乡镇是否采取过措施帮助大学生村官融入农村？

3. 村级的党组织出现了较普遍的老化和涣散的现象，甚至一些村庄的党支部出现了"七个老人，八颗牙"的情况，大学生村官进入村庄对基层党建会有什么帮助吗？请结合我们乡镇的情况谈谈这个问题，具体的设计和操作有哪些？

4. 目前有引导村官入两委的政策，这种制度考虑是否能够有助于村庄治理？请您结合我们乡镇情况谈谈这个问题。

5. 农民合作社是针对如何将原子化的农民组织起来和实现现代农业的一种制度设计，乡镇部门是否有计划建立大学生村官和农民合作社之间的关系，如果有，具体有哪些？

6. 请您谈谈对大学生村官借调到乡镇或者县工作的看法。

四　农村发展

1. 中央对大学生村官的作用定位是政策解读、信息传播和科技宣传等，您是如何看待这几个方面？我们乡镇是如何帮助村官实现这几方面的作用？除此之外，是否还有其他方面的作用？

2. 目前大学生村官政策对促进农村发展的效果似乎不尽如人意，请您谈谈我们乡镇的整体情况，并结合您的经验对大学生村官政策的未来做一个判断。

3. 少数一些地方，大学生村官开始发挥作用，甚至有些发挥着重要作用，这些个案怎么发掘示范才能起到作用，我们乡镇又是怎么发掘典型并推广的？

4. 少数大学生村官能否对人才极其缺乏的农村起到人才输血的作用？您是怎么看待这个问题？

五　缓解就业

1. 请您谈谈大学生村官作为就业缓冲带的说法？

2. 我们乡镇的大学生村官是否有扩大计划？

六　其他

1. 我们乡（镇）是否有一些典型管理模式，或者在某些方面做得非常突出的事情，或者有些典型村官事迹。

2. 请您提供一些大学生村官政策的材料，例如人才培养、农村治理、社会发展、解决就业等政策本身的材料以及这几方面的案例或者调研报告等。

3. 乡（镇）是否有一些村官活动，我们将积极参加。

4. 我们的项目能否和我们乡（镇）的一些项目联系起来。

5. 最后请把大学生村官政策中的人才培养、农村发展、农村治理、缓解就业四部分按照您认为的重要程度排序。

附录6　村干部访谈提纲

1. 您是否支持大学生村官政策？为什么？

2. 您对大学生下基层锻炼的总体看法，是否能起到国家培养农村人才的作用？

3. 农村是复杂社会，外来的年轻大学生村官将来是否能够胜任农村的社会管理工作？

4. 请您谈谈大学生村官进村两委的情况和您的看法。

5. 大学生村官是否可能普遍促进农村的经济发展？

6. 请您结合农村情况，总体谈谈大学生村官将来的出路？

7. 请您谈谈对大学生村官借调到乡镇或者县工作的看法。

8. 请您针对大学生村官是否可以"缓解就业"谈谈您的看法。

9. 最后请把大学生村官政策中的人才培养、农村发展、农村治理、缓解就业四部分按照您认为的重要程度排序。

附录7　大学生村官访谈提纲

1. 您认为大学生村官政策在新农村建设中要发挥作用，需要在哪些方面完善？

2. 您认为引导大学生进入两委，能不能更好地发挥大学生村官的作用？

3. 大学生村官有没有必要接触村民，如何才能更好地与村民融合？

4. 您对大学生村官创业的看法，大学生村官创业需要哪些支持？

5. 大学生村官的工作给您带来最大的收获是什么？

6. 您认为大学生村官在思想、管理和专业技能方面是否需要有长期固定的培训？除此之外，还有哪些方面需要培训？

7. 请您谈谈对大学生村官借调到乡镇或者县工作的看法。

8. 案例：人才培养；农村发展；农村治理；缓解就业。（人；时间；地点；正面、反面故事和案例）

9. 最后请把大学生村官政策中的人才培养、农村发展、农村治理、缓解就业四部分按照您认为的重要程度排序。

附录8 村民访谈提纲

1. 您认为大学生村官来到村里之后，对当地的乡村发展是否有影响？主要就经济发展、政治发展、文化发展、社会发展、生态发展等方面谈谈。

2. 您认为大学生村官来到村里之后，对您的日常生活是否有影响？如果有，主要表现在哪些方面？

3. 您最希望大学生村官为村民做哪些事情？

4. 您和村里的大学生村官相处融洽吗？如果和他们出现矛盾该如何解决？如果您和村干部之间产生矛盾，大学生村官会出面调解吗？

5. 您认为大学生村官是否需要具备农业知识和技能？他们是否需要有农村生活的经历？您如果有事情会找大学生村官解决吗？为什么？

6. 您对您村的大学生村官的总体评价。

7. 您对大学生村官制度有什么具体看法？

参考文献

1. Berkowitz, "Life-long Learning in a Large Australian Law Firm", *Legal Information Management*, 2010.

2. Giddens, A., *Social Theory and Modern Sociology*, Stanford: Stanford University Press, 1987.

3. Long, N., "Exploring Development Interfaces: From the Transfer of Knowledge to the Transformation of Meaning", In: Long, N. and Long, A, eds., *Battlefields of Knowledge: The Interlocking of Theory and Practice in Social Research and Development*, Routledge, 1992.

4. Markella Boudioni, Susan M. McLaren, Leslie P. Woods and Ferew Lemma, "Lifelong learning, its facilitators and barriers in primary care settings: a qualitative study", *Primary Health Care Research & Development*, 2007.

5. ［美］罗斯玛丽·帕特南·童：《女性主义思潮导论》，艾晓明等译，华中师范大学出版社 2002 年版。

6. ［英］W. R. 邓恩、D. D. 汉密尔顿：《能力培养与职业再教育》，张超祥译，《呼兰师专学报》1996 年第 4 期。

7. 安勇：《大学生村官在新农村建设中的误区及其对策》，《农业经济》2007 年第 6 期。

8. 白钢：《村民自治与治道变迁》，《民主与科学》1999 年第 1 期。

9. ［美］B. 傅莱丹：《女人：走出陷阱》，毛讯、王思秀等译，知识出版社 1992 年版。

10. 蔡杨：《"大学生村官"制度的改革与创新——基于北京市百位

"大学生村官"的调查》,《华中师范大学学报》（人文社会科学版）2010 年第 7 期。

11. 陈劲、张洪石:《突破性创新的组织模式研究》,《科学学研究》2005 年第 4 期。

12. 程贵铭:《农村社会学》,知识产权出版社 2006 年版。

13. 党国英:《大学生到农村中去能做什么》,《中国社会导刊》2005 年第 17 期。

14. 丁自立、焦春海、郭英、王艳明:《我国实施科技特派员制度的思考与对策》,《农业科技管理》2008 年第 6 期。

15. 董海荣、左停、李小云:《转型期中国农村干群关系特点分析》,《农村经济》2004 年第 12 期。

16. 杜春林:《大学生村官融入基层研究述评》,《湖南农业大学学报》（社会科学版）2013 年第 1 期。

17. 费孝通:《江村经济:中国农民的生活》,商务印书馆 2001 年版。

18. 费孝通:《乡土中国生育制度》,北京大学出版社 1998 年版。

19. 付建军:《大学生村官角色认同实证研究》,《山东省青年管理干部学院学报》2010 年第 4 期。

20. 傅剑锋:《毕业了我们工作在哪》,《现代交际》2006 年第 6 期。

21. 龚明义:《大学生当"空降村官"利少弊多》,2005 年 6 月 9 日,浙江在线新闻网,www. zjol. com. cn/05zjc/system/2005/06/09/006131476. shtml。

22. 郭斌、甄静、王征兵、张岳:《大学生"村官":现状、困惑、培训效果及其需求——基于陕西省 150 位大学生村官的调查》,《农村经济》2012 年第 11 期。

23. 郭素敏:《知识经济时代会计人员继续再教育的加强》,《山西科技》2002 年第 3 期。

24. 韩新宝:《新形势下大学生村官的心理问题及调适》,《成都行政学院学报》2011 年第 4 期。

25. 和玉恋:《谈谈警察再教育的途径与方法》,《河北科技大学人民警察学院学报》2001 年第 2 期。

26. 贺东航、孔繁斌：《公共政策执行的中国经验》，《中国社会科学》2011 年第 5 期。

27. 贺雪峰：《给大学生村官计划泼冷水》，2008 年 12 月 11 日，价值中国网，http：//www．chinavalue．net/Article/Archive/2008/11/5/142794．html。

28. 胡建兵、吴雪琪：《接力工程缘何成了半拉子工程》，《政府法制》2002 年第 6 期。

29. 胡跃高：《2009 中国大学生村官发展报告》，中国农业出版社 2009 年版。

30. 黄金辉、杨富坤、韩冬梅：《大学生村官计划运行现状与优化途径探析——基于中西部部分省市问卷调查的实证分析》，《社会科学研究》2012 年第 6 期。

31. 黄治东、李义良：《从社会主义新农村建设视角看大学生村官计划》，《学校党建与思想教育》2012 年第 2 期。

32. 江苏省基层组织建设研究基地（朱国云执笔）：《坚持差别化培养，拓宽大学生村官舞台》，《求是》2012 年第 6 期。

33. 蒋曙辉：《谨防大学生村官成"闲置设备"》，2009 年 4 月 3 日，新华网，http：// news．xinhuanet．com/theory/2009 – 04/03/content_11120233．htm。

34. 鞠伟：《中央政策与地方政策的逻辑关系分析》，《广东行政学院学报》1997 年第 3 期。

35. ［德］克鲁诺·哈曼特：《德国和欧洲的工程教育现状和远景》，《继续教育》2006 年第 20 期。

36. 兰秉洁、刁田丁：《政策学》，中国统计出版社 1994 年版。

37. 乐燕子：《日本职业见习制度对中国的启示》，《陕西师范大学学报》（哲学社会科学版）2007 年第 9 期。

38. 李包庚、黄斌、魏娜等：《"大学生村官"现状调查与思考：以浙江省慈溪市为例》，《青年研究》2007 年第 9 期。

39. 李风啸、傅洪健、刘文献：《大学生村官作用下的农村文化建设与新型农民培养研究》，《学校党建与思想教育》2013 年第 8 期。

40. 李吉子：《韩国文献信息学教育与图书馆馆员再教育现状》，《当代韩国》2003 年。

41. 李京肽：《新农村建设中的大学生村官问题》，《农村经济》2013 年第 11 期。

42. 李荣田：《选好、管好、培养好大学生村官——临沂市大学生村官选聘工作的探索及启示》，《理论探索》2011 年第 1 期。

43. 李晓玉、李晓宁：《关于完善"大学生村官"计划的思考》，《湖北广播电视大学学报》2007 年第 10 期。

44. 李彦杰：《浅议提高图书馆工作人员业务水平和思想觉悟必要性》，《黑龙江科技信息》2007 年第 19 期。

45. 李义良：《试析大学生村官在农村文化传承与建设中的作用》，《学校党建与思想教育》2012 年第 7 期。

46. 栗振宇、彭爠：《大学生"村官"的"角色社会化"研究》，《中国青年研究》2007 年第 9 期。

47. 林墨：《大学生村官现象追踪》，《公民导刊》2009 年第 2 期。

48. 林毅夫：《关于制度变迁的经济学理论：诱致性变迁和强制性变迁》，载［英］罗纳德·H. 科斯等《财产权利与制度变迁》，刘守英译，格致出版社 2014 年版。

49. 刘国中、赵永贤、庄同保等：《大学生"村官"工作长效机制探究——以江苏省为例》，《南京大学学报》（哲学·人文科学·社会科学版）2010 年第 3 期。

50. 刘满喜：《大学生村官机制与新农村建设》，硕士学位论文，首都师范大学，2008 年。

51. 刘薇：《北京：大学生村官有望享受政策性租赁住房》，《农经》2008 年第 6 期。

52. 刘文慧、宋远军、颜勇、翁阳：《困境与出路：大学生村官的法律地位》，《中国农村观察》2010 年第 5 期。

53. 刘岳、宋棠：《国家政策在农村地区实践过程的理解社会学：以山东 C 县农业特产税征收为例》，载吴毅主编《乡村中国评论（第 1 辑）》，广西师范大学出版社 2006 年版。

54. 骆江玲、杨明：《大学生村官代表谁——以北京市 M 县红梨村为个案》，《江西师范大学学报》（哲学社会科学版）2013 年第 2 期。

55. 骆江玲、严桦、杨明：《大学生村官制度的考量——从社会性别视角探讨女大学生村官对乡村的贡献》，《世界农业》2014 年第 4 期。

56. 骆江玲、严桦、杨明：《大学生村官再教育体系研究》，《江西师范大学学报》（哲学社会科学版）2014 年第 2 期。

57. 骆江玲：《国家主导下的大学生村官制度研究——基于燕京郊外 Z 村的实地调研》，博士学位论文，中国农业大学，2010 年

58. 吕书良：《新农村视角下大学生村官及其政策考量》，《中国农村观察》2008 年第 3 期。

59. 马德峰：《大学生村官期满分流及其路径研究——以苏北 Y 县为例》，《中国软科学》2013 年第 9 期。

60. 毛丹、任强：《中国农村公共领域的生长》，中国社会科学出版社 2006 年版。

61. 孟利敏：《临床护士护理伦理再教育现状及其模式的研究》，硕士学位论文，华中科技大学，2006 年。

62. 穆晓霞：《欧美高校教师继续教育机制的比较研究》，《继续教育研究》2010 年第 5 期。

63. 庞明强：《企业家的再造与职业教育》，《湖州师范学院学报》2000 年第 4 期。

64. 彭飞武：《大学生村官之角色重构——对村民自治背景下大学生村官计划的再思考》，《内蒙古农业大学学报》（社会科学版）2010 年第 2 期。

65. 《北京一名大学生村官上吊自杀，可能罹患抑郁症》，2009 年 1 月 4 日，搜狐网，http://new.sohu.com/20090104/n261556837.shtml。

66. ［美］乔纳森·H. 特纳：《社会学理论的结构》，吴曲辉等译，浙江人民出版社 1987 年版。

67. 全国妇联组织部：《女大学生村官工作和生活情况调研报告》，《中国妇运》2013 年第 2 期。

68. 施心耕：《大学生"村官"以定向培养为宜》，《山东省农业管理干部学院学报》2008 年第 3 期。

69. 石红星：《村官考公务员失败发疯，被父母锁铁笼两月》，2009 年 3 月 17 日，网易新闻网，http：//news. 163. com/09/0317/04/54J4BNFA00011229. html。

70. 史亚军：《大学生村官计划的发展思考》，《农村工作通讯》2008 年第 10 期。

71. 宋相义：《农村村级组织建设的创新之举：对"大学生村官"计划的调查与思考》，《前沿》2007 年第 2 期。

72. 孙立平：《博弈：断裂社会的利益冲突与和谐》，社会科学文献出版社 2006 年版。

73. 《调查显示六成湖北大学生村官不在村，七成备考公务员》，2011 年 4 月 2 日，中国广播网，http：//money. 163. com/11/0402/14/70L4EN9800253B0H. html。

74. ［日］丸山敏雄：《美国经理接受再教育》，《冶金政工研究》1994 年第 1 期。

75. 王红亮：《新制度主义视角下部门包村干部驻村问题研究——以山东省 J 市 S 县为例》，硕士学位论文，曲阜师范大学，2008 年。

76. 王宏源、王惠：《创新大学生村官锻炼成才的良性机制》，《领导科学》2011 年第 9 期。

77. 王连荣、王慧勤：《日本护士的再教育》，《国外医学护理学分册，国外考察报告》1997 年第 1 期。

78. 王思斌：《村干部的边际地位与行为分析》，《社会学研究》1991 年第 4 期。

79. 王天敏：《对"大学生村官计划"的历史审视》，《安徽农业科学》2007 年第 35 期。

80. 王雪薇：《大学生村官与农村社区的互动及融合研究》，硕士学位论文，中国农业大学，2009 年。

81. 王毅：《大学生村官科学培养机制构建探索》，《广东农业科学》2012 年第 4 期。

82. 王勇、陈家刚：《大学生村官计划行政生态环境的问题与再造》，《广东行政学院学报》2009 年第 8 期。

83. 王玉辞：《选任大学生村官推进社会主义新农村建设》，《北京农学院报》2007 年第 6 期。

84. 韦文联、卫胜、程业炳：《创新大学生村官选聘机制问题研究》，《江淮论坛》2013 年第 6 期。

85. 《无创业意向——凤阳大学生村官被辞退》，《农村实用科技信息》2008 年第 2 期。

86. 魏翠妮：《关于大学生村官政策的思考——以江苏省大学生村官为例》，《教育与探索》2014 年第 6 期。

87. 温铁军：《大学生"村官"背后的政策背景与工作建议》，《人民日报》2009 年 1 月 20 日。

88. 吴兴刚：《70% 的大学生村官流失的反思》，《乡音》2008 年第 6 期。

89. 吴毅：《村治变迁中的权威与秩序》，中国社会科学出版社 2002 年版。

90. 《大学生村官要做好五员》，2013 年 12 月 5 日，新华网，ht-tp：//forum. home. news. cn/thread/125360175/1. html。

91. 熊春林、符少辉、倪源蔚：《大学生村官在农村科技服务中的困境与出路》，《科技管理研究》2013 年第 21 期。

92. 徐建华：《大学生村官初聘机制问题研究》，《淮海工学院学报》（人文社会科学版）2014 年第 4 期。

93. 徐晓鹏：《生存土壤的改良——大学生村官政策成功实施的关键》，《中国农业大学学报》（社会科学版）2011 年第 6 期。

94. 徐勇：《现代国家的建构与村民自治的成长——对中国村民自治发生与发展的一种阐释》，《学习与探索》2006 年第 6 期。

95. 杨长福、贾丽娜：《基于新公共管理视角的我国大学生村官职业能力研究》，《软科学》2013 年第 11 期。

96. 叶敬忠：《新农村建设中的多元性现实》，《中国农村观察》2007年第 6 期。

97. 于建嵘：《岳村政治——转型期中国乡村政治结构的变迁》，商务印书馆 2001 年版。

98. 于鹏飞：《大学生村官融入农村"八个要"》，《村委主任》2012年第 5 期。

99. 翟纯纯：《新形势下高校对"准"大学生村官培养体系的探索与研究》，《教育与职业》2011 年第 8 期。

100. 张鸣：《大学生村官的隐忧脉相》，《新世纪周刊》2008 年第 11 期。

101. 张红兵、韩新宝：《大学生村官五位一体的培养体系构建研究》，《继续教育研究》2011 年第 9 期。

102. 张继兰、李良中：《治理的含义及我国乡村治理的基础》，《乐山师范学院学报》2009 年第 7 期。

103. 张金马：《政策科学导论》，中国人民大学出版社 1992 年版。

104. 张敏：《对"大学生村官"计划的解读与思考》，《河北青年管理干部学院学报》2008 年第 4 期。

105. 张沛：《德国西占区"再教育"初探》，《华东师范大学学报》（哲学社会科学版）2002 年第 1 期。

106. 张昭：《大学生村官怎样融入农村》，《乡镇论坛》2009 年第 10 期。

107. 赵虎、赵静：《和谐社会聚焦点：西部农村青年再教育》，《中共南宁市委党校学报》2005 年第 6 期。

108. 赵慧芬：《"大学生村官"计划持续发展的分析与思考》，《湖北农业科学》2012 年第 15 期。

109. 郑明怀：《西部 12 省（市、自治区）2012 年大学生村官选聘公告的歧视内容分析》，《中国青年研究》2013 年第 5 期。

110. 郑新立：《现代政策研究全书》，中国经济出版社 1991 年版。

111. 中国农业大学、中国村社发展促进会大学生村官课题组（胡跃高执笔）：《新农村建设的生力军：大学生"村官"发展研究报告》，《农村工作通讯》2008 年第 10 期。

112. 《大学生村官主要有哪些岗位职责》，2012 年 8 月 5 日，中国青年网，http：//cunguan. youth. cn/wztt/201208/t20120805 _ 2331373. htm。

113. 钟怡祖：《北京市实施大学生村官计划的调查》，《学习与研究》2007 年第 9 期。

114. 周成军：《大学生村官的职能研究》，《苏州大学学报》（哲学社会科学版）2009 年第 4 期。

115. 周杰：《职业化大学生村官》，2009 年 2 月 6 日，搜房博客，http：//blog. soufun. com/louxie。

116. 周西安：《大学生村官的发展困境破解》，《人民论坛》2012 年第 12 期。

后　记

从 2011 年到 2015 年牵头完成《大学生村官制度和问题研究》国家社科青年基金项目就像是羽化成蝶的过程，一点一点地优化完善逻辑框架、一点一点地还原事物的本真，一点一点地将文字堆砌整齐，最终成文成书，面世于众。过程中虽无费孝通等大咖们成作时的荡气回肠，但回忆起来，仍感觉心里藏了千言万语想说个痛快，在此重点应感谢众人支持，项目虽完成不易，却品味了成长的快乐。

首先，感谢我的博士生导师奉公教授。2008 年因为导师独特的眼光给我定了博士论文方向《国家主导下的大学生村官制度研究——基于燕京郊外 Z 村的实地调研》，在此基础上，2011 年得以进一步申请《大学生村官制度和问题研究》国家课题并成功立项。在此，不仅要感谢导师当年为我指明研究方向和精心的指导，也要感谢导师在工作生活上给予的关心爱护和帮助支持。感谢中国农业大学人文与发展学院院长叶敬忠教授。叶老师给予我理论方法上的启示、对课题申报书细致修改并提出了许多宝贵的意见，还有在研究道路上的鼓励，这些都让我难于忘记。

其次，感谢我的课题组团队成员杨明、龚春明、张梅珠、徐蕾和王雪薇，尤其重点感谢我的博士同学杨明（作为本课题研究第一参与人）和博士师弟龚春明（作为本课题研究第二参与人）从写申报书到课题研究问卷和访谈提纲的设计、调研的地点联系、调研的过程以及最后调研报告的形成等一系列过程都给予了大力支持和宝贵的修改建议，在此，非常感谢你们！

再次，感谢在调研过程中帮助过我的一些老师和朋友们。如：中国社会科学院吴国宝教授、中组部杨国民老师、中国农业大学武晋教授、江西财经大学胡援成教授以及江西省 X 县梁如朋副局长在调研过程中帮我联系调研的地点；感谢匿名盲审专家对我当年申报书以及课题的最终研究成果——调研报告所提出的非常宝贵的意见，让我在一次次的修改中不断得到提高。

另外我还要感谢在课题研究过程中和我一起调研的学生们，他们是：中央党校的硕士生张东成和史明；江西师范大学的硕士生陶渊、本科生陈木林、温昌辉；南昌航空大学的本科生汪芦婷等。这些学生毕业后目前有的已经出国深造，有的进入公务员系统，有的正在国内读博，等等，都各有所成。我永远都会记得和你们一起下乡调研的情景，是你们给我带来了很多欢笑，和你们在一起我感到很快乐。感谢在全国 5 省市（北京、甘肃、江西、江苏、福建）调研期间接待我们课题调研组的市级领导、县级领导、乡镇干部、村干部、大学生村官们以及村民们（因为篇幅有限，这里就不一一列出各位的名字了），谢谢你们每一位的大力支持和帮助，在你们的支持下，我们课题组获得了丰富的实地调研一手资料，完成了整个研究。如果没有你们，这个课题也不可能顺利完成。

感谢我的家人，是你们一直在精神上给予我很大的鼓舞和支持，尤其感谢我的妹妹，在我整个国家课题研究的过程中所付出的汗水。也特别感谢我的丈夫和儿子，你们一直都是我的动力和精神支柱，没有你们，我也不可能有今天的成就，祝你们健康快乐！

最后，感谢所有在我成长过程中爱护我，帮助过我的老师们和朋友们，感谢你们一直在学习和工作上的关心以及在精神上鼓舞我、支持我，你们都是我求学路上的重要推动力量，也是我人生方向中的一盏明灯。谢谢你们，愿你们一生幸福安康！

另外，中国社会科学出版社对本书的出版给予了大力支持，在整个出版过程中，得到了重大项目出版中心喻苗副主任和范晨星编辑以及其他工作人员热切的关注和努力，他们为本书的编辑出版付出了大量的辛勤劳动。同时本书也借鉴和吸取了前人的一些研究成果，在此一并郑重致谢！

本研究为国家社会科学基金青年项目《大学生村官制度和问题研究》（基金项目号：11CSH010）最终成果。同时，本研究于 2017 年得到"社会发展与治理"研究中心江西省 2011 协同中心对本课题研究成果出版费用的资助，在此，衷心感谢全国哲学社会科学规划办以及江西省 2011 协同中心的领导和工作人员。

在研究成果出版之际，心中有欣慰也有忐忑。由于本人才疏学浅以及能力所限，本书还存在一些不足部分，希望今后能进一步的深入思考和研究，也敬请读者们批评指正。

骆江玲

2017 年 7 月 12 日